本书得到"西安财经学院学术著作基金"项目资助

缩小城乡差别的社会机制及其实践模式研究

王勇 著

中国社会科学出版社

图书在版编目（CIP）数据

缩小城乡差别的社会机制及其实践模式研究／王勇著．—北京：中国社会科学出版社，2018.11
ISBN 978-7-5203-2939-2

Ⅰ.①缩… Ⅱ.①王… Ⅲ.①城乡差别—研究—中国 Ⅳ.①D61

中国版本图书馆 CIP 数据核字（2018）第 180663 号

出 版 人	赵剑英
责任编辑	赵 丽
责任校对	王秀梅
责任印制	王 超

出 版	中国社会科学出版社
社 址	北京鼓楼西大街甲 158 号
邮 编	100720
网 址	http://www.csspw.cn
发 行 部	010-84083685
门 市 部	010-84029450
经 销	新华书店及其他书店

印 刷	北京明恒达印务有限公司
装 订	廊坊市广阳区广增装订厂
版 次	2018 年 11 月第 1 版
印 次	2018 年 11 月第 1 次印刷

开 本	710×1000 1/16
印 张	15
插 页	2
字 数	239 千字
定 价	65.00 元

凡购买中国社会科学出版社图书，如有质量问题请与本社营销中心联系调换
电话：010-84083683
版权所有 侵权必究

目 录

绪 论 …………………………………………………………（1）

第一章 马克思主义关于缩小城乡差别的基本思想 …………（26）
 第一节 马克思恩格斯关于消除城乡差别的理论 ……………（26）
 第二节 消除城乡差别是一个社会发展的历史过程 …………（32）
 第三节 列宁斯大林关于缩小城乡差别的理论与实践 ………（34）

第二章 城乡结构演进的一般规律及制度因素 ………………（41）
 第一节 城乡结构演进的一般历史进程及其影响因素 ………（41）
 第二节 社会制度因素对缩小城乡差别的影响 ………………（59）
 第三节 社会主义缩小城乡差别的制度优势 …………………（72）

第三章 当代中国缩小城乡差别的探索 ………………………（79）
 第一节 当代中国缩小城乡差别的实践探索 …………………（79）
 第二节 当代中国缩小城乡差别的模式探索 …………………（99）
 第三节 当代中国探索缩小城乡差别模式的经验和问题 ……（132）

第四章 当代中国缩小城乡差别的成就和问题 ………………（137）
 第一节 当代中国缩小城乡差别的成就 ………………………（137）
 第二节 当代中国城乡差别的问题表现 ………………………（153）
 第三节 当代中国城乡发展不均衡以及
    局部差别拉大的原因 …………………………………（175）

第五章 以五大发展理念引领城乡一体化发展 …………（183）
 第一节 坚持创新发展 开拓城乡发展新局面 ……………（183）
 第二节 坚持协调发展 开创城乡发展新格局 ……………（192）
 第三节 坚持绿色发展 构建城乡生态文明 ………………（199）
 第四节 坚持开放发展 促进城乡合作共赢 ………………（206）
 第五节 坚持共享发展 实现城乡共同富裕 ………………（211）

第六章 当代中国完善缩小城乡差别模式的对策与前景 …………（218）
 第一节 当代中国完善缩小城乡差别模式的对策 …………（218）
 第二节 当代中国完善缩小城乡差别模式的前景 …………（230）

参考文献 ………………………………………………………………（232）

后 记 …………………………………………………………………（237）

绪　　论

一　研究的背景与意义

（一）研究的背景

城市和乡村的差别问题是人类社会发展进程中的普遍问题，城乡对立是社会分工、生产力发展的历史产物。同样，城乡融合、城乡一体也是社会生产发展水平达到一定阶段的必然结果。在不同的社会历史阶段和社会形态之下，由于历史、经济、政治、制度等因素的特殊性，城乡关系的表现有所不同。马克思认为，共产主义社会是人类最高的社会形态，未来社会要消灭"工人和农民、城市和乡村、脑力劳动和体力劳动"的差别。纵观当今世界主要工业国家的工业化以及城市化发展过程，现代化的历程表现为从农业文明向工业文明转变的历史，城乡关系的嬗变表现为乡村逐步城市化的进程。

中国是一个典型的农业国家。几千年来，农村是中国最基本的社会单元，以自己的产出和给养，支持了城市，推动了城市发展。中华人民共和国成立以后，为了解决中国人的吃饭问题和工业化所需的资金积累，鉴于自身工业化水平较低的现实以及苏联社会主义建设的经验，选择了工业和城市优先发展的战略。城乡关系上自然形成了以城市发展国家为主的战略格局。在高度集中的计划经济体制下，国家实现了对社会资源强有力的调控和配置，这一战略选择在推动工业化和城市化快速发展的同时，也强化了城乡二元对立的空间格局，造成了城乡发展失衡，差别明显。改革开放以来，中国的工业化进程逐渐加快，社会主义市场经济体制逐步确立，极大地推进了城市化的发展。在此过程中，城乡差别问题越发严重，体现在经济、政治、文化和社会等各个方面，成为制约中国现代化进程的一大瓶颈。根据世界银行提供的数据表明,全世界大多数国家城乡居民收入的差距比约为1.5∶1。2012年中国城镇居民人均可支配收入26959元,农村居民人均纯收入7917元,城镇居民人均可支配收入与农村居民人均纯收入比值为3.4∶1。如果再把一些社会保障因素和社会福利考虑其中,城乡居民真实收入差距则会更大。除此之外,城乡居民在政治权利、文化设施、教育资源等方面的差别也同样明显。当然,城市和乡村是两个不同的地域空间,其资源禀赋、人口结构、生产方式等有所区别,存在一定的差别是必然的,也是必需的。但是,如果任由这种差别不断拉大,导致城市和农村完全对立,必然激化诸多的社会矛盾,给社会稳定带来了潜在的隐患和变数,难以建设党中央所强调的"改革与发展成果,全民共享"的和谐社会,更不利于实现社会的公平与正义。

中国是以马克思主义为指导的社会主义国家,社会发展的最终目标是要实现城市和乡村的共同发展,缩小城乡差别。中华人民共和国成立以来,历代中央领导集体都对城乡差别问题尤为重视,采取了不同的政策措施。但是由于受中国工业化、城市化发展水平的制约,加之经济体制的局限,最终城乡之间的差别不但没有缩小,反而被不断拉大。1992年,党的十四大确定建立社会主义市场经济体制,此后中国经济发展开始提速,社会财富越积越多,国力增强,市场繁荣。与此同时城市化、工业化水平不断提高,中国特色社会主义制度优势明显,这些为缩小乃至消除城乡差别提供了经济条件和制度保障,因此国家的发展战略开始向农村转移。2002年党的十六大提出"统筹城乡发展"的战略目标。江泽民同志提出:"统筹城乡经济社会发展,建设现代农业,发展农村经济,增加农民收入,是全面建设小康社会的重大任务。"党的十六届四中全会上,胡锦涛同志提出"在工业化初始阶段,农业支持工业、为工业积累是带有普遍性的趋向;但在工业化达到相当程度后,工业反哺农业、城市支持乡村,实现工业与农业、城市与乡村协调发展,也是带有普遍性的趋向"的"两个趋向"的科学论断,明确了中国城乡统筹发展的目标。从2004年至2018年,连续15年的中央"一号文件",都在强调"三农"问题,为实现农村跨越式发展创造了政策条件,提供了制度保障。党的十八大再次提出要进一步推进城乡一体化发展,形成以工促农、以城带乡、工农互惠、城乡一体的新型工农、城乡关系。党中央已经把缩小城乡差别提上了社会主义现代化建设的日程。只有实现城市和农村的协调发展，逐渐缩小城市和农村的差距，才能构建社会主义和谐社会，落实科学发展观，建设美丽中国。因此，研究城乡差别问题，在中国城市化发展的进程中探寻乡村城市化和现代化发展模式，实现城乡均衡发展，人民共同富裕，打通长期以来阻隔中国社会的城乡二元壁垒，探索缩小中国城乡差别的路径具有十分重要的理论和实践意义。

（二）研究的意义

理论意义。本书以中华人民共和国成立以来中国城乡问题为内容，通过对当代中国城乡发展进程的梳理，旨在说明工业化、城市化的发展是缩小城乡差别的重要推动力量，中国特色社会主义制度是缩小城乡差别的制度保障。本书以中国现代化进程中缩小城乡差别的过程为研究内容，建构具有中国特色的城乡一体化发展理论。

实践意义。城乡问题是当代中国现代化进程中的重要课题，诸多的社会矛盾和现实问题，都同城乡差别过大密切相关。本书通过对当代中国城乡问题的系统研究，力图为构建城乡一体化发展，缩小乃至消除城乡之间各种壁垒提供理论指导和政策咨询。

二 相关概念的界定

（一）关于"当代"的界定

根据国内一般通行的关于历史年代的划分方法，本书对古代、近代、现代和当代的划分是：1840年鸦片战争之前称为古代，之后为近代；以"五四运动"为节点，1919年之后称为现代；1949年中华人民共和国成立之后的历史称为当代。

基于上述关于"当代"的理解，本书所讨论的"当代"应该理解为"当下这个时代"的意思。具体来说，就是以1949年中华人民共和国成立为标志，之后的社会主义初级阶段。

（二）关于城乡差别

关于城乡差别，一般理解为城市和乡村之间的差别与不同。更多的是指城市和乡村作为两个不同的社会空间，它们在生产力发展水平、经济结构以及社会经济关系上的差异。

本书对城乡差别的理解，坚持马克思主义城乡差别的理论宗旨。城乡差别是因社会分工和生产力发展而产生；私有制条件下城乡差别呈现出逐渐拉大的趋势；只有建立全体人民共同占有生产资料的社会主义公有制，提高生产力水平，消除阶级，消除两极分化，才能最终消除城乡差别。消除城乡差别是个长期历史过程，不是一个历史阶段就可以完成的，但随着生产力发展，城乡差别不断被缩小则是发展的事实。因此，本书认为，城乡差别是因为社会分工和生产力发展水平不同所造成的城市和乡村之间经济、政治、文化、社会公共服务等各方面的差别。

（三）国内外研究缩小城乡差别现状

城市和乡村的分化是人类社会生产力发展到一定阶段的必然产物。城市有高度发展的生产力、聚集的物质资源、优胜的劳动人才、完善的配套设施，逐渐成为人类文明和先进的象征。而农村由于相对落后的生产方式和生活方式，逐渐和落后、愚昧联系在一起。随着城乡对立而产生的一系列的社会问题不断出现，中外许多思想家和学者都以各自的立场和角度，关注城乡差别问题，提出了许多观点和对策。

1. 国内研究现状

当代中国的城乡差别是随着社会主义制度的确立以及城乡关系的实践发展而变化的。中华人民共和国成立初期，由于国家工业化战略的发展需要，国家提倡偏向城市的城乡关系，城乡差别因制度和政策而拉大。此时的城乡问题带有明显的政府干预和设计的特征，学者因而也忽视或避免此问题的研讨。此阶段少有的城乡问题研究也是以政策应用性研究而展开。改革开放之后，随着农村以家庭联产承包责任制为突破的经济体制改革开始实施，释放了农村生产活力，调动了农民生产热情。加之乡镇企业的兴起，大量农村剩余劳动力开始进城务工，城乡关系发生了明显改变，也产生了许多问题。在城市化和工业化进程加快以及农村生产关系改革的背景下，城乡差别问题开始凸显，许多学者开始从各自不同专业和学术角度研究城乡差别问题，成果颇丰。

（1）改革开放前的城乡差别研究

中华人民共和国成立后面临的首要问题是恢复农业生产，加快工业化步伐特别是重工业的发展，以应对西方资本主义政权的威胁与恐吓。鉴于国内国际形势和苏联社会主义建设的经验，国家选择了以工业发展为重，农村服务城市的发展战略。中华人民共和国成立初期，国家已经确定了工业领导农业、城市领导乡村的方针。此后，1958年中国实行"户籍登记条例"，国家通过居民户籍的非农业户口和农业户口登记，区分了城市人口和农业人口，也分割了不同户籍背后的社会福利待遇，拉开了城市和农村的鸿沟。农产品"剪刀差"、统购统销、禁止农民进城等一系列政策障碍，人为拉大了城市和农村的差别，造成了城乡二元对立的空间格局。然而计划经济条件下，城乡发展的不均衡并没有引起足够的重视，也没有过多激起农民的不满。这种用农业支持工业，用农村支持城市的发展模式最终导致了城市和乡村的分化和对立，城乡社会无论是在经济发展、生活方式还是社会福利等方面，差别明显。基于国家政策和制度的城市化偏向，这一时期的城乡关系研究是对国家"抑农重工"政策的支持，许多研究对生产资料优先增长展开了广泛讨论，从学理上、数据上等方面为国家实现重工业优先发展的工业化战略提供理论支持，论述发展工业和城市的重要性和必要性。这些研究符合当时的国家政策，为牺牲农村，发展偏向城市的城乡关系起到了理论宣传和学术支持的作用。

（2）改革开放后的城乡差别研究

从党的十一届三中全会确立了改革开放的发展战略后，中国社会在经济结构、社会关系、利益分配制度等许多方面发生了明显的变化，伴随着市场化、城市化的发展，城乡差别逐渐被拉开，并不断扩大。针对这一事实，国内许多专家和学者展开了广泛的理论与实证研究，主要集中在对中国城乡差别出现和拉大的原因探析、城乡差别拉大带来的诸多影响以及缩小城乡差别的路径研究等。

第一，关于城乡差别出现的原因。①二元社会结构理论。有学者根据刘易斯的理论提出，中国经济发展结构的二元对立是城乡差别的主要原因，即现代工业部门与传统农业部门的结构差异。张榆琴与李学坤[①]（2012）、康敬华[②]（2004）、白雪瑞[③]（2006）等认为，城乡差别的本质

---

① 张榆琴、李学坤：《云南城乡统筹发展现状及条件分析》，《当代经济》2012年第4期。
② 康敬华：《我国城乡差别趋势分析》，《生产力研究》2004年第4期。
③ 白雪瑞：《我国城乡差距扩大的成因及建议》，《学习与探索》2006年第4期。

是城乡两个独立的社会系统。城乡在基本要素和运行方式上根本不同,其各自运行和发展结果自然各异。中华人民共和国成立以来,在国家优先发展城市的赶超型战略下,农业过度支持工业,造就了城市的繁华与农村的落后。城市是一个开放的系统网络,经济活跃;乡村则是一个相对封闭的系统。乡村系统内部各个地区间在经济上少有联系。另外,农民作为乡村系统的主体,其封闭性特征明显。②政策和体制方面。桂祖武(2009)、吴学凡[①](2006)等认为,国家发展战略的政策取向、市场经济体制的影响、农业生产的自然条件、农村历史上形成的自然经济传统以及农村地区文化的落后使农村的落后生产方式长期存在,也是造成中国城乡差别问题的原因。林光彬[②](2004)认为中国城乡居民收入差距过大,已经达到警戒线,究其原因则在于市场经济和社会等级关系相互作用形成的分配关系。彭邓民[③](2006)认为"三把剪刀一条鸿沟"是我国"城乡差别"扩大的政策性根源。③发展战略方面。郎咸平[④](2004)认为,工业部门和农业部门之间交易条件恶化是造成农村贫穷落后的原因之一,农民在市场经济体系中处于弱势地位,农民必须用无任何附加价值的农业产品去换取附加价值越来越高的工业产品。郭玮[⑤](2003)、戴大新[⑥](2006)认为造成中国城乡差别的主要原因在于城乡产业结构的差异、城市为主的非均衡发展以及城乡之间不同的体制等,城乡分化的发展模式必将导致城乡差别拉大。④户籍制度方面。闵学冲[⑦](2007)、牛永辉[⑧](2007)认为,户籍制度带来城乡管理体制的相对分割,加剧了城乡差别。⑤教育投入方面,精英教育战略使得城乡之间在教育资源和文化设施投入力度方面,城乡差别明显。

---

① 吴学凡:《改革开放以来我国城乡差别问题研究的主要视域》,《实事求是》2006年第6期。
② 林光彬:《等级制度、市场经济与城乡收入差距扩大》,《管理世界》2004年第4期。
③ 彭邓民:《我国城乡差别日益扩大的经济与政策根源》,《中共山西省委党校学报》2006年第4期。
④ 郎咸平:《城乡差距扩大源于农民市场地位弱势》,《农民日报》2004年9月18日。
⑤ 郭玮:《城乡差距扩大的表现、原因与政策调整》,《农业经济问题》2003年第5期。
⑥ 戴大新:《我国城乡差别探因》,《石河子大学学报》(哲学社会科学版)2006年第4期。
⑦ 闵学冲:《城乡差别变化的政策因素研究》,《中国合作经济》2007年第10期。
⑧ 牛永辉:《我国城乡差距的现状及成因分析》,《安徽科技学院学报》2007年第4期。

第二，城乡差别的表现。①公共产品方面。刘乐山、何炼成[①]（2005）认为，城乡差别表现在义务教育方面、公共卫生方面、社会保障方面、公共设施和基础设施方面。②经济政策和制度方面。徐华府[②]（2007）认为中国旧的城乡差别表现为户籍制度、工农产品"剪刀差"、集体经济的差别，而新的城乡差别表现为城乡居民收入、教育、医疗、养老差别等。柳耀庭[③]（2006）认为中国城乡差别主要体现在城乡收入差距过大、工农业发展速度不均衡、城市（镇）化进程缓慢等方面。闵学冲（2007）、袁岳驷、何光汉[④]（2008）认为城乡差别表现在居民收入水平差距拉大，城乡教育、医疗卫生、社会保障、基础设施建设等方面。③政治权利方面。城乡居民在选举权、参与权、监督权和表达权方面不平等。④居民收入方面。郭江平[⑤]（2004）等用基尼系数、恩格尔系数等指标体系来说明，中国城乡居民收入差距在不断拉大。

第三，城乡差别对社会发展带来的制约作用。①经济方面。罗时法（2002）、吴学凡（2008）认为农业经济发展缓慢制约工业尤其是以农产品为原料的轻工业发展；农民收入水平低，不利于建立城乡一体的市场体系，难以扩大内需，造成城市工业品的产销率增长缓慢。城乡产业结构不合理、城市化缓慢、"三农"问题严重。②社会稳定方面。屈小娥（2005）等认为政治方面：一是不利于工农联盟的政治基础的稳固；二是不利于社会稳定。③文化方面，城乡文化基础设施差别明显，农村基础设施落后甚至空白；农村人口科学文化水平和受教育程度低于城市人口。④生产方面。伴随着工业化和城市化进程，农村土地面积减少，加之城市化对农业劳动人口的吸纳，农业生产难以实现规模化和产业化经营。

第四，缩小城乡差别的路径。①加大农业投入和剩余劳动力转移。梁万泉（2003）、彭邓民（2006）认为实现农村富余劳动人口向第二、三

[①] 刘乐山、何炼成：《公共产品供给的差异：城乡居民收入差距扩大的一个原因解析》，《人文杂志》2005年第1期。

[②] 徐华府：《论社会主义城乡差别与社会稳定》，《乐山师范学院学报》2004年第3期。

[③] 柳耀庭：《关于我国城乡差距的几点思考》，《山西广播电视大学学报》2006年第5期。

[④] 袁岳驷、何光汉：《缩小我国城乡差距的根本途径》，《中南林业科技大学学报》（社会科学版）2008年第3期。

[⑤] 郭江平：《城乡差距扩大的表现、原因与制度创新》，《华中农业大学学报》（社会科学版）2004年第3期。

产业转移;提高农业生产力水平;完善农业基础设施;不断增加农民收入的政策措施将有利于调动农民生产积极性,促进农业发展,缩小城乡差别,促进地区间的平衡发展。②建立统筹城乡的财政和公共制度。柳耀庭(2006)认为,推进"三化"进程,促进二元结构转变;加大对农业的支持和保护力度,在政策上向农业倾斜;打破身份界限,建立城乡统筹的公共财政体制,逐步发展农村社会保障是缩小城乡差别的有效举措。刘志英[1](2006)认为,加快城镇化进程,转移农村剩余劳动力;让基本社会公共服务覆盖农村;加大各级财政对"三农"的转移支付力度有利于缩小城乡差别。③改革户籍制度,保障农民权益。黄敏[2](2008)认为重视农业的基础作用,充分实现农村土地所有权制度改革;深入农村户籍制度改革,加强农产品流通体制建设,注重保护农民权益可以缩小城乡差别。④加快城镇化建设。钟春艳、李保明、王敬华[3](2007)、赵伟(2004)等认为城镇化健康发展是缩小城乡差别的有效途径,国家应大力推行战略。中国城镇化要依托国情,大、中、小城市(镇)协调发展,形成既有大城市的发展繁荣,也有小城镇的方便热络。另外,对此问题,也有学者提出就地城市化、发展新型农村社区等城市化道路。

以上研究对于中国城乡关系特别是改革开放以来城乡问题的拉大、变化、解决方法等都做了有益的探索,提出了一些具有可操作性的实施方案。但也存在一些问题:首先,对中国城乡问题的研究主要是集中在城乡差别拉大这一现实,着力寻求城乡差别产生的原因和缩小差别的方法,视角比较窄;其次,现有的研究中中西对比研究较少;最后,现有的研究都是从当代中国城乡发展的特殊性和具体情况为切入点,从城乡差别的一般规律性和社会制度参与的比较分析研究欠缺。

2. 国外研究现状

(1) 非均衡发展理论

---

[1] 刘志英:《中国社会保障制度对贫富差距的影响》,《社会保障问题研究》2006年第9期。

[2] 黄敏:《我国城乡差距的因素分析——基于法国重农主义思想的思考》,《宜宾学院学报》2008年第9期。

[3] 钟春艳、李保明、王敬华:《城乡差距与统筹城乡发展途径》,《经济地理》2007年第6期。

①刘易斯的二元经济结构理论

美国经济学家刘易斯（W. A. Lewis）在1954年发表的《劳动无限供给条件下的经济发展》一文中指出，发展中国家存在着两个经济部门，一个是传统部门，一个是现代部门，即"资本主义部门"和"维持生计部门"。这两个部门不管是在资本运用、生产方式规模、生产效率以及收入水平等方面都存在明显不同。传统部门即是农业部门，由于耕地面积有限，农业生产技术简单且很难在一定时间内有新技术的产生。因而，在农业生产的产量达到技术所能承载的一定数量后，要想继续增加产量，已无可能，所以"维持生计部门的人均产量比资本主义部门低"①。另外，现代生产部门有着较高的劳动生产率，因而会有较高的劳动收入，除用于消费之外可用于扩大再生产，实现更大的利润和收益；而传统农业部门因为劳动生产率低，其收入水平有限，除了维护自身生存之外，无力实现扩大再生产。不难看出，代表先进技术的工业部门有着明显高于农业部门的劳动生产率，必然造成农业人口源源不断地从农村流入城市。

劳动力的城市化流动，即农业剩余劳动力的流动模型是刘易斯二元经济结构理论的核心。刘易斯的理论从一开始就认为传统部门劳动力的供给弹性是无限的。传统农业部门人口众多，生产效率低，导致收入水平低，因而人口必然会向城市和工业部门流动。只要农村剩余劳动力没有被城市和工业化转移完，现代工业部门就可以按照较低工资水平，不断雇用到所需劳动者。

刘易斯同时也对消除发展中国家城乡差别的路径和方法进行了理论探索。提出了要消除城乡二元对立的经济结构，必须把国家经济发展重心从传统农业部门向现代工业部门转换。在现代城市工业体系之下，各个工业生产部门都有可再生的生产资料，随着工业部门的扩大再生产规模和速度不断升级，必然形成城市工业化生产的边际生产率高于农业生产边际生产率。同时由于工业扩张速度高于人口增长，因此工资水平会不断提高，高于农业生产部门，必然会吸引农业部门的剩余劳动力向城市工业部门转移。刘易斯还指出，只要工业部门支付给农业部门的剩余

---

① [英] 威廉·阿瑟·刘易斯：《二元经济论》，施炜、谢兵、苏玉宏译，北京经济学院出版社1989年版，第8页。

劳动力稍高于农业部门的劳动收入，他们就会愿意实现工业化转移，因而工业部门只付出了很低的劳动报酬，就吸引到了足够的劳动人口，从而可以把更多的资本用于扩大再生产。而扩大再生产又需要足够的劳动力，从而吸引越来越多的农业人口进入城市，从事与工业生产相关的劳动，形成一个良性运行，实现农业过剩人口的城市化转移，最终使得城乡二元经济结构逐步消失。

刘易斯的二元经济结构模型有两个重大的缺陷：第一，就是过分贬低了农业部门在社会发展中的作用和地位，认为农业部门的作用只在于为工业部门提供廉价劳动力；第二，没有注意到农业部门出现农业产品剩余是因为生产效率的提高，从而造成农业劳动人口向城市工业部门转移的现实。

②费景汉—拉尼斯的二元结构理论

1961年费景汉（Jhon C. H. Fei）和拉尼斯（Gustav Ranis）对刘易斯的模型进行了修正。集中在以下几方面：第一，针对刘易斯提出的农业生产部门劳动力剩余的基本假设是"零边际劳动生产力"的观点，费景汉—拉尼斯认为，农业剩余劳动力不仅包括"零边际劳动生产力"的那部分劳动力，也包括边际劳动生产力小于固定制度工资的那部分劳动力，即存在"隐性失业"。第二，针对刘易斯所说的，只要工业部门的最低工资收入水平高于农业部门的实际工资收入，必然出现劳动力无限供给的理论，费景汉—拉尼斯认为，在发展的早期，当大部分人口都在为生计劳作时，不太可能会出现放弃任何就业机会；并进一步指出实际工资水平不是固定不变的，农业劳动力的边际产出也不一定为零，农业实际工资水平低于农业劳动生产率的情况，只是在刘易斯劳动力无限供给曲线转折点以前出现。第三，针对刘易斯模型中把经济发展认定为农业剩余劳动力流入工业生产部门，且资本积累是工业扩张的唯一源泉的观点，费景汉—拉尼斯指出，农业部门不仅仅是为工业部门提供剩余劳动力，它同时还向工业部门提供农业产品，如果没有农业剩余产品，不可能出现农业剩余劳动力向工业部门转移。农业剩余产品是经济社会发展的关键，它影响工业部门的工作水平、扩展速度，同时也影响农业生产部门劳动力的流出速度。因此，要实现经济社会的良好发展，就必须实现工业和农业均衡发展。

费景汉—拉尼斯将刘易斯模型转变为三个阶段，引入了农业科技进步和农业产品剩余问题。第一阶段，因为存在着"零边际劳动生产力"意义上的剩余农业劳动力，这部分劳动力的转移，并不会对农业总生产水平产生任何影响。所以，只要工业生产部门有增加劳动力的需求，就会出现这部分农业剩余劳动力的工业化转移。这部分农村剩余劳动力工业化转移只需给予他们的劳动报酬等同于农业部门所得报酬即可，从而使得工业部门可以节约更多劳动力成本而用于资本积累和工业扩张。第二阶段，当第一部分劳动力转移到工业部门后，会对边际劳动生产力大于零小于固定制度工资的那部分"隐性失业"劳动力产生吸引力，他们也开始流向城市工业部门。由于这部分农民的边际产出不为零，一旦他们转移出农业部门，不但会造成农业总产量下降，且会影响未流出农民的收入，造成粮食价格上涨，从而倒逼工业部门必须提高工人工资，增加生产成本；当这个阶段到来的时候，工业部门吸收农业剩余劳动力的能力就会下降，资本积累和工业扩张也会遇到阻力。为了农业劳动力的工业化能够转移继续，这一时期就不得不提高农业劳动生产率，提高那些并不是完全剩余劳动力的农民收入，以便能把他们留在农业生产部门。第一、二阶段的交界点为费景汉—拉尼斯所谓的"粮食短缺点"。一旦这个交点安全度过，工业部门仍继续吸引农村剩余劳动力，农业生产部门中不再有剩余劳动农民，此所谓第三阶段。此时，农业部门和工业部门对于社会劳动力的配置由商业工资水平决定，农业一方面要继续向工业提供剩余劳动力；另一方面，工业也要反过来支持农业，如果农业总产出下降，忽视农业生产，就会出现粮食危机。至此，传统农业经济就转化为商品化农业，城乡二元的经济结构自然解体，社会发展进入稳定增长时期。

费景汉—拉尼斯在刘易斯二元经济模型基础上进行了修正，把农业劳动力转移同工业和农业两个部门的发展联系起来进行考量，对农业剩余的详尽分析是他们的重要贡献。

③乔根森模型

1961年美国经济学家戴尔·乔根森（D. W. Jogenson）对刘易斯模型和费景汉—拉尼斯模型进行了修正，创立了乔根森模型。该模型的核心是认为农产品剩余是工业部分发展的前提和关键。

乔根森是在一个新古典经济学的框架之内，讨论工业部门增长对农业部门的依赖问题。他指出不存在刘易斯—费景汉—拉尼斯所说的边际生产率为零的剩余劳动力，因而也就不存在他们所说的工业部门能以固定不变工资水平从农业部门得到无限供给的劳动力。乔根森认为人口和经济的增长是一致的，农业劳动力的工业化转移不可能是以剩余劳动力为前提的。第一，一个国家的经济是由传统的农业部门和现代工业部门组成，其中农业部门发展的好坏则决定了工业乃至整个国民经济的发展。第二，农业剩余决定着工业发展水平以及农业劳动力的转移。农业部门所生产的农业产品，一定是要先满足农业增长人口的消费需求。如果农业部门生产能够满足人口增长的需求，自然所有的劳动人口都会集中在农业部门。只有当农业生产用于满足人口消费后仍有剩余，农业才会以此剩余支持工业发展，这被称为"农业剩余"。农业剩余的出现是农业人口向工业部门转移的先决条件，它可以把部分劳动人口从农业生产中释放出来，从事工业生产，实现农业劳动力的工业化转移。这种转移的速度和农业生产剩余积累速度正相关，农业剩余多，转移速度快，工业所获得的农村剩余劳动人口数量越大，相反则转移速度放慢，甚至造成工业发展停滞。因此，乔根森认为，农业是工业发展的关键，只有提高农业技术，增加农业剩余，才会有农业剩余劳动力的工业化转移，也才会加快工业部门的发展。第三，在农业剩余没有出现的时候，农业劳动力都集中在农业部门，从事农业生产，此时农业生产的边际产出不会为零，必定是个正数。因而刘易斯关于农业生产中存在边际产品为零的劳动假设是不成立的。同时，这种转移过程中农业部门的劳动总产出必定受影响，工业发展以牺牲农业为代价。

乔根森模型比古典二元经济结构理论进步的地方在于，他提出了农业剩余是工业部门出现和持续发展的关键；农业生产首先是满足农业和农村人口发展需求，只有有了剩余之后才会惠及工业，这本身就是工业出现的一般规律。但乔根森从根本上否认刘易斯提出的发展中国家存在边际产品为零的劳动，是有其局限性的。第一，发展中国家由于农业生产技术和自然条件等因素限制和影响，即便是农业生产达到最大产量，依然没有农业剩余，此时劳动力投入量再大，农业生产的边际产出也必然为零。因此发展中国家不存在剩余劳动力的假设实际上是不成立的。

第二，该模型只是从第一、二产业角度来解释二元化结构，强调农业发展、改进农业技术对工业部的影响，忽略了第三产业，即服务业发展对于二元结构的积极意义。第三，没有充分认识到工业部门和农业部门之间的互补性。

④钱纳里结构转变模型

霍利斯·钱纳里（Hollis B. Chenery）系美国哈佛大学教授，他从长期经济发展过程考察了制造行业内部各个产业部门之间的地位和作用变动，认为产业间存在着产业关联效应。通过对工业经济发展过程三个阶段六个时期的划分，钱纳里指出任何一个阶段向更高阶段上升都是产业结构来推动的。尽管他没有专门论述农业发展的著作，但他的结构转变模型包含丰富的农业发展思想。

钱纳里关于工业经济的划分如下：

初级产业。是指在发展初期对经济发展起主导作用的部门，例如皮革、纺织等。这一产业包括：经济不发达的第一阶段和工业化起步的第二阶段。其中第一阶段产业以农业为主，生产力水平低，几乎没有工业生产；第二阶段因为生产力水平提高，工业化生产开始发展，传统农业经济结构开始向工业化生产结构转变，有了建筑材料、食品烟草等产品的生产。这一时期是劳动密集型产业为主的产业结构。

中期产业。是指对经济发展中期起主导作用的产业部类，例如化工、石油、煤炭、矿山、金属等产业。中期产业也分为两个阶段，即第三阶段和第四阶段。第三阶段为工业化中期，工业发展从传统的轻工业向重工业迅速增长，农业人口加速了城市化转移，工业劳动力开始占据主导；第四阶段是工业化后期，表现为工业和农业协调发展，第三产业和服务业比重开始增加，并成为区域经济增长的关键。

后期产业。即经济发展后期起主导作用的产业部类，例如机械制造、出版印刷、服装百货等。其中，第五阶段是后工业社会。工业内部结构开始由资本密集型向技术密集型产业转变，同时人们的生活方式也更加现代化，消费结构开始升级；第六阶段为现代化社会，知识密集型产业开始占据主导，人们开始有更多的选择和自由，开始追求多元化生活。

关于钱纳里的结构转变模型，主要有：

第一，资源从农业部门向工业部门转变是结构转变的核心。发展就是经济结构的成功转变。发展是由低级到高级的上升运动,是伴随着人们收入增加而发生的需求、生产和贸易等全面转化的过程。

第二,经济结构转变的关键在于农业经济的发展。二元经济结构理论认为,经济部门分为工业部门和农业部门,经济结构的转变就是两大部门相互影响、协调发展的过程。从开始的生产力水平低,农业生产占据主导,农业是初级产品主要提供部门;到生产力水平提高,工业化发展加速,工业产品成为社会消费品的生产部门;再到工业化开始反哺农业,农业现代化成为农业新的生产模式,从而实现工业和农业共同发展,城乡差别逐步消除。

第三,经济结构转变表现为农业比重的下降,但农业技术和生产能力得到提升。结构转变表现为工业扩张的过程,工业化发展最终会吸纳更多的农村劳动力,占用更多的农业用地,导致农业在经济比重中下降,但工业化能实现农业现代化,提高农业生产效率,增加农业收入。

钱纳里模型揭示了经济结构转变的基本规律,即在现代化进程中,任何一个国家农业生产所占经济份额呈现出愈来愈下降的趋势,农业发展同工业之间结合度不断提高,最终在工业现代化过程中实现农业现代化。

⑤新兴古典城市化理论

20世纪80年代以来,以罗森(Rosen)、贝克尔(Becker)以及华裔经济学家杨小凯(Yang)等为代表的经济学家,使用超边际分析方法等数学分析工具,将分工与专业化这一古典经济学基本思想,转变成为均衡模型。这种沿用古典经济学的基本思路,但在分析思路和方法上对经济学理论进行了创新的经济学思想被称为新古典经济学。新兴古典城市化理论就是用新兴古典经济学理论来解释城乡问题。新兴古典城市化理论主义观点是:

首先,关于城乡差别的出现是分工与专业化发展的自然过程。该理论认为在社会发展初期,劳动工具的专业化程度低,仅仅是依靠手工工具,人们只能从事农业生产,自给自足,因而没有城市。伴随着劳动工具的更新及社会生产力水平提高,生产过程逐渐产生剩余产品,接着便有了物物交换。交换提高了交易效率,自然就会出现跳出家庭为单位而延伸到社会局部的分工,半专业化的工业应运而生。农业生产需要大量的耕地和牧场,所以农业人口都是散落在其所耕种的土地之上,靠近农田,分散而居。伴随交易效率进一步提高,在工业(制造业)内部必然会出现各种专门从事某种服务的制造业者,比如裁缝、建筑工人、纺织业者等,这些非农业生产者选择集中居住,以便减少交易费用,自然而然产生了有别于农村生产方式和居住方式的城市。因此,新兴古典城市化理论认为:城乡差别是伴随着社会分工的出现以及发展而出现的社会历史现象。城市居民以工业为中心集中居住,交易费用远远低于农村人口,城市的分工水平自然大大提高。从而造成城市和农村在商业化程度和生产力水平之间的差距。该理论还认为,只要允许城市和乡村之间人口的自由流动、自主择业,城乡人口收入差距就会消失。伴随社会分工的不断深化,市场本身能够消除城乡差别。

其次,城乡人口居住程度决定土地价格差别。城市出现后,有着高度发达的商业、制造业、服务业和各种各样的公共设施,这种优于农业和农村的生活和居住方式,其交易优势明显。如果不对农村人口进行任何限定和制止,让他们自由选择居住地和栖息所,显而易见,绝大多数人都会选择城市化居住。城市人口越来越多自然带来土地紧张,人均土地面积减少的事实,从而诱发城市土地价格上升。

再次,市场会自发形成合理的城市结构层次。该理论认为,城市并不是越大越好,必须有合理的城市层次结构。如果一个地区只有一个超大城市,那么所有的贸易自然会集中在此进行。社会分工水平如果很高,贸易和交换便成了人们每天必须进行的商业活动。相邻人口之间的交易,相比较于无论什么交易都必须要到遥远的城市才能进行而言,交易费用低,便捷程度高。如果能把城市划分为几个不同的层次,即大城市、中等城市和小城镇,在社会分工很发达的时候,人们可以选择不同的贸易地点,比如与临近人口在小城镇交易,省际贸易在中等城市完成,跨国贸易则选择放在大城市进行。这种金字塔形的城市分层结构十分符合市场规律。

最后,关于市场和政府在城市化发展中的作用。新兴古典城市化理论特别强调市场机制在城市化发展进程中的调节作用,要突出市场的力量,但它也不完全排斥政府的作用,特别是像中国这样城市化水平较低的阶段。当代中国城市化的最大问题在于,城乡人口缺乏自由流动的政策保障。新兴古典城市化理论认为，消除城乡二元经济结构的关键在于城乡人口的自由流动以及合理的城市规模结构。中国现有的城市化进程中，因为政策的城市化偏向，进城农民在户籍、医疗、子女教育、住房等方面存在着制度歧视。政府应该在政策层面上消除这些人为障碍，保证农村人口进入城市后能够获取同城市人口一样的政策待遇，保障他们的基本权益。另外，政府在城市规划、环境保护、功能划分等方面，也要发挥积极作用，从而弥补市场的短板，形成以市场为主体，政府为帮手的城市化发展格局。

该理论以长期视角来解释城市化，强调市场机制可以自然形成层次分明、结构合理的城市系统。但该理论只是从经济因素分析城市化，有两个问题值得商榷。其一，把城市化等同于市场过程，其实城市化是多维度的社会进程。其二，市场化选择是个长期历史过程，必然拉大城乡差别，特别是在发展中国家尤为突出。因此既要考虑市场因素，也要重视不同国家历史因素。

⑥托达罗人口迁移模型

20世纪70年代初期，伴随着各个国家经济的恢复和发展，城市失业问题开始突显并激化。从农业部门释放出来的农业人口，伴随着工业化进程来到城市，但并不是所有进入城市的农业人口都能充分就业，许多人找不到工作，成为城市游民。然而这并没有阻断农业人口城市化转移的热情，仍然有许多农业人口试图进入城市，造成了城市人满为患，就业困难。人口的流动并没有出现大大刺激经济发展的美好愿景，城市反而因为农业人口过度转移，产生了许多经济和社会问题。这一点是刘易斯—费景汉—拉尼斯的理论难以解释的。因此，如何进一步合理解释城市失业和农业人口城市化流动这一现象，成为一个新的经济学课题。美国经济学家托达罗对城市失业和农村人口城市化流动提出了自己的解释，创立了托达罗人口迁移模型。

根据托达罗的人口迁移模型，他认为人口的流动是一种经济现象，该模型建立的理论假设有两个方面：其一，城乡之间的预期收益而不是实际收入的差异，是影响农村人口向城市流动的决定因素；其二，农村移民在城市找到就业机会与城市失业人口数量成反比。在此假设的基础上，托达罗深入研究了城市就业概率、实际高工资和人口自然增长率等变量，以及它们对于农业劳动力城市化转移的动态影响，强调了工业扩张、生产效率和预期城乡实际收入是影响劳动人口城市化转移的三个重要因素。托达罗模型的主要内容是：第一，城市失业问题解决的关键不是创造更多的就业机会。他认为，农村人口对城市就业收入预期很高，一旦城市有更多的就业机会反而会激起更多农村人口流向城市，这样必然造成城市劳动力过剩，带来更多人口失业；第二，农村人口受教育程度越高，他们城市化流入的愿望越强烈。如果在城市和农村实行统一的教育体制，让农村人口和城市人口接受同样的教育教学，必然提高农村人口的教育程度和学历水平。文化水平的提高必然激发农村人口城市流入的欲望，因为他们对于城市的预期收入要远远高于农村，从而造成城市失业率进一步提高；第三，政府对于城市失业的干预应该废止。如果城市有失业人口，政府必然会出台相应的政策来进行干预，例如以实际经济发展水平和消费水平来制定最低工资，保证工人的基本生活；对于城市失业人口给予一定数量的生活补贴等，这种政策保护是为了控制失业，但结果反而增加了农村人口对城市的预期收入，导致更多的人口涌入城市，使失业率更高；第四，预防城市失业的关键是发展农业和农村。从根本上提高农业和农村的地位，发展现代化农业，改善农村基层设施，完善农村交通、水电、通信等设施，挖掘农村就业潜力。只有农村面貌焕然一新，才能从根本上缓解人口的城市化流入，彻底解决城市失业问题。

托达罗的人口迁移模型比较客观地反映了在城市和乡村发展不平衡的条件下，人口在比较经济利益驱使下从低收入农业部门向高收入工业部门、从农村向城市流动的过程，符合发展中国家的实际。高收入部门对人口流动的引力在发展中国家普遍存在，人口城市化流入也是发展中国家在城乡差别较大时的常态。但该模型也有不完善的地方，首先，农村人口向城市流入不是盲目的，它和城市所能提供的就业机会和岗位是有关联的，并不见得城市就业机会越多失业就越多；其次，不能单纯为了减少农村人口城市化流入，就实行城乡有别的教育体制；最后，城市生活成本也是许多农村人口迁入城市时要顾虑的，并非只是迁移成本。

⑦增长极理论

该理论由法国经济学家弗朗索瓦·佩鲁提出，旨在回应一个国家经济增长是否平衡。佩鲁认为，一个国家或者地区要想实现平衡发展，只能是美好的设想，现实当中因为经济增长在不同部门、领域、地域是不平衡的，经济增长一般是从经济增长快的增长中心向其他部门、区域传导。因此，经济发展一定要找准带动经济增长的特定地理空间。

佩鲁的增长极理论一开始是从抽象的经济空间出发而非地理空间，佩鲁所指的工业部门并非在地理空间中所理解的某个具体位置或区域。20世纪60年代以来，许多区域经济学家把佩鲁的这种理论应用于地理空间，以此来预测或者解释区域经济的布局，比如法国经济学家布代维尔（Boudeville）、美国经济学家弗里德曼（Friedman）、赫希曼（Hischman）以及瑞典经济学家缪尔达尔（Gunnar Myrdal）等。

增长极理论是佩鲁从物理学中"磁极"的概念引申而来的，认为经济空间中有若干个极或中心，产生类似于物理学中"磁极"的各种向心力和离心力，两种力量之间的吸引或者排斥都会产生一定范围的"场"。在经济发展中，增长极可以是某个产业部门，也可以是某一区域。该理论主要认为，一个地区或国家经济发展必须依靠好的地区或者产业作为增长极来带动，必须把区位优势较好的地区或者发展潜力巨大的产业培育成经济增长极。该理论的实质是强调并认同经济发展不平衡是客观的，因而要把有限的资金投入到发展潜力大、经济效益高、投入产出大的部门当中去，形成一个强有力的经济增长极，带动整个区域经济的发展。

增长极理论的优点在于它是对社会发展过程的真实描述，经济发展一旦出现不均衡，必须有相关外在力量推动它，才会回到均衡状态；技术创新和推进型企业理念符合社会进步要求；但同时，增长极主导的引力和吸力，使得区域内的资金、技术、人才等要素聚集到了中心区域，从而使周边地区发展失去机会，容易造成区域经济发展差距不断扩大的现实。城市特别是中心城市在区域经济发展中，以其资金、区位、人才等优势，自然就成为一个地区的经济、文化、贸易、服务中心，并产生极化效应，吸引周围农村资源向城市流动；同时，城市的发展也会形成相应扩散效应，辐射农村。由此不难看出，增长极理论作为城市化发展理论之一，仍然强调的是城市发展的重要性和紧迫性。

(2) 协调发展理论

①霍华德的田园城市论

伴随着欧洲工业革命的推进，工业化和城市化进程明显加快，与此相伴而生的一些资源浪费、工业污染、环境恶化和贫民窟等社会现象开始突显。在这种背景下，人们开始探索将活力无限的城市和环境优美的农村相互融合的城市化发展新路径。

19世纪末，英国学者埃比尼泽·霍华德（Ebenezer Howard，1850—1928），提出了田园城市（garden city）理论。他倡导"用城乡一体的新社会结构形态来取代城乡对立的旧社会结构形态"[①]。霍华德指出，城市和农村作为两个独立的社会空间，各有优缺点，必须把它们结合起来考虑。"城市和乡村必须成婚，这种愉快的结合将迸发出新的希望、新的生活、新的文明"。[②] 他的思想影响了20世纪以来许多国家的城市规划。霍华德针对城市发展中出现的问题，认为只有将城市和农村结合起来，改善城市的生活环境、变革生活方式，才能使城市得到良好的发展，1919年，英国"田园城市和城市规划协会"在与霍华德沟通后，提出了田园城市的内涵：城市是为了健康生活和产业发展而设计的，城市规模不能超过社会生活的需要，城市周围必须有农村的围绕。霍华德的田园城市设计包括城市和乡村两方面。城市周围是农村，城市规模不大，使得居民一方面可以便捷地走进乡村，感受乡土气息；另一方面居民可以随时从农村获取新鲜农产品；城市土地归集体所有，居民使用土地必须交付租金，租金是城市财政的来源。霍华德甚至建议一个城市占地面积应为6000英亩，城市位于正中央，占地1000英亩，组成直径约为1.5英里的圆形。一个公园、一组公共设施是城市核心，四周围绕居住区，再往外是商业和工业区。城市外围是农村，农村除了基本的农业设施，例如草场、耕地、森林、果园等之外，还要有疗养院，且农业用地永远不能被侵占。这样的城市设计可以使人们无论是到达城市核心还是去往农庄休闲，只需要很短时间，避免了交通拥堵。城市人口应为3.2万人，其中城

---

① ［英］埃比尼泽·霍华德：《明日的田园城市》，金经元译，商务印书馆2000年版，第17页。

② 同上。

市居民占3万人，其余2000人是散落于乡间的农业人口。如果人口超过规定数量，就应该另外建设一座新城。

霍华德面对工业化所带来的一系列城市问题，用城市规划的思想提出了"田园城市"的美好设想，其中有关城市规模、人口数量、城乡布局等思想具有一定的创新性。之后，刘易斯·芒福德对霍华德"田园城市"思想，极度欣赏。他指出，霍华德把城市的改进和乡村的发展没有分割开来，而是把城乡作为一个整体通盘考虑，超越了以前的一切思想，走到了时代前列。作为一个社会学家，霍华德提倡一种新的社会改革，即用城乡一体取代城乡分离，建立新的社会结构。霍华德的田园城市理论是现代城市规划的启蒙思想，对于后来的（例如卫星城镇等）城市规划影响颇深。

②恩维的卫星城镇理论

卫星城镇理论是美国的恩维（R. Unwin）在霍华德"田园城市"理论的基础上，进一步提出的城市规划方案。卫星城（satellite city）位于城市所能影响的空间范围之内，与中心城区之间有一定的空间和距离，其在生产、生活、工作等方面同中心城区密不可分，但又有其相对的独立性，城镇人口达数万人以上。恩维认为，大城市人口密集，生活成本高，空间紧张，应该在中心城市郊外建立一系列小城镇，类似于宇宙中卫星一样，围绕在大城市周围。从而可以把人口往外疏散，工厂可以向外搬迁，从而解决城市发展过程中因为人口集中带来的种种"城市病"。这种卫星城镇的建设既可以分散中心城市人口，实现工业郊区化转移，同时也使得卫星城镇居民不远离中心城市，只需花费很短时间就能享受到中心城市各种资源。

卫星城作为一种科学城市规划理论，是现代城市化发展到一定阶段后，为解决中心城市人口膨胀、资源短缺、交通拥挤等问题应运而生的城市发展理论。它可以分担中心城区的部分功能，使得城市空间延伸，既是中心城市的一部分，又具有自己的独立性。在1924年荷兰阿姆斯特丹的国际会议上，卫星城作为解决大城市恶性膨胀的有效措施，被加以推广。

卫星城自提出以来经历了四个阶段的发展，第一代卫星城被称作"卧城"。即这里只是居民生活和休息的场所，其工作、学习、文化生活等仍在主城；第二代卫星城里面有了一定的工业企业以及其他公共配套设施，部分居民可以就近工作；第三代卫星城被称作"新城"，有了完善的工业、商业以及文化产业，居民就业、居住都在其中，卫星城本身也有自己的现代化城市中心；第四阶段，通过城市高速交通网络把主城同各个卫星城镇连接起来，形成多中心敞开式的城市结构。

卫星城作为一种城市分散发展理论，已经在世界许多地区被践行，形成了世界范围内诸多的城市群。东京、巴黎、伦敦以及中国北京、上海等特大城市，在发展和空间扩展中，都有机地采用了卫星城发展规划。中国已经进入工业化中期，城市化进程明显加快，必然面临城市发展中心由中心城区向郊区、外围转向的问题。如何定位主城和卫星城的关系、卫星城的功能和定位以及主城和卫星城之间的基础设施等都是要面临的问题。可以借鉴国外经验，但必须符合中国国情，结合地区实际，以卫星城建设作为连接大城市和农村之间的桥梁，一方面为大城市发展提供农业资源和劳务人才；另一方面也可以把中心城市的资金、技术、产品实现郊区化、农村化转移，构建城乡一体化发展的双赢模式。

③沙里宁有机疏散理论

该理论是芬兰学者沙里宁在20世纪初期，针对大城市发展过分膨胀所引发的一系列城市弊病所提出的，旨在通过城市合理规划来疏导大城市发展的城市规划理念。1918年受开发商的委托，沙里宁为赫尔辛基新区明克尼米制订一个17万人的扩张方案。在接手设计此方案时，他发现中心城市存在严重的拥挤。虽然当时赫尔辛基已经开始建设卫星城镇，但因它仅仅承担居住功能（即所谓"卧城"），人们生活与就业不平衡，居住在卫星城的人口每天必须来往于中心城区和卫星城之间，造成交通拥堵，出行困难。针对此问题，沙里宁认为，应该赋予卫星城镇一定的产业功能，以此来解决一部分人口的就业问题，即"半独立"城镇。这样就可以消除人口来往中心城市与卫星城镇所引发的交通堵塞问题。在他的城市规划思想中，城市的发展是一步步走向分散的，不能把所有城市功能都集中在中心城区，应该有计划、有目的地进行功能分离，有机疏散。实现城市发展的多中心、多功能布局。卫星城不但能解决生活，也应该可以解决就业，实现部分居民生活、就业的均衡，从而免去他们来往于中心城区与卫星城镇之间的辛劳，避免交通拥堵，切实提高人们的生活质量,降低生活成本。

沙里宁在他的著作《城市:它的发展、衰败和未来》中对有机疏散理论进行了详尽的阐述。沙里宁认为,"城市的发展必须要使人能生活和居住在一个城乡优点兼具的环境空间之中,而有机疏散的城市发展方式能使其成真"①。城市是一个有机体,必须要有优良的秩序,杂乱的聚集,功能的不清必然导致混乱。只有将城市按照有机疏散方式进行规划,城市才能重生。卫星城镇固然是解决大城市顽疾的方法,但不需要建设独立于中心城区的卫星城镇,可以通过"半独立"城镇来实现有机疏散。

沙里宁的有机疏散理论基本思想包括:首先,城市如同生物一般,必须是有序发展的。他以树木为例,大树枝从树干生长出来时,就为小树枝预留了空间。城市由许多"细胞"构成,细胞之间必须有间隙,城市有机体才能不断生长。另外,大城市在扩张的同时,会出现贫民窟这样的"瘤",这说明城市这个有机体是不断变化和成长的。如果城市有机体内部遭到破坏,必然对整个城市躯体造成侵蚀和伤害,甚至导致其瘫痪。因而必须对城市按照有机体的要求,进行规划,有机疏散。其次,关于产业布局的规划。沙里宁认为不能把重工业规划在城市中心,同时相应的轻工业部门也要有序疏散出去。城市的中心位置应该留给事业单位和行政管理部门,城市中心地带因为工业外迁而出现的空地,应该变成城市绿地,当然也可以提供给必须在中心城区居住的商业、管理、技术和行政人员,让他们就近生活。许多商业部门和日常生活供应部门,要随着城市中心的向外疏散,离开拥挤的中心城区。许多家庭被疏散到更适合人居的卫星城镇,中心城区自然人口密度下降。最后,有机疏散理论认为,城市拥堵的关键在于规划不科学,人们不得不每天把大量时间用在出行上,如果步行或者借助现代交通工具可以方便日常生活,则不会出现交通拥堵的现象。

有机疏散理论与恩维的卫星城镇理论出发点相似,都是为了解决大城市发展过程中所带来的各种弊端。"二战"后西方许多国家的大城市在新城建设、旧城改造中,都吸收了该理论,大巴黎规划和大伦敦规划就

---

① [美]伊利尔·沙里宁:《城市:它的发展、衰败和未来》,顾启源译,中国建筑工业出版社1986年版,第171页。

是代表。中国的城市化进程中，特别是近一二十年以来，许多城市开发区、新区不断扩张，城市规模不断扩大，导致城市交通拥堵、房屋紧张等矛盾突出，有机疏散理论为我国城市化进一步合理规划、功能划分、人口分散、城乡一体必然起到积极借鉴作用。

④麦吉的 Desakota 模式

Desakota（在印尼语中，desa 是村庄，kota 是城市）模式作为一种城乡协调发展的新模式，是加拿大学者麦吉（T. G. McGee）在对亚洲许多国家长达 30 年的城乡发展进程研究后提出来的，该模式是对以亚洲为代表的发展中国家在社会发展进程中，城市和乡村两个不同的空间结构所呈现出的不同表现的理论总结。

西方发达国家从 19 世纪末 20 世纪初开始就进入了高速城市化发展阶段，发展中国家因为工业化程度不高，直到 20 世纪 50 年代伴随着工业化进程加快，带动了城市化发展。发展中国家城市化不同于发达国家，自然也就难以用传统的西方城市化理论加以诠释。发展中国家的工业化发展，带动了大城市及其周边区域经济的高速增长。随着中心城市的空间扩展，在城市周边形成大面积的城乡交接地区。伴随交通网络的完善以及信息技术的应用，城市和乡村这两个原本疏远和隔离的社会空间有了亲密的互动与联系，从而形成了介于城乡之间的新型的发展走廊。这种特征在泰国、印度尼西亚爪哇、印度以及中国大陆、中国台湾地区等经济发展的核心地域表现尤为突出。这种新型的发展走廊是城乡互动和资源重组的产物，这种地区既非城市，也完全有别于传统意义上的农村，结合了城乡的特点，从而被一些学者称为"灰色区域"。传统的西方关于城乡分明的理论，很难给这种淡化城乡界限的新事物以合理解释，于是，学者们开始了新的理论研究，麦吉的 Desakota 模式是其中具有代表性的研究。

麦吉的 Desakota 模式，是指在同一个地理空间上同时发生的既有城市性质也有农村性质的行为，主要发生在亚洲一些大城市和乡村之间的交通走廊地带。这些区域具有几个特征：首先，人口聚集，密度大；其次，经济发展方式不同于以往只是传统的农业生产，而是有了非农产业；再次，土地经营方式不再是单一的种植，小区、工厂以及房地产开发占据了不少耕地；最后，由于有着便利的交通和邻近大城市的区位优势，人口流入大城市或者季节性流入很普遍。Desakota 模式其实就是在城乡之间的交通走廊地带，服务业、劳动密集型企业以及非农产业快速增长，人口和商品流动大大增强，城乡关联更为密切的发展过程。这种发展模式是城市和乡村两个社会系统相互影响、相互作用之后形成的一个新的社会空间。从一定程度上看 Desakota 模式其实质就是城镇化的过程，这种走廊区域是城市外扩和乡村经济转型的互动产物，不同于传统意义上的城乡相对封闭的社会空间理论，是一种城乡协调发展的理论。这种新理论打破了西方传统城市化理论以大城市发展为目标的单一化模式，强调了城市和乡村之间的双向互动，为亚洲国家城市化发展提供了新的思路。同时，Desakota 模式由于是对亚洲几个国家的调查研究，其理论很难具有普遍的适用性，另外其在分类、特征上等也存在一定局限。

从上述研究中可以看出，国外的许多学者都在关注并研究城乡之间的差别问题，也有许多有益的探索和思考：比如梳理了城乡差别带来的社会发展问题；设计了消除城乡差别的不同路径和模式等，试图实现城乡之间的一体化。但是，认上研究也明显存在一些不足之处：

第一，以上所有理论从不同层面对城市和乡村发展作了理论分析，各有侧重。刘易斯的二元结构理论、费景汉—拉尼斯的二元结构理论以及乔根森模型三个理论都是揭示农业劳动力转移为工业劳动力的经济条件与机制。这三个理论的研究重点不是针对"城乡差别"，而是"农业劳动力转移"的问题。钱纳里的理论重点是"经济结构转变及其过程特点"；新古典城市化理论强调市场力量的自发过程，同时也关注政府作用；托达罗模型主要是关注人口迁移的经济现象；增长极理论强调发展的重点是城市；田园城市、卫星城和有机疏散理论关注点则在城市的发展模式。

第二，这些研究大多都是站在城市的角度研究乡村，没有把城市和乡村当成统一整体加以通盘考量。上述研究成果都是站在城市的角度研究城乡问题，通过研究为城市的可持续发展提供理论支持。没有将实现城乡统筹发展作为研究的现实目标，无法跳出城市真正站在城乡一体化的视域来研讨城乡关系。

第三，以发达国家为对象的上述城乡发展理论，对于发展中国家城乡协调发展来说针对性不足。以上城乡发展的理论几乎都来自西方发达资本主义国家，它们生产力发展水平高，城乡问题出现早，协调发展愿望迫切。发展中国家生产力发展水平低，很长一段时间受制于西方的殖民主义和自身发展困境，城乡矛盾隐性化。随着经济全球化时代的到来，发展中国家发展迅速，许多社会问题集中出现。同西方国家城乡关系的渐进性特征相比，发展中国家城乡关系呈现出井喷式特征，情况更为复杂。因而，以上以西方发达国家城乡关系为研究内容的思想，同发展中国家城乡关系现实来讲，针对性稍显不足。

三 研究方法

历史与逻辑相统一的方法。本书以当代中国城乡差别为研究内容，通过对当代中国城乡关系发展不同阶段的梳理，总结各个阶段的特征，分析影响城乡关系的政策、制度等因素；梳理当代中国城乡问题的发展脉络和轨迹，并在此基础上借鉴不同国家缩小城乡差别的经验，结合当代中国社会发展的现实，提出完善当代中国缩小城乡差别模式的路径。

规范分析。关于城乡差别的研究，国内外已有许多的研究成果和理论探讨，虽然没有形成统一的理论和共有的范式，但也有许多有益的理论贡献。因此，本书要结合、借鉴、分析已有的理论成果，形成本书的理论基础。

比较分析。通过国内国外、资本主义和社会主义、中国社会发展不同阶段的城乡差别比较，找寻影响城乡差别的一般因素和特殊因素；通过不同时期的数据比较、模式比较，探寻当代中国城乡差别存在的问题，探析当代中国缩小城乡差别的方法。

系统分析。城乡差别问题是一个复杂的社会发展问题，涉及诸多的因素，比如经济、政治、政策、制度等；另外城乡差别也是一个历史问题，涉及之前、现在以及未来的发展状况。因此，用系统论的思想去分析影响城乡差别的诸多因素，只有实现各个要素的合理化和最优化，城乡差别的问题才可能最终解决。

实证分析。关于城乡差别的解决方法，实践中已经有了诸多的模式。通过不同模式的分析，探析各种模式的利弊，找寻合理的解决途径。

第一章

马克思主义关于缩小城乡
差别的基本思想

马克思主义作为无产阶级的革命理论和思想武器，致力于实现社会公平正义和人的全面自由发展。马克思主义在批判资本主义的基础上，借鉴人类社会已有的文明成果，科学论述了人类社会的发展规律，为从空想社会主义到科学社会主义的转变找到了现实路径和依据。在对资本主义社会的批判和对未来社会发展的展望中，城乡差别问题引起了马克思、恩格斯的高度关注，他们深刻地论述了城乡问题产生、扩大、发展直至融合的一般规律，对城乡问题的产生、发展、解决路径等都提出了许多具有科学见地的观点。之后，苏联社会主义时期，列宁和斯大林不断丰富和发展马克思主义城乡理论，在实践中探索缩小城乡差别的有效路径和方法，体现了马克思主义城乡发展理论的时代性和鲜活性。

第一节 马克思恩格斯关于消除城乡差别的理论

一 城乡问题产生的根源

（一）生产力水平提高和社会分工的出现导致城乡对立

马克思主义认为，城乡差别是社会分工和生产力发展的必然产物。人类社会早期，由于生产力水平低，人们主要靠对自然资源的现成获取来维系生活。共同劳动的生产方式决定了不会产生专门化的社会分工，因此不具备产生城市的条件。原始社会后期，随着铁制工具的使用，社会生产力水平提高，出现了以交换为目的的生产活动。不同劳动者因为产品的交换关系被紧密连接在一起。"一个民族内部的分工,首先引起工商业劳动和农业劳动的分离,从而也引起城乡的分离和城乡利益的对立。"① 随着分工的专门化,交换规模和数量日益庞大,生产要素和生活要素日益集中成为必然。自然而然,工厂、手工作坊周围出现了各种提供专门服务的商业、服务业、交通运输等配套产业形式,城市应运而生。在《德意志意识形态》中,马克思对城乡差别的产生做了阐述:"物质劳动和精神劳动的最大的一次分工,就是城市和乡村的分离。城乡之间的对立是随着野蛮向文明的过渡、部落制度向国家的过渡、地域局限性向民族的过渡而开始的,它贯穿着文明的全部历史直至现在。"② 城乡分离是生产力发展的必然结果,社会分工提高了生产力水平,客观上也促使了城市和乡村的分裂,最终走向城乡对立。奴隶制社会和封建社会,城乡对立已然形成,然而此阶段社会分工不发达,资本生产规模较小,加之不断的连年战乱,生产力遭到极大的破坏,严重制约了城市的发展,城市工业乏力,商业停滞,人口减少。反观没有受到战乱干扰的农村成了封建社会发展的重要起点,这种状况一直持续到欧洲的中世纪。

伴随着资本主义的机器化大生产,工业革命成为社会发展的必然进程。生产开始走向社会化和专门化,社会生产分工变得更加精细化、专业化、规模化。生产规模的扩张,用工需求的增加,销售市场的扩大等都使得越来越多的资源、财富、劳动力被吸纳到了城市。社会分工促进了商品贸易,进而也促进了因为贸易需要而发展起来的交通,拉近了人们之间的距离和密切程度。城市数量开始增加,原有城市规模也开始扩大。马克思恩格斯指出:"这种超过了生产力的需求正是引起中世纪以来私有制发展的第三个时期的动力,它产生了大工业——把自然力用于工业目的,采用机器生产以及实行最广泛的分工。"③ 伴随着这轮具有划时代意义的分工,全球城市化发展浪潮开始显现。小的村镇开始发展成为小城市,小城市则逐渐壮大为大城市。城市规模越大,设施和资源越充裕,生活其中的人们就愈加便捷。因此,大城市发展速度惊人。社会分

---

① 《马克思恩格斯选集》第1卷,人民出版社1995年版,第68页。
② 同上书,第104页。
③ 同上书,第113页。

工加快了工业化发展步伐,以产业革命为标志的工业文明快速发展,城市和乡村之间的对立逐步加深。资本主义工业化生产以资本聚集和"自由劳动力"为前提,而二者都是通过对农村的掠夺来实现。在城市工业对农村的剥削之中,城乡差距逐渐拉大。人口、资本、技术相继集中到城市,而乡村社会完全相反,以分散和孤立为特征。

(二)资本主义生产资料私有制和工业化、城市化相互交织加深城乡对立

马克思明确指出,私有制是产生城乡对立和分离的根源之一,"城乡之间的对立只有在私有制的范围内才能存在。城乡之间的对立是个人屈从于分工、屈从于他被迫从事的某种活动的最鲜明的反映,这种屈从把一部分人变为受局限的城市动物,把另一部分人变为受局限的乡村动物,并且每天都重新产生二者利益之间的对立"①。城乡之间的对立和矛盾从奴隶制社会开始出现,起初不是很明显,到了资本主义社会,城市和乡村之间的对立变得尖锐。在马克思恩格斯看来,问题的关键在于少部分人占有生产资料的资本主义私有制。资本主义制度下城乡对立非但不能被消除,反而会被拉大。因为,"资产阶级日甚一日地消灭生产资料、财产和人口的分散状态。它使人口密集起来,使生产资料集中起来,使财产聚集在少数人的手里,由此必然产生的后果就是政治的集中"②。城市的发展,使得工业发展速度高于农业,导致第一、二产业之间比重分化,矛盾突显。资本主义工业化和城市化的发展,使得城市成为资源、技术、劳动力等要素的聚集地,而农村却要为城市化付出环境、资源、人口等代价。所以,马克思指出,要彻底消除城乡差别,就必须消灭资本主义私有制,以公有制为基础,大力发展生产力,创造极其丰富的物质财富,消灭阶级,消除两极分化,实现按需分配;社会是以不同成员组成的联合体,人们有计划地进行生产,把生产安排在人们需要的规模;结束一些人的发展是以牺牲另一些人利益为代价的发展模式;通过教育和工作变化,让大家共同享有劳动成果。"通过城乡的融合,使社会全体成员的

---

① 《马克思恩格斯选集》第1卷,人民出版社1995年版,第104页。
② 同上书,第277页。

才能得到全面发展——这就是废除私有制的主要结果"①。这样一来,城市和乡村的对立和分化则会必然消失,工人和农民、脑力劳动和体力劳动的差别也将自然消除。

二 城乡差别所产生的社会问题

（一）政治方面

原始社会后期,随着铁制工具代替石制工具,劳动效率大大提高,生产过程开始出现富余产品。一些氏族首领或部落领袖为了把这些富余劳动产品据为己有,就开始构建庞大的国家机器。国家政权以城市里面行政机关、警察局和征收赋税部门等政治机构为标志,实现一个阶级对另一个阶级的统治。社会人口也因国家和城市的出现,被划分为城市居民和农业人口,当然这种划分是以社会分工为基础。随着资本主义私有制的建立,资产阶级为了实现社会化大生产,走向人口和生产资料必须让生产集中。于是资产阶级采取各种手段,消除生产资料、劳动人口的分散状态,以城市掠夺农村的方式让生产资料和社会财富聚集到少数人手中。生产的集中必然产生政治的集中。"各自独立的、几乎只有同盟关系的、各有不同利益、不同法律、不同政府、不同关税的各个地区,现在已经结合为一个拥有统一的政府、统一的法律、统一的民族阶级利益和统一的关税的统一的民族"②。

（二）经济方面

首先,农业发展受到了限制。马克思指出,资本主义机器化大生产使得大城市的人口享有高度发达的城市文明和社会资源,城市人口成为社会历史发展的主要动力;但与此同时,人口的城市化集中隔断了人与土地之间的物质交换,"使人以衣食形式消费掉的土地的组成部分不能回到土地,从而破坏土地持久肥力的永恒的自然条件"③。其次,城乡差别源于社会分工,同时它又强化了社会分工。"一切发达的,以商品交换为媒介的分工的基础,都是城乡分离。可以说,社会的全部经济史,都概

---

① 《马克思恩格斯选集》第1卷,人民出版社1995年版,第243页。
② 《马克思恩格斯选集》第1卷,人民出版社1995年版,第277页。
③ 《资本论》第1卷,人民出版社2004年版,第579页。

括为这种对立的活动"①。

（三）社会方面

城市的飞速发展，使得大量人口涌入城市，随之带来的就是交通拥挤、资源紧张、住房短缺、环境恶化、疾病流行等"城市病"。恩格斯在《论住宅问题》中指出，人们所说的住宅缺乏问题，究其根本在于本来就条件简陋的工人住房状况，因越来越多农业人口流入城市而变得更加尖锐。城市住房建设的速度跟不上城市人口的增长速度，住房需求增加提高了房租，为了节省开支，每间房屋内人满为患。为了能在住房紧张的城市中找到栖息之所，人们通常无处不在，即便是在臭气熏天的猪圈也能找到租赁者。如此的居住和生存环境，自然成为流行疾病的源头，"这些疾病在那里几乎从未绝迹，条件适宜时就发展成为普遍蔓延的流行病，越出原来的发源地传播到资本家先生们居住的空气清新的合乎卫生的城区去"②。

三 消除城乡差别的路径

马克思认为，消除城乡差别的方式就是实现城乡融合，即"将把城市和农村生活方式的优点结合起来，避免二者的片面性和缺点"③。第一，提高社会生产力发展水平是实现城乡融合的基本前提。在生产力发展水平不高的社会阶段，为了工业和城市的发展，必然以牺牲农村和农业为前提，造成城市和乡村发展的失衡。这种状况会在生产力大发展，特别是农业生产力发展水平提高后得以改变。把每个人的生产能力提高到能生产出可供更多人消费的产品，那时城市工业就能给予农业更多的力量，科学技术也会像在工业中发挥作用一样被应用于农业。第二，消除旧式分工，实现人的全面自由发展。马克思主义认为，城乡对立只有在私有制条件下存在。建立在生产资料私有制基础上的社会分工，造成了少数人占有多数人的劳动产品，产生了阶级对立和城乡差别。"随着分工的发展也产生了单个人的利益或单个家庭的利益与所有互相交往的个人的共

---

① 《马克思恩格斯全集》第23卷，人民出版社2001年版，第390页。
② 《马克思恩格斯选集》第3卷，人民出版社1995年版，第163页。
③ 《马克思恩格斯选集》第1卷，人民出版社1995年版，第240页。

同利益之间的矛盾"①。有共同利益的人自然会慢慢形成以共同利益为目标的集团,再发展为特定的阶级。这样必然会有阶级的对立以及不同领域内人们社会地位的差别,即"城市动物"和"乡村动物"的差别。因此,要消除城乡差别必须先消灭旧的社会分工,废除私有制;建立由社会全体成员组成的共同联合体。生产能力提升到能满足全体成员需求,彻底消灭通过牺牲一部分人利益来满足另一部分人需求的不合理现象。第三,实现农业产业化发展。城乡对立的关键在于农村社会发展落后于城市。要消除城乡差别,必须提升农业生产力水平,加快农村社会自身发展,探索农业产业化发展方式。农业和土地是农村社会的经济支柱,正是因为农产品产能低,周期长,没有价格优势,才加大了城乡对立,拉开了城乡差别。所以,必须发展设施农业,延长农村产业链,提高农产品品质,树立品牌意识,实现农业的产业化发展。"实行普遍劳动义务制,成立产业军,特别是在农业方面"②,"把农业和工业结合起来,促使城乡对立逐步消灭"③。第四,加快工业化发展,实现农村社会的城市化转型。生产力的发展,必然对传统的农业生产和生活模式提出新的要求,改变农村社会面貌,实现城乡融合,必然要通过工业化和城镇化来带动农村发展的道路。马克思认为,将来从事农业和工业生产的是同一些人,他们不再有工人和农民这样的身份差别。通过城乡社会协调发展,以农村工业化为突破,实现农村社会现代化,消除城乡生产、消费、生活等方面的差别。

四 马克思恩格斯消除城乡差别理论的当代价值

第一,马克思恩格斯消除城乡差别的理论对未来社会消灭城乡差别提供了理论智慧。消除城乡差别是一个长期的历史过程,不可能一蹴而就,应该在不断发展生产力的前提下,循序推进。中国当前处于社会主义初级阶段,显然不具备完全消除城乡差别的必备条件,但通过不断提高生产力水平,逐步缩小城乡差别已经成为可能。

---

① 《马克思恩格斯选集》第 1 卷,人民出版社 1995 年版,第 84 页。
② 同上书,第 294 页。
③ 同上。

第二，对于马克思恩格斯消除城乡差别理论认知要结合当时的社会现状和历史阶段。马克思认为城乡差别拉大是资本主义制度和工业化、城市化相互交错的结果，这契合当时资本主义发展实际。然而在今天则需要把二者分开讨论。抛开制度因素，当代中国缩小差别的进程必然同工业化、城市化发展水平相关联。

第三，当代中国缩小城乡差别必须是城乡之间经济差别、政治差别、文化差别和社会差别相互协调的进程，经济发展则是基础。因此，要大力发展生产力，提高生产效率，实现城乡现代化。

第二节 消除城乡差别是一个社会发展的历史过程

一 生产力水平不断提高自然消除城乡差别

生产力是人类在生产实践中形成的改造和影响自然以使其适应社会需要的物质力量，具有社会历史性特征。马克思指出，城乡差别的产生源自于生产力水平的提高，促生了城市和乡村的对立。在生产力水平不发达的情况下，为了实现城市的优先发展，通常以牺牲农村来支持城市发展，城乡差别明显。同时，城市的生产力水平高于农村，吸引着农村资源和人口流入城市，农村发展陷入困境，城乡差别不断拉大。随着社会生产力水平不断提高，特别是农业生产力的进步，农业生产能力增强，农业收入增加，农业富余劳动力不断增多。为了谋求更高的收入水平，农业市场化、农业工业化等开始成为农业发展的方向。工业化、信息化发展水平也使得原本只集中在城市的工业产业，开始向城郊和农村转移。在这种内在和外力双重作用下，城乡一体化的产业格局开始形成。传统的农村只有第一产业，第二、三产业集中于城市的格局开始改观。科学技术开始同第二、三产业联姻一样，惠及第一产业。城乡生产力水平均等，城乡藩篱被打破，各种要素、资源、人才等城乡共享，城乡差别逐渐被消除。

二 城市化、工业化进程终将消除城乡差别

城市化是一个从农业社会向现代文明社会转型的自然历史过程。工业革命以来，随着城市化进程不断加快，工业生产高于农业生产的劳动

收益和城市优质现代的生活方式，吸引着大量农村人口流入城市，形成了城市的吸纳效应。随着工业化进程加快，人口聚集、交通拥堵、环境污染等"城市病"成为工业化中期的城市顽疾，使得城市单向度发展的城乡发展模式的弊端充分暴露。加之现代信息技术、交通设施以及农业生产效率的提高，城乡之间互动协调、共生共荣成为时代发展的要求。于是，城乡发展格局从城市为主、城乡分离自然向城乡协调、城乡一体转变。当然，城市何时反哺农村，工业何时扶植农业，同每一个国家的工业化、城市化以及生产力发展水平相关。虽然各国在城乡统筹发展，缩小城乡差别的时段上无法同步，但总体的发展趋势却是清晰明确的。随着每个国家和地区城市化、工业化水平不断提高，城乡之间的界限会变得越来越模糊，城乡差别会逐渐缩小。

三　城乡经济结构的合理化必然消除城乡差别

区域经济结构是指某一个区域内的所有制结构、产业结构、技术结构、企业结构等。在经济社会发展的过程中，城市和乡村是两个独立的社会空间，在经济结构上差别明显。城市以第二、三产业为基础，拥有高素质劳动者，先进的科学技术，生产效率高，收益水平高。而农村社会产业结构单一，农业生产效率低，农民收入水平十分有限。城市因其产业结构的优势，成为区域经济发展的增长点，乡村为城市发展提供支持。随着社会生产力水平提高，农业过剩劳动力被从土地中释放出来，开始从事第二、三产业；城市则为了适应信息化、工业化发展要求，把产业、资本、人才向郊区和农村转移。伴随农民进城和产业出城，城市和乡村之间合理化的产业格局开始形成，城乡一体化的经济结构逐步形成，自然城乡之间的差别会慢慢缩小，直至消除。

四　城乡一体化发展格局是城乡关系的最终形态

城乡关系是任何国家迈向现代化都要面对的重要问题。工业化之前的城乡关系，表现为城乡完全对立，城乡是两个截然不同的经济体系。农业是国家经济中心，城市是国家政治中心，农村为城市提供给养。工业革命开启了机器化大生产，城市成为工业、服务业中心，吸引着农村的资本、劳动力、资源开始向城市转移，城市化发展步伐加快，而农村则陷入发展困境，城市的繁荣与农村的落寞对比明显。到了工业化发展中期，城市人口膨胀、环境污染、资源短缺、生活和生产成本增加等问题叠加出现，实现城市生产郊区化、城市产业农村化转移成为发展趋势。城乡关系由对立开始走向融合，各种资源实现城乡一体化自由流转，城乡差别自然消失。

第三节 列宁和斯大林关于缩小城乡差别的理论与实践

一 列宁关于缩小城乡差别的理论与实践

19世纪末20世纪初，资本主义社会发展到了帝国主义阶段，资产阶级是社会生产资料的占有者，牢牢掌控着国家政权。资本主义工业化在推动城市化发展的同时，加深了劳资矛盾和冲突。资本主义一味追求超额利润和剩余价值的工业化模式，使得工人阶级苦不堪言，他们不断通过各种方式起来斗争，劳资关系紧张。依据马克思主义城乡差别理论，纵观整个世界范围内资本主义国家城乡对立加深的现状，结合俄国资本主义发展的实际，列宁对资本主义社会制度下的城乡问题进行了深刻的分析，丰富和发展了马克思主义城乡发展理论。

列宁认为资本主义加深了城乡对立，因为资本主义城市化、工业化发展是建立在对农村和农民的剥削和掠夺的基础之上的。列宁在评述考茨基的著作《农民的无产阶级化》时曾明确指出，随着资本主义社会向前发展，要想发展商业性农业产业困难重重。因为土地所有权被资本家垄断，土地的继承权等妨碍了农业的健康发展。城市的发展加重了对农村的剥削，农业劳动力的城市化流入、农业性收入的城市化转移等使得农村发展举步维艰。同其他阶级比起来，农民不但要面对苛捐杂税的盘剥，还要面对经营不力、入不敷出所带来的生活困顿、消费不足等问题。这样一来"不仅农村工人，还有农民子弟……也流入城市"[①]。

列宁认为城乡分离是必然结果。城乡之间的对立和分离是"'商业财富'优于'土地财富'的必然产物"[②]。因此，城市在政治、经济、文化

---

① 《列宁全集》第10卷，人民出版社1988年版，第278页。
② 《列宁全集》第2卷，人民出版社1988年版，第192页。

等方面优于乡村是资本主义国家的普遍现象。关于资本主义城乡对立的原因，列宁认为：第一，城乡之间商品的不等价交换。城市和农村商品的不等价交换，使得城市从农村获取了大量廉价的资源，加快了其工业化、城市化发展的步伐。第二，城市和乡村的对立，打破了城乡之间、工农之间的有机关联与相互依存，自然也造成了城乡发展的不均衡。第三，农业生产组织方式的落后和农业生产要素的匮乏。列宁认为，相比较于城市工业的现代化发展，农村依然是传统的农业生产模式。农业经济分散、孤立、单薄等性质鲜明，农业资金短缺，农民科学素养有限。资本主义以现代化手段推动城市经济快速发展，然而农村发展依然如从前般缓慢。第四，城市工业化的引力导致农村劳动人口大量减员。城市的发展吸引了大量有知识，有能力的劳动者进入城市，这是工业化国家发展进程的普遍现象，导致农业劳动力明显不足。第五，社会分工也是造成城市和乡村发展失衡的重要原因。资本主义经济社会快速发展源于社会分工的不断完善，社会分工的专业化使得原料加工业逐渐脱离农业，而最初的原料生产、加工以及消费都是包含在自然经济体系之内的。因此，在资本主义制度下，工商业发展要快于农业，工商业人口增长较快，他们在社会经济中所占比重较大，发挥的作用比较明显。

关于缩小城乡差别的途径，列宁认为，首先，必须保证农业的快速发展。列宁指出，社会主义国家能很好地实现人民利益。对于农民，国家应该在政策和制度上给予其更多的支持。国家应该帮助农民，给他们提供城市工业品、农具、良种等各种物资；推广农业技术，建立农业基础设施，例如畜牧站、示范农场、拖拉机站等，以提高农业生产力。其次，只有发展新技术才能提高农业生产力，改善工业和农业之间的对立关系。列宁明确指出，只有发展电气技术，才能改善城乡面貌。通过发展电气技术，把城市和乡村连接起来，打消农民担心发展技术会造成城乡对立、引起城乡之间新矛盾的顾虑。通过把电气技术应用于农业生产，提高农业产能，改善农业收入，这样就能"消除城乡之间的悬殊现象"①，提高农村文明水平，甚至消除农村的落后、愚昧、粗野等现象。只有把最先进的科学技术运用到全部工业和农业生产中，才能从根本上消除城

---

① 《列宁选集》第1卷，人民出版社1995年版，第215页。

乡之间的差距。再次,要有效推进农村人口城市化。列宁认为城市具有比农村更优质的社会资源,他以俄国农民向城市流动的过程中农民文明程度越来越高为例,说明了农村人口城市化的意义。他认为农民离开农村进城务工是进步,因为进城务工可以把农民从以往落后、偏僻的农村社会解放出来,让他们融入现代城市生活,提高他们的文化水平和思想觉悟,逐步形成现代、文明的生活方式。最后,只有实现城乡统筹发展,才能最终解决城乡差别。俄国十月革命胜利后面临城乡分割、社会经济发展缓慢的严峻现实。列宁认为,农村社会经济和文化发展落后是造成城乡对立的深刻根源,要消除城乡差别,必须坚持恩格斯所提出的"城乡融合"的发展道路。"必须广泛地,有计划地吸引产业工人参加农业方面共产主义建设"①。城市工人和农业劳动者应该相互往来、相互交流,建立相互学习机制和帮扶机制,以此来实现城市工人对农业雇工的帮助,实现城乡之间的有效沟通。

列宁的城乡差别思想是在俄国十月革命和苏联社会主义建设初期孕育的,具有深刻的现实基础和时代烙印,对于苏联之后的社会主义建设起到了十分重要的指导作用。列宁的城乡差别思想同马克思,恩格斯的城乡差别思想理论一脉相承,是对马克思主义城乡差别理论的创新和丰富。

二 斯大林关于缩小城乡差别的理论与实践

作为苏联社会主义建设时期的领导人,斯大林在建设国家的进程中,对城乡问题有许多的感悟和分析,认为城市和乡村必须协调发展,工业和农业必须齐头并进,只有这样才能建设社会主义强国。要实现城乡协调发展,就必须充分认识到城乡对立产生的原因,找到解决的途径。

斯大林关于社会主义农业发展的思想。斯大林十分重视农民阶级的生存与发展。他指出,社会的发展必须保障农民阶级的根本利益,而要维护好农民阶级的利益,就必须巩固好工农联盟。工农联盟思想是马克思、恩格斯以及列宁关于社会主义革命的阶级基础,同样,在社会主义建设中,也要重视和巩固工农联盟。斯大林认为,农民阶级是工人阶级的盟友,农业是工业的支撑和市场。对于工业产品和农业产品之间因为

---

① 《列宁选集》第3卷,人民出版社1995年版,第751页。

价格差异形成的"剪刀差"必须要减小。如果农民以比自己农产品价格高出许多倍的价格购买工业产品,他们肯定会心存不满,这样不利于工农联盟的巩固和加强。苏联的农业发展,必须以苏联的国情为基础,不能循着西方资本主义国家农业的发展道路,即一方面是大地主阶级和庄园主;另一方面是穷困潦倒的农业雇工和农民,两极分化明显。社会主义是建立在生产资料公有制基础之上的社会制度,不允许城乡之间、工农之间出现长期分化。必须加强农业发展,通过走农业合作化的道路吸引多数农民参加社会主义建设。此外农民在摆脱地主、得到土地、参加政权等方面的经历,让他们逐步认识到社会主义制度能帮助他们实现发展,摆脱落后。

斯大林关于社会主义工业发展的思想。工业化思想在斯大林的理论体系中占据重要地位。一方面是为了实现苏联社会主义工业的牢固基础,以此来对抗资本主义国家的恐吓;另一方面是为了尽快实行城乡一体,消除城乡对立。斯大林对苏联工业化建设进行了有益探索:第一,要实现工业化必须先发展农业。在落后的经济基础上建设社会主义国家是苏联在发展初期碰到的现实问题。工业发展需要大量资本、人才、资金等要素。除了给工业创造广阔市场,提供充足粮食储备,还要从农业生产部门调整出一定数量的劳动人口,进行工业化生产。因此,斯大林认为,只有农业发展了,才能为工业提供其所需的条件。第二,通过农业产品"剪刀差",实现对工业发展所需资金和要素的积累。工业资本积累是建立在对农民利益剥夺的基础之上的。农民除了向国家缴纳普通税外,还要缴纳超额税,也就是在购入工业产品时多支付一些钱,而在出售农产品时少得到一些钱。这种牺牲农业推动工业发展的道路,为苏联工业快速恢复起到了重要作用。

斯大林农业集体化思想。以"剪刀差"的方式实现农业对工业的支持,需要农业有能力提供足够的剩余,但当时苏联农业发展滞后,满足不了工业发展所需资本和人力。为解决这一问题,斯大林提出了兴建集体农庄的思想。他认为,工业化发展造成的城乡矛盾、工农矛盾,必须以新技术武装农业来解决。而要装备农业"就必须逐步地把分散的个体农户联合为大农庄即集体农庄"[①]。对于实现农业集体化的前景,斯大林

[①] 《斯大林选集》下卷,人民出版社1979年版,第155页。

持乐观态度,他认为只要集体农庄运动"以现有的速度发展下去,'剪刀差'在最近期间就会消灭。"①。由此坚定认为城乡问题已建立在农业集体化的基础上,城乡差别的消除指日可待。

斯大林认为,城乡差别拉大的根本原因在于城市对农村的过度依赖。资本主义工业化带动的城市化,是以对农村的剥夺来实现的。资本主义制度下,因为城乡利益主体的不同,必然是在社会发展中占据控制地位的城市人口对弱势的农村人口的剥夺。社会主义制度是以工农联盟为基础的国家,为消灭城乡差别创造了条件,但社会主义制度下,城乡差别也将依然存在。他认为,社会主义制度只是在所有制上实现了城乡一致,但并非城乡之间任何差别都不存在。

斯大林关于缩小城乡差别的路径。首先,要缩小城乡差别就要实现城市和乡村同步发展,用现代化技术武装农业。只有工业现代化并不是社会主义制度的全部。社会主义既要发达的工业,也要现代化的农业。只有实现工业和农业同步发展,技术兴农,科技务农才能避免城乡发展,差距拉大。"必须实行电气化计划,因为这是使农村接近城市和消灭城乡对立的手段"②。农业的发展要运用现代科学技术。斯大林认为必须把个体小农经济转变到集体大生产的基础上,因为只有集体大生产才能充分利用新技术,从而有力地推动农业发展。在斯大林看来,只有把最新的科学技术应用到工业和农业生产之中,实现平等的技术生产条件,才能从根本上消除城乡对立和差别。其次,在协调城乡统筹发展的进程中,要注重发挥大城市的带动和示范效应。针对有人提出城乡一体化和城市化发展会导致"大城市的毁灭"的言论,斯大林予以了明确的回应。他认为城市在城乡一体化发展中有重要的作用,不但不能毁灭大城市,在发展过程中反而应当有意识地产生新的大城市。因为大城市是区域文化的中心,也是工业集中的场所,同时农产品加工、食品加工等产业也聚集在大城市。这种发展方式将为城乡提供同等的生活条件,也有利于文化繁荣。最后,城乡之间的要素流动必须保持顺畅。实现城乡要素流通的关键在于实现城乡之间的结合,即城市和乡村之间、工业经济和农业经

---

① 《斯大林选集》下卷,人民出版社 1979 年版,第 223 页。
② 《斯大林全集》上卷,人民出版社 1979 年版,第 355 页。

济之间、工业产品和农产品之间要能自由流转，有效结合。城市和乡村在生产上的结合是城乡结合的基本形式，并非全部，还必须用城乡商品流通、人才流动等结合方式，巩固并形成城乡全方位、不可分割的结合和联系。

斯大林关于缩小城乡差别的理论，是以工业化发展为先导，通过发展农业集体化来实现农业和农村的发展，其目的是要让农业和农村对工业和城市能够提供充裕的支持。这种思想符合当时苏联建设工业化强国的战略部署，对中华人民共和国成立初期城乡发展政策的选择产生了重要影响。

三　苏联缩小城乡差别的经验和教训

（一）苏联缩小城乡差别的经验

苏联作为世界上第一个社会主义国家，在建设社会主义的道路上不断探索。城乡差别作为社会建设中的重要问题，一直被苏联领导人所重视，积累了宝贵经验。第一，重视农业发展。农业作为基础产业，事关国家粮食安全和人民安居乐业。列宁和斯大林都提出要重视农业生产，国家在政策、资金等方面要向农村倾斜。第二，要加大对农业的科技投入。列宁指出，必须用科学技术武装农业，提高农业生产能力，改善农民生活水平，提升农业人口科学文化素质。农业现代化水平影响着整个社会现代化水平的程度，只有发展农业现代化，才能缩小乃至消除城乡差别。第三，有序推进农业人口城市化转移。列宁指出，城市有着比农村优质的社会资源，加快农村人口城市化流动，可以提高农业人口素质和文化水平；可以改变农村人口的落后、愚昧、迷信等生活方式，实现生活和生产方式的城市化。这些苏联时期探索缩小城乡差别的理论和实践，对于当代中国构建新型城乡一体化发展格局，缩小城乡差别，实现共同富裕的社会发展目标，具有非常重要的借鉴意义。

（二）苏联缩小城乡差别的教训

第一，产业结构上，工业尤其是重工业优先发展的战略，造成了对农民和农业的过度剥夺，客观上拉大了城乡差别。苏联在社会主义建设时期，为了能快速建立高度发达的工业体系，强调工业立国的发展战略。为了能够给工业发展提供足够支持，国家限制农村的发展和农业人口流动，剥夺农民和农村，拉大了城乡差别。

第二，推行工农业产品"剪刀差"战略，为工业发展聚集资金，牺牲农业来发展工业。苏联时期，农民不但要向国家缴纳许多赋税，同时农产品价格由国家统一定价。国家为了从农村给工业发展聚集资金，有意识降低农产品出售价格，而农民为生产生活所需购入工业产品时，却要支付得更多。通过这种"剪刀差"战略，城市迅速发展，农村社会积贫积弱。

第三，实行农业集体化客观上制约了农业生产力发展。为了工业更好的发展，斯大林时期，苏联推行农业集体化，国家把农民统一组织起来，集体劳动，统购统销，进行集体生产，以此来实现对工业的有效供给。这种发展方式，无法调动农民生产积极性，抑制了农业生产能力，非但没有实现农业大发展，反而让农村陷入举步维艰的生存困境，城乡差别再次被拉开。

第 二 章

城乡结构演进的一般规律及制度因素

城乡差别是人类社会发展进程中的必然产物,无论是发达的资本主义国家还是发展中国家都经历或者必将经历城乡差别的出现、拉大的过程。缩小城乡差别,实现城乡社会统筹发展是世界各国在工业化进程中共有的现象和历程。探讨世界各国城乡发展变化的一般规律,考察发达国家和发展中国家在缩小城乡差别方面采取的政策和措施,分析工业化、城市化、市场化、信息化以及高等教育大众化对缩小城乡差别的影响,为中国缩小直至消除城乡差别,实现城乡一体化的建设战略提供理论支持。

第一节 城乡结构演进的一般历史进程及其影响因素

一 发达国家城乡结构的演进

西方发达国家城乡差别的变化轨迹是伴随着西方工业化的进程逐步出现、拉大直至缩小。发达国家的工业化进程起步早、发展快,因而城乡差别的逐步缩小已经成为现实。纵观西方发达国家缩小城乡差别的进程,其中生产力发展水平的不断提高,工业化程度的不断加深是其主导因素。发达资本主义国家城乡结构变化有以下几个阶段:

第一阶段,从18世纪工业革命开始到19世纪中叶。这一阶段资本主义国家的城乡关系表现为城市对乡村、工业对农业的剥夺。英国是世界上最早完成工业革命的国家,以机器化大生产为标志的工业革命加速了封建地主土地所有制的瓦解。在工业革命推动下,西方发达国家最终相继建立资本主义制度。工业化的发展其实质是以工业生产部门取代传统农业生产部门,让工业成为国民经济主体,进而取代农耕社会时期农业是经济社会的主体和基础地位。从18世纪下半叶到19世纪中叶,主要资本主义国家工业革命相继完成,建立了资产阶级政权。资本主义工业化体系的建立,首先是通过对农村社会的剥削,瓦解了传统农业社会,为工业化发展创造了条件。众所周知的"圈地运动"使得英国传统的农业社会开始逐步解体,生产力的发展对原有的农业生产秩序提出了挑战。为了适应生产力的发展要求,变革生产关系成了历史前进的趋势。"圈地运动"彻底消灭了"公有地"等前资本主义生产关系残余,开始把原来封建社会的村社土地制度逐步演变为资本主义发展所需要的完全土地私有制。这种土地私有制的实现,建立在对广大农民和农村土地资源的肆意掠夺和暴力征服的基础之上。"圈地运动"造成大量农业人口失去自己的故土家园,被迫离开其赖以生存的土地,继而流转进入城市,在新兴资产阶级的威逼利诱下进入工厂,从封建农民转变为产业工人,为资本主义工业化发展奠定了基础。同时新兴的资产阶级为了工业化发展的需要,对海外发起了殖民侵略,以战争、贸易等方式从海外获取大量资金、人力、原料来为工业化提供支持。由于实现了对农业和农民的剥夺,加之海外殖民侵略带来的巨额财富,使得社会生产力迅速发展,工业化程度不断提高。工业化发展必然要求人口聚集,贸易、服务、交通等产业及设施逐步完善,这在客观上推动了城市化的发展。伴随着西方工业化的发展,大量城市开始出现,且增长速度惊人。反观农村社会,大量的人口离乡进城,大量农用地在工业化的进程中被占领,农业技术落后,农民生活艰难。相对于工业革命带给城市的快速繁荣,此时的农村十分贫困,城乡差别明显,发展差距拉大。

第二阶段,即19世纪末到20世纪中期。这一时期城乡关系有所改善,工业化带动了城市化,城市发展的同时带动了农村发展,但仍然以城市发展为主,且工业化发展催生了严重的"城市病"。19世纪70年代开始,科学技术快速发展,成就喜人。以电力革命为标志,各种新发明、新技术不断涌现,并快速地被应用于工业化的生产环节中,这提高了生产力水平,极大地促进了经济社会的发展,被称为第二次工业革命。电力开始取代蒸汽机成为机器化生产的新能源。电力工业和电气制造产业发展迅速，人类自此跨入了电气时代。传统的工业生产开始脱胎换骨，一批新型的运输方式比如汽车、远洋轮船以及飞机等领域的技术研发项目快速启动。另外，新型的重工业部门，例如石油开采、化工技术、无线电通信技术等开始成为主要的工业类型。自然科学的各项技术成果同工业化生产紧密结合在一起，科学技术的新成就促成了工业生产的技术革新，推动着社会生产力的飞速发展，科技成为生产的直接动力。这种变革在发达的资本主义国家，比如英国、美国、法国等国家同时进行，产生了极其广泛的影响和大规模的示范效应。工业化带动了城市化的急速发展。在此阶段，西方主要发达资本主义国家的城市化发展进程明显加快，1950年，英国的城市化率达到了79%，美国为64.2%，加拿大为60.9%，德国为64.7%，瑞典为65.7%，而法国则为52%。因为第二次工业革命的带动，整个发达资本主义国家城市化率从1850年的11.4%提高到了1950年的52.1%。工业化为城市的发展注入了新的动力，城市化进程提升明显。城市的资源优势、收入优势以及优质的生活条件，吸引了大量的农业人口进入城市，开始谋求城市化的生活。然而，伴随着流入城市的农业人口数量的不断增加，工业生产中所能接纳的农村劳动力出现饱和，进城农业人口并不能在城市实现充分就业。随之而来的交通拥堵、环境污染、住房紧张、公共资源短缺、犯罪率提升等社会问题日益严峻。城市周边地带，大量进城却无法就业的农业人口开始聚集，形成大量"贫民窟"。"城市病"成了工业化快速发展带来的严重的社会问题。

　　第三阶段，即20世纪中期到现在。这一时期西方发达资本主义国家的城乡差别开始逐渐缩小，城市和乡村的绝对对立边界变得模糊，城乡一体和"逆城市化"发展成效显著。到了20世纪中期，西方发达资本主义国家因为工业化进程的不断加快，城市化发展水平已经突破了60%。为了改善以城市为主的非均衡发展模式所带来的"城市病"这一顽疾，建设现代文明城市；伴随着现代化交通技术、信息网络技术的推进和普及，城乡之间的空间距离不断拉近。城市发展开始快速向城市郊区以及大城市周边的小城市、城镇延伸，同时城市的产业布局也因此得以实现郊区化扩散。纵观西方发达资本主义国家城乡关系，到了20世纪中期以后，城市向农村辐射力度加大，"逆城市化"发展进程明显。"逆城市化"

发展的主要表现是大量的城市人口开始向郊区、小城镇迁移，中心城市人口数量急剧减少；工业产业布局重新形成，许多工业部门迁移出中心城区，形成新的城镇，即卫星城。以美国为例，1950年的时候，美国的人口中有64%居住在城区，随着"逆城市化"进程的逐步推进，到了1990年，已有大量人口离开城市，实现郊区化生活，城市人口数量只剩下不到原来的40%；人口郊区化迁移的同时，产业部门的就业率也明显发生变化。1990年的时候，美国大城市的服务业就业人口从1950年的85%左右，下降到了50%左右；制造业就业人口则从67%下降到了45%。类似于美国这样的人口和产业从中心城市开始向郊区和乡村转移的现象，成为主要资本主义国家在20世纪50年代之后的普遍现象。这种从人口、资源向城市集中到向乡村转移的发展模式，首先得益于交通技术发展的突飞猛进，高速公路和现代化交通网络的建成，实现了城市和乡村的有效连接，大大缩短了城市和乡村的空间距离；另外，城市过度膨胀带来的"城市病"以及乡村的优美的自然环境，对城市的中产阶级和富裕阶层形成了巨大的吸引力，他们开始追求田园风光和自在生活；同时，现代科技的发展使得农业生产方式有了巨大的改观，新型农业、设施农业、绿色农业等现代化农业逐步形成，农村生产和生活方式开始了现代化转型，这也是加速城市人口的农村迁移的动力源。这种发展模式的转型，改变了西方发达资本主义国家单向度的城市化发展进程，实现了城市和乡村的互动发展，城乡差别也在这种资源、人口、资金等城乡之间的自由流动中逐步缩小。

二 发展中国家城乡结构的演进

相比较于以资产阶级革命为突破，生产力水平得到提高、生产方式实现现代化转型的西方发达资本主义国家来讲，广大的发展中国家正在缩小城乡差别的道路上艰难前行。虽然发展中国家的城乡关系还处于探索期，但依据发达国家的城乡发展过程和规律，以及诸多经济学、社会学理论对发展中国家城乡关系的探索，可以肯定的是发展中国家城乡差别发展进程也呈现出阶段性特征，这种特征和经济社会、城市化、工业化发展水平密切相关。

第一阶段，农村作为基础供给和服务城市，工业发展以牺牲和挤压农业来推进。发展中国家的城乡关系同发达国家一样,首先呈现出来的是农村对城市的支持,表现为城市的繁荣和乡村的落后。造成这种发展状况的既有城市引力作用以及工农业收益差距等同老牌资本主义国家一样的共性的原因,同时又有发展中国家自身的特殊原因。发展中国家在工业革命时期,大多数都沦为发达资本主义国家的殖民地。殖民统治造成发展中国家经济结构单一,经济发展缺乏活力。许多发展中国家的大型贸易城市也是因为地理环境的优势,有利于把本国的原材料和初级产品运往发达国家,从而形成的城市繁荣和发达。而广大的农村地区生产力水平低下,经济体制落后,依然处在贫困边缘,城乡对立明显。首先,农业人口比重大,城乡居民存在两种不同的身份制度;其次,工业发展是建立在对农村、农业的侵占及生态环境破坏、资源浪费的基础之上,高能耗、高污染的化工业、制造业造成了农村的落后和萧条。

第二阶段,工业化和经济体制改革达到一定阶段形成的城市和农村的共同发展。随着"二战"之后,经济发展成为各个国家的主题,发展中国家也迎来了难得的发展机遇。伴随着经济全球化的兴起与推行,世界范围内的资源流动、技术共享、贸易往来成为不可逆转的历史潮流,影响着世界各国的社会结构和发展政策。各个国家,尤其是发展中国家为了应对经济全球化的趋势,开始对国家的经济发展政策作出变革和调整:国家开始在税收、农业设施、农业政策等方面加大改革力度,以解放农村市场,释放农业生产能力。这些政策的调整一方面使得农业和农村面貌有所改观,农民生产生活水平得到一定改善和提高;另一方面也使得农业为工业提供了更充足的支持,为国家积极参与经济全球化提供了动力。这一时期,城市和农村同步发展,乡村社会迎来了难得的发展时期。

第三阶段,工业和城市的发展具备了反哺农业和农村的能力,城乡之间差别缩小,城乡融合发展格局逐步形成。城乡融合是城乡问题发展的最终答案。当工业化发展到特定阶段(依据西方发达资本主义国家的经验即工业化中期),城市和工业化的发展和扩容,许多由农业转移而来的劳动力进入城市之后,就业、生活压力巨大,引发诸多的"城市病"。同时,信息化、网络化以及现代科学技术的发展,打通了城市和乡村之间的藩篱,实现了城乡之间资源和要素的自由流转,具备了城乡从对立走向融合现实条件。另外，从国家战略和政策层面来看，农业在发展中国家的地位无可动摇，是国民经济的重要支柱，关系国家安全。因此，发展中国家必然会依据各自国情将繁荣和发展农业、提高农民生产生活水平作为改革目标。因此，到了这一阶段，发展中国家自然会出现工业和农业之间的良性互动，人才、资本、技术在城市和农村之间的双向流动，城乡差别缩小，城乡界限模糊。

马克思在资本论中曾经指出，工业化程度高、工业技术发达的国家所走过的发展道路，就是工业发展比较落后国家将来要走的发展道路。由此可见，发达资本主义国家的城乡发展道路也是发展中国家将要完成的城乡发展道路。无论是发达资本主义国家，还是发展中国家，在城乡发展道路上都会经历城乡对立、城乡各自发展以及城乡融合三个阶段，这是世界各国城乡发展的一般规律。

三　缩小城乡差别的一般性因素

（一）工业化发展趋势对缩小城乡差别的影响

工业化是指工业（特别是制造业）在国民经济发展中的比重不断上升的过程。A. K. Bagchi 认为工业化的基本特征首先是国民经济中第二产业所占比例提高了；其次是第二产业就业人口不断增加，同时社会人口的人均收入整体增加。工业化的衡量指标主要有人均国民收入、产业结构、劳动力结构、城市化水平、消费结构以及技术进步贡献率等。城乡关系从对立走向一体、从分离走向融合同工业化发展的水平和程度直接相关。

1. 工业化初期，城市化发展拉大了城乡差别

马克思主义城乡发展理论认为，社会分工导致了城市和乡村的分离。工业发展所产生的聚集效应能对城市化产生带动作用[①]。工业化能够提高劳动效率和生产能力，创造新的技术产品，更新生产方式，把劳动者不断从繁重、单一的体力劳动中逐渐解放出来。以机械化和工业化的生产方式生产丰富多样的物质产品来满足人们的物质需求，也为人们有更

---

① 工业化与城市化协调发展研究课题组：《工业化与城市化关系的经济学分析》，《中国社会科学》2002 年第 2 期。

多的时间从事精神文化生活提供物质基础。工业和农业的分离产生了以工业聚集地为中心的城市，城市促生了商业的繁荣，加快了人口的聚集。社会资源也在遵循经济规律的基础上开始向城市流动，农村的资金、人口等也实现了城市化流入；工业化的发展推动了第二、三产业的发展，带动了产业结构的升级。产业机构的变化使得更多农业劳动力实现非农化转移，加快城市化进程。同时，城市化发展也为工业化提供了支持。一方面，城市人口聚集减少了工业雇工的成本；交通的便捷和服务业的发达为生产厂商提供了便利；另一方面，城市先进的生产方式，文明的生活方式，有助于提高人口素质，有助于把进城农村人口改造成为具有现代生产意识和生活观念的城市人口，为工业化储备以及提供高素养的劳动力。

2. 工业化中期，城市资源外溢为城乡统筹发展提供了现实条件

按照传统的工业化理论，在工业化初期，工业的发展所产生的聚集效应使得社会资源特别是农村人力、物力和资金等资源开始向城市流入，导致了城乡差别的出现以及逐步拉大，体现出工业化对城市化极强的带动作用。按照钱纳里模式所指出的，在一个国家人均 GNP 超过 500 美金后，产业结构会发生明显改变，因为服务业的比重增加而带动了非农产业的就业比重。当工业化进入中期以后，劳动密集型企业逐步减少，而资本密集型企业不断增加，工业不再对劳动力有极高的吸纳力，工业化对城市化的带动作用减弱。此外，工业化带动的城市化快速发展，城市人口急剧膨胀，交通拥堵，环境污染，就业困难等城市病开始凸显，人们的生活成本和时间成本随着城市的不断外扩而增加。人口的过度城市化导致乡村劳动人口不足，劳动力成本增加，农业劳动人口收入提高。现代科技和信息技术的日益发展，缩短了城乡之间的空间距离，这些因素都促使城市工业、人口开始向乡村转移，这改变了农业产业结构，培养新型农民。用城市化、信息化推动农业现代化，改变农村生产和生活方式，实现城市对乡村的反哺和带动，形成城乡一体化发展的新模式，以消除城乡差别。

3. 工业化后期，新型工业化进程能够实现城乡协调发展

传统的工业化发展方式即通过行政手段和国家政策，限制农村发展，为工业发展创造条件。这造成了城市发展工业，农村发展农业的城乡差

别和不同。新型工业化是在对传统工业化反思的基础上,结合社会发展的实际所提出的工业化发展战略。新型工业化内涵十分丰富,不但包括工业的发展,还应该包括农业的工业化,既包括城市的发展,又不能少了农村。把工业和农业、城市和乡村的发展视为一体,统一考量,整体谋划,彻底摒弃传统工业化只重视工业和城市,忽略农村和农业的单向思维。"三农"问题是新型工业化的重要内容,农村是新型工业化发展的重点,如果把发展重点一味地放在城市和工业上,则不仅会割裂了工业和农业、城市和乡村之间的有机关联,而且会导致两者发展失去相互支撑。新型工业化就是要在城乡、工农协调发展中来完成工业化,不是孤立地推进工业发展,而是要使工业包括装备制造业成为农业现代化的动力,通过城市化带动农村发展。

(二)信息化发展趋势对缩小城乡差别的影响

信息化是伴随着计算机网络技术的兴起而产生的社会变革,其发展正在世界范围内引发新的产业革命和社会巨变。同城镇化和工业化一样,信息化也是20世纪的产物。"信息化"一词最早源于日本。1963年日本学者梅卓忠夫在其著作《信息产业论》一书中首次提出了"信息化",之后被传播到西方。20世纪90年代初随着美国副总统戈尔所力主的"信息高速公路"的建成,"信息化"这一概念变得家喻户晓。所谓信息化就是利用计算机和互联网技术,开发信息资源,促进知识共享和信息交流,使得工业经济转向信息经济的一种社会经济发展过程。它包括信息技术产业化、传统产业信息化、基础设施信息化、生产方式信息化以及生活方式信息化等五个方面。截至2013年全球网民人数高达22亿,约占世界人口的1/3[①]。如今以互联网信息技术为依托的高新技术产业是世界各个国家经济发展的重要引擎,信息化是难以抵挡的发展潮流,在影响城乡发展的诸多因素中,信息化自然作用明显[②]。

---

① 调研机构:《2013年全球上网人口达22亿》(http://it.enorth.com.cn/system/2009/07/23/004134971.shtml)。

② 高锡荣、杨康:《以信息化促进城乡统筹发展研究综述》,《现代城市研究》2012年第11期。

1. 信息化对农业和农村的影响

农业是国民经济的命脉,是国家安全的基础。实现农业发展的信息化就是要用现代农业技术和信息技术为导向,加快农业技术应用和推广,发展高效、优质、绿色农业,推动农业信息网络建设。首先,信息化有利于培训现代农民。农业现代化的主体是农民,农民要提高科学文化素质,掌握现代农业技术,必须掌握计算机网络、广播电视等信息技术,以便学习农业知识,找寻市场商机,了解农业动态,掌握农业资讯。其次,信息化促进农村信息技术设施建设不断完善。信息化技术的实现,必须要有基础设施来保障。伴随着信息化的不断发展,农村地区的广电网络建设、电力电网建设、通信网络建设等基础设施将会不断完善,更好地服务农业发展。最后,信息技术有利于提高农业生产效率。现代农业的生产机械化、智能化以及产品交易的便捷化都必须借助信息化手段实现。信息化使得人们可以更加科学有效地利用农业资源,既提高农业效率也保持生态环境。

2. 信息化对工业和城市的影响

首先,信息化能够带动产业发展和升级。信息化发展对于工业产业结构高新化作用明显,即高新技术产业在工业生产中的比重不断增加。信息化的发展过程本身就是对工业产业结构的调整过程,通过信息化扩散和带动,让其逐步融入其他产业部门,带动产业升级。信息化可以加快传统产品的升级换代,提高产品质量,提高工艺水平,增加生产过程中的智能化和自动化,改善企业经营管理手法,加强企业营销能力。产业结构升级意味着传统工业产业的比例下降,新型产业增加。信息技术推广和发展使得一批具有巨大市场前景的高新技术产业随之产生。其次,信息化对城市发展有重要影响。城市既是现代社会政治、经济、文化、贸易等的中心,在国家经济发展战略中,城市又是信息中心、知识扩散中心、物流中心。信息化在城市功能转变的过程中影响明显,信息化影响着城市经济活动空间及其组织关系。城市经济活动会随着信息技术的发展从城市内部向外部延伸,形成更大规模的经济发展体系。城市经济活动使城市各个组织之间产生生产和竞争关系,这种关系是通过信息网络来形成。同时,信息化可以提高城市管理和运行效率。用信息化来管理城市的电子政务系统,优化和提高了政府管理城市的工作流程,实现了政府资源整合与数据信息共享。许多城市建立的公共信息服务系统，开放利用若干城市管理信息，比如人口、环境、社会、地理、经济等信息资源，为城市管理提供高效、便捷、公平的服务。

3. 信息化是缩小城乡差别的重要手段

信息化的发展使得城乡之间的关系更为密切，让城乡之间的关联度变得更为紧凑。积极普及信息化，推动信息化建设，是缩小城乡差别、实现城乡一体化发展的重要手段。第一，信息化为城乡一体、协调互动提供了技术支持。信息技术、交通网络和通信技术，使得城市化发展呈现出中心城市发展速度放缓，城镇发展的郊区化趋向明显。原来借助于城市的聚集效应所实现的信息传播的速度快捷和成本低廉等优势，由于信息化的发展，其惠及范围已经超越了空间的限制。大尺度的空间信息传递，使各种社会经济要素不再依赖于地理空间的聚集形式，相应地也推动了城市空间的扩容，这自然加强了城市和乡村的内在关联，出现城市资源外溢，使得传统农村资源单向度城市化流入方式得到了改变，推动了城乡资源双向流动的新型发展格局。第二，新科技革命和信息化技术提供了农村社会生活城市化转型的条件。新型科技和信息技术的运用和推广，构建了城市和农村互动关联的桥梁和纽带，使得城乡一体化的进程加快。城市资源进入农村以及农村市场经济体制的逐步建立，传统的农业生产方式和农村生活方式被打破，农村人口开始接受来自城市的生活方式、交往方式、居住方式等，逐步建立以现代化、市场化为核心的价值理念，在文化观念、思维方式、生态文明、乡村建设等方面实现城市化转变。第三，新科技革命和信息化技术为实现城乡资源的双向互动创造了条件。城市和乡村原本是两个独立的社会空间，现代技术和信息网络弥合了城乡之间的空间距离，使得城乡资源双向互动变得方便快捷。在农村人口、资金、农产品向城市流入的同时，也能实现城市资本、技术、信息的农村化转移。城乡之间的关联度更加密切，空间距离感在消失，鸿沟在缩小，良性互动、互补共赢的发展格局正在形成。

(三) 城市化发展趋势对缩小城乡差别的影响

城市化，也被称为城镇化，是指随着生产力的发展，社会格局由传统以农业生产为主的乡村社会向以现代工业和服务业为主的现代社会演变的过程。城市化对城市人口带来的社会文化影响，具体包括生产方式、生活方式、居住方式、人口职业以及产业结构等的变化。城市化是人口、资源从乡到城转化的过程，由此必然会对城市和乡村两个不同的社会空间产生差别效应，这种差别效应与城乡本身的差别有着必然的联系。没有城市化就没有城乡差别，城乡差别产生于城市化的过程之中，最终又必然会通过城市化而缩小直至消除。

1. 城市化初期，城市单向度发展造成了城乡对立

城市是随着社会分工的发展从传统的农业社会中发展而来的，集中了当时最发达的工业、商业以及服务业，代表了生产力发展的最高水平，形成了区别于农村的优质的社会空间单元。城市化的初始阶段（即工业化初期），这一阶段城市化是以城市自身的发展为特征，农村社会并无实质性的变革。城市化就是城市不断发展和扩张的过程。随着社会生产力的不断提高，城市内从事工业生产的人口比例迅速上升，工业生产产值在社会产值中的比重也在不断上升。在此过程中，也有一些农村人口因为城市工业的用工需求，加之工业劳动高于农业生产的收入等原因，离开农村进入城市。但这些人口大多是在农村失去土地和生产资料，不在农业生产力所容纳范围之内的人口。反观这一阶段在农村有自己的家庭、土地甚至草（牧）场的农业人口，则鲜有人放弃农村进入城市，靠出卖劳动力谋生。因而，农村人口没有呈现出大规模流入城市的特征。此时由于城市化本身并不十分发达，进入城市的农业转移人口也多在就近城市谋生；拥有生产资料的投资者也多就地投资，因而并未出现大规模的人口和资金流动，城市设施建设不很发达。同时，在此城市化进程中也有一些农村因为城市化发展被扩容进城市之中，此阶段城市化进程是在城市独立的空间内实现自身发展。城市的发展与农村隔绝，城乡之间的关联仅仅表现在工业产品和农业产品之间的物物交换，此种交换只是城乡剩余劳动产品的交换，没有使城乡对立的结构发生根本改变。

2. 城市化外扩，农村资源大量流入城市

1975 年，美国学者诺瑟姆通过研究许多国家城市人口在总人口数量中所占的比重发现，当一个城市的人口数量达到总人口的 10% 时，城市化水平开始加快，而当这一比例达到 30% 时，则进入城市化中期，即快速发展阶段。随着城市化进程的不断加快，城市工业化水平提高，需要更多的人力资源，城市现有的人口难以满足工业化需求，于是在高于农

业用工收入水平的引力之下，大量农村劳动人口为了获取更好的劳动收益，开始离开农村，转入城市，从农业劳动力转变为产业工人。大量农业劳动人口的城市化涌入，使得工业生产规模不断扩大，城市空间不断外扩。科学技术的发展使得各种交通设施，例如公路、铁路、运河等建设里程不断增加，为乡村资源向城市流入提供了便捷和方便。城市完善的基础设施、便捷的交通手段、繁华的商业配套、现代的生活方式等对农村人口和资金形成了强有力的"吸力"；同时，农业自身劳动力水平的提高，也把大量农业人口释放出来，为农业人口进入城市提供了"推力"。由此以来，以现代工业和科学技术为依托的城市，产业合理，工业发达，商业和服务业完善，人口聚集程度高，生产先进，生活文明；而乡村社会，以传统农业生产为主，人口分散，基础设施落后，劳动收入水平低，生活方式和文明程度远不及城市，城乡差别明显。大量农业人口涌入城市也使得一些交通枢纽、产品集散地、能源基地等地方由于工业化要素的投入，有了特有的经济发展源，从而形成了一批新兴工业城市。这一时期，城市和农村的互动越来越多，但总体上资源和人口从农村向城市的非均衡发展，在工农业产品的"剪刀差"下，城乡之间的差别越拉越大。相对于城市的繁荣和富裕，农村则依然凋敝和贫穷。

3. 城市化中期，城市开始反哺农村，工业开始反哺农业

随着工业化发展到中期，城市工业密集，人口激增，住房紧张，交通堵塞，环境污染等问题开始凸显。现代交通网络和信息技术的发展使得城市郊区化、农村城市化成为发展趋势。工业产业开始向郊区和农村转移，城市的生产和生活方式伴随着市场化，开始改变农业生产传统和农村生活习惯。一方面，随着农业人口的城市化迁徙，农业土地和资源越来越集中到少数农业生产者手中，农业生产规模逐步扩大，农业现代化水平不断提高。农业作为一个生产单元与整个社会各部门之间有了越来越多的联系。农业系统的封闭性就此打破，农业成为整个社会生产的一个环节。另一方面，伴随工业对农业的反哺，农村生活水平开始提升，农民继生产方式转变之后在生活方式、消费方式等方面城市化转变的诉求开始增加。对此，小城镇建设则成为联系农村和城市的有效方式。小城镇介于城市和农村之间，是联系城乡的有效方式和纽带。小城镇既能成为农村人口城市化生活的载体，也能使农民不离乡土，继续进行农业

生产。这一时期,因为农村社会发展有了巨大的改观,在城市化、工业化的支持下农村开始了现代化转型,加之城市膨胀产生的诸多问题已人尽皆知,农村人口流入城市的趋势得以遏制,城市规模不断外扩的势头得以减弱。整个国民经济体系中,在工业生产基本稳定的前提下,第三产业和金融业发展势头迅猛,运输通信等基础设施建设日臻完善,一些城市开始向消费型城市过渡,大量新兴城市出现,逐步形成城市带和城市群。

4. 城市化后期,城乡一体化发展格局逐步形成

伴随着城市化不断推进,当城市人口数量达到总人口的70%左右的时候,依照城乡发展一般规律,则会出现"逆城市化"发展趋向,城市人口和其他社会要素会大量流向农村。这一趋势是在城市化、工业化、农业现代化充分发展基础上出现的城乡发展新格局。当城市化发展到一定阶段之后,人口膨胀,空间紧张,工业生产发展受到限制;另外城市各种资源供应接近最大值,空气污染、饮用水缺乏、汽车尾气、垃圾处理等问题突出;就业压力、生存压力滋生了诸多违法犯罪和暴力事件,影响城市安全与文明。这些城市顽疾产生的关键在于社会要素和人口的过度城市化,提高了城市化成本。在此情况下,为了寻找更能发挥社会资本、生产要素和劳动力的有效空间,工业生产自然就会抑制城市流入,转而在城市之外的郊区和农村形成新的工业园区,表现在城乡关系上即是"逆城市化"进程。在此阶段,大城市功能被分化,城市中心区域作用退化。通过卫星城镇建设分散了中心城市工业、商业和住宅;富裕的城市人口为了谋取良好的居住和生活环境,到农村或郊区定居;农业现代化和农村产业结构的调整升级,提高了农民收入。农村和农民的消费需求增加,市场前景广阔。小城镇建设满足了农业人口城镇化生活的诉求,既有城市化的公共服务和基础设施,也有市场需求和规模人口;既避免了"城市病"的困扰,又能享有良好的自然环境。农村社会具有了城市的特征,城乡差别逐步缩小,城乡一体化的格局日趋形成。

(四)市场化发展趋势对缩小城乡差别的影响

厉以宁教授指出,城乡社会的二元体制与市场经济是不相容的,建立市场经济的目标就在于打破城乡二元对立,这其中的关键是要让市场在资源配置中起关键性作用。市场化是指放松政府对经济生活的管控,

把特定对象按照市场原理进行组织，以市场为手段实现各种资源和要素的优化配置，从而提高效率，推动社会进步。当代中国的城乡差别经历了扩大、缩小以及进一步扩大三个阶段，在这种变化背后，起实质作用的是市场。市场能否在城乡之间发挥核心作用，市场要素能否在城乡之间自由流动是城乡能否协调发展以及缩小城乡差别的关键。

1. 市场化发展水平影响城乡收入水平

谈到城乡差别，最让人能立刻想到的便是城乡之间的收入差别。城市因其的工业化、市场化水平高，居民收入水平一直高于农村人口。农村地区市场化发展水平低，发展水平滞后，农民收入微薄。按照充分发达的市场化原则，一个国家或者地区因其成熟的市场机制和制度设施，能够确保全社会的各种生产要素自由流动，并且遵循市场经济的基本规律使资源合理配置到社会各个部门，获取平均利润。这种市场化的经济运转方式不会导致不同生产部门间出现明显的收入差距。由此不难看出，一个地区或国家市场化程度越高，市场经济越发达，其居民收入分配就越加趋于合理。相反，如果该地区或国家市场化程度不高，政府过度干预经济，往往会导致收入差距过大甚至出现两极分化。中国作为市场化起步较晚且市场化发展不充分的国家，其城乡居民收入差距从悬殊到逐渐缩小正是源于中国市场化机制不断完善和成熟。改革开放前，中国否认市场，排斥市场，经济运行完全是政府计划。由于现实和历史的原因，政府限制了农村发展，农民入不敷出，生活艰难。改革开放后，中国采取渐进式改革模式，探寻市场化发展道路。经过几十年的摸索，走出了一条具有中国特色的市场经济之路，改革成绩斐然。但由于中国市场化发展不是自然演进的市场，缺乏系统战略，更多表现是"人造市场"，因而出现不同层级的市场，如国家级市场、农村市场等。这样就难免出现市场机制不完善、信息不对称等问题。另外，市场客体有商品市场与生产要素市场。而中国广大农村地区在市场化发展进程中，农村商品市场化程度大大提高，农产品价格几乎全由市场来定价，但资本市场、技术市场、土地市场以及劳动力市场等生产要素市场则发展滞后，造成农村经济发展缓慢，收入水平不及城市。因此，要形成城乡一体的市场机制和体系，必须扫除城乡之间的制度障碍，让市场在城乡之间自由配置资源。只有城乡市场化发展程度一致，城乡收入差距才能真正缩小乃至消除。

2. 市场化发展水平影响城乡人口流动

首先，市场配置生产要素必然导致人口自由流动。按照市场经济的规律，劳动力作为生产要素，符合边际产量递减原则，即劳动力的转移同该地区所拥有的劳动力数量丰裕与否有关，表现为劳动力从资源丰裕地区向缺乏地区转移。同时，受地区经济发展现状的影响，劳动力流动又会呈现出从经济欠发达地区向经济发达地区转移。因此，将影响劳动力转移的两个因素，即劳动力丰裕程度和经济发展水平二者综合起来，其实影响劳动力的就是劳动力的收益。为了实现更高的收益，劳动力会从收益较低地区向收益较高地区流动。城乡之间发展差别过大时，劳动力自然从农村向城市转移。其次，人口流动自然促进经济增长。按照市场经济的规律，人口从收益低的农村向收益高的城市流动，可以解决城市工业化发展对绝对劳动人口的需求，同时又可以提高农业转移人口的收入水平。农业转移人口进城务工，能够学习技能、增长见识、积累阅历、开阔视野，体会并感知城市文明，提高自身素养和学识。融入城市，他们为工业经济贡献力量；回乡创业，他们又成为农村现代化的带头人。如舒尔茨所言，人口流动的过程本身即是人力资本投资的过程，这种投资和积累会推动国民经济增长。最后，产业结构调整带动人口流动。传统社会的产业结构以农业为主，第二、三产业为补充，因而市场因素并不突出。工业社会，城市化、工业化发展迅猛，第二产业异军突起，成为经济社会发展的引擎，伴随着工业化步伐服务业也迅速崛起。随着工业化进程，服务业从开始的消费性行业走向金融、通信、物流等新兴行业，充当资源配置的润滑剂，直接服务企业，降低生产成本，提高经济收益。因此，市场体制不健全的国家，在发展初期第三产业只是传统的消费行业，只有市场经济逐步成熟时，第三产业才会真正成为经济发展的助推器。

3. 市场化发展水平影响城乡土地制度改革

城乡差别不断拉大的重要原因在于农村土地制度改革滞后，农村土地市场化机制缺失。只有发挥市场机制，盘活农村土地资源才能实现城乡协调发展。随着工业化和城市化进程加快，在市场规律和经济规律作用下，农业富余人口追随人力资本收益最大化原则进入城市，从农民变身为工业生产线上的工人，从事与农业毫无关联的新工种。然而，其自身所属的土地、房屋、林地等生产要素无法随其迁入城市，依然留置农村，无法流转。即便偶然流转，也只是在家庭成员或者家族内部重新配置，其局限性不言而喻。随着劳动力城市化转移的数量和规模不断扩大，家庭内部生产要素转移的方式则着实无法满足农业现代化发展要求，成为农村市场化发展的阻碍。因此，按照市场规律和原则，建立正式的农村土地市场，使得农村土地和城市土地一样，能够自由流转、转让、拍卖成为农村土地改革的重点。如果任由农村土地市场缺位，则会大大降低土地资源的配置效率，农村社会发展就越发困难，无力追赶工业化和城市化发展的脚步。要消除城乡差别，就要为农村市场化建设创造条件，让各种要素在城乡之间依据市场规律自由流动；建立农村土地产权制度，消除制度壁垒。当然，要建立充分市场化的土地产权制度，并不是单向改革，必须同户籍、就业、社保以及教育等改革协调推进，创造条件让转移到城市的农民、留得下、活得好，彻底转变为市民。因此，必须充分发挥市场作用，有序推进农村土地产权制度改革，开创城乡协调发展的新局面。

（五）高等教育大众化发展趋势对缩小城乡差别的影响

1. 高等教育大众化对城乡人口流动的影响

首先，高等教育大众化为农村人口城市化流动提供支持。高等教育大众化标志高等教育发展进入一个新的阶段，也预示着经济社会发生了深刻的变革。在现代化工业文明社会中，知识和科技是社会发展的引擎，个人走向社会，规划自己的职业生涯，必然通过接受高等教育来实现。高等教育大众化不但影响个人升迁，而且同其经济收入、社会地位相关。如美国学者Treimans所言，现代社会中，教育是社会流动的动力机制。通过高等教育选拔机制，形成了社会经济分化。农村人口通过接受高等教育，走出农村，进入城市。这种流动不仅仅是地域的社会流动，也是社会地位的向上流动。通过高等教育的契机，农村人口可以留在城市，获取具有较高声望和经济收益的职业，更有部分人可以逐渐进入领导阶层。其次，高等教育大众化转变了农村传统教育偏见，促进农村基础教育发展，增强了农村人口城市化流动的能力。高等教育处在精英教育阶段，能有机会接受高等教育的农村人口数量有限。加之农村教育资源匮乏，教育理念滞后，从而使得农村教育没有足够的支持和保障。随着高等教育大众化发展，高校招生规模不断扩大，生源需求不断增加，且学科专业众多，多层次、高入学率的高等教育为更多农村学生走出农村，接受高等教育，提高科学文化水平提供了机会。最后，高等教育大众化有利于科技人口向农村流动。高等教育大众化为更多农村人口提供了接受高等教育，提升自身科技素质的机会。伴随这些大学生返乡工作、创业，农业生产中的科技内涵会不断增加。科技兴农，科技兴村，科学发展，科学规划等会成为农村经济社会发展的导向。这些农业科技人口在提高农村人口素质和文明程度的同时，也将改善农村产业结构，提高农业现代化水平。知识与农业的结合，将再次激发大力发展教育的热情，形成高等教育与农村社会健康发展的良性互动。

2. 高等教育大众化对农村经济发展提供智力支持

首先，高等教育大众化能为农村经济发展提供知识和技术支持。相对于城市来讲农村社会发展缓慢，其中一个重要原因在于人才的流失。高等教育大众化能让更多的农村青年接受高等教育，为农村发展提供人才资源。高等教育除了培育英才之外，还肩负科学研究的使命。高等学校的科研成果可以转换为现实的生产力，为农村发展提供技术支持。科学研究和社会建设相结合，产业和科研相结合是高等学校服务农村社会主要方式。这种方式既能为高校学生提供社会实践基地，增强教学实效性；也能把先进科学技术同农村发展、农业生产结合起来，促进农村经济社会发展。其次，高等教育大众化有益于优化农村产业结构。农村发展缓慢主要原因在于产业结构单一，必须通过调整和优化农村产业结构来实现农村现代化。高新技术产业是当今经济发展的主导，"三农"问题必须通过科技手段来解决。农村经济发展一定要优化产业结构，提高农业工业化水平，加快第三产业发展。高等教育大众化迎合了这一发展方式的转型需求，可以把科研工作同经济发展紧密关联，促进科学成果向生产能力转化，不断向农村地区传递新技术和新成果，合理引导农村产业结构调整，促进第二、三产业发展。最后，高等教育大众化可以促使高校整合各种资源，促进农村经济建设。高等教育一定要服务社会，服务经济建设。特别是地方院校，要以促进当地社会经济发展为己任，挖掘特色，整合资源，突出为地方经济发展服务的职能，建设自己的特色学科，形成自身的优势和独特的竞争力，立足当地，面向全国，优化专业设置，形成地方特色和优势，提高高等教育的实效性，培养实用技术型建设人才，为农村经济发展提供支持。

3. 高等教育大众化助力农业现代化建设

农业现代化是指传统农业转化系现代农业的过程，用现代工业、科学技术手段以及现代经营管理方式来武装农业，提高农业生产力水平。首先高等教育大众化能提高农业机械化程度。农村生产力发展水平低源自农业生产工具和生产方式落后。高等教育能培养出高素质科技人才，研发并生产出符合当代农业特点的农业机具，用先进的生产工具和设备代替传统手工劳动方式，实现各个生产环节机械化操作，降低劳动强度，提高劳动效率。其次，高等教育能为农业现代化提供先进科学技术。农业和农村要发展，必须提升农业的科技化水平。农业现代化其实就是不断把先进科学技术、农业生产技术、加工技术应用到农业全过程，提高科学技术对农业增产的贡献。新技术、新能源的出现将不断改变和优化农业产业结构，实现产业结构从粗放式到集约式转型。再次，高等教育大众化能加快农业产业化进程。农业产业化是生产单位或个人，依据自然条件和经济社会特点，以市场为导向，以每一个农户为单元，以合作经济组织为依托，通过产、供、销综合经营，将农业生产整个环节联结起来的系统化产业过程。高等教育的发展不但能为农业产业化提供理论依据、运作机制、评价标准等，另外也能为农业产业化提供模式设计、技术手段、人才培养等智力支持。最后，高等教育大众化能加快农业信息化建设。农业信息化是指充分利用信息网络技术，开放社会资源，促进信息和知识共享，为农业产供销提供管理和服务的信息支持。要在农业生产整个领域中应用信息技术，使之融入农业生产、消费、市场以及农村经济、社会等各个具体环节，提高农业生产效率和生产水平。高等教育发展能加快农业信息网络建设，培养农业信息网络人才，加强农业国际交流合作平台，为农业现代化服务。

4. 高等教育大众化有益农村精神文化建设

农村文化作为文化的一种形态是同城市文化相对而言的，如同文化有广义和狭义的区分一样，农村文化也有两种界定。广义农村文化是指在农村特定地域和社会实践中所生成的物质和精神财富的总和；狭义农村文化主要指农村人口的文化水平、思想观念、生活方式、思维模式以及价值观念等。人们通常所说农村文化即为狭义农村文化。农村由于环境闭塞,经济落后,人口文化素质较低,思想保守,接受新事物和新观念能力差,甚至许多地方的民众依然在散播封建落后文化。这些落后文化不利于科技的普及和生产力的提高,阻碍经济发展。另外文化设施是文化活动的载体,是农村精神文明建设的阵地,农村因为经济发展滞后缺乏文化设施,导致农村人口生活枯燥。另外许多农村地区特有的文化形式和文化特色,因为人们缺乏文化保护的意识,正在慢慢失散,甚至绝迹。针对农村地区生产落后,文化薄弱的现状,高等学校可以通过教育大众化,缩小城乡教育差距。高等学校可以针对农村经济发展所需专业人才的实际,及时调整学科结构,优化教学资源,培养特色学科;通过向农村地区输送人才,提高农村教学质量。高等学校要发挥高校学生社团的功能,利用假期到农村支教、支农,促进农村地区教育文化的发展。另外,高等学校作为教育文化机构,有着丰富的文化资源,比如图书馆、信息中心、研究机构等。高校的文化资源要为农村社会发展服务,要在农村文化事业建设中起到推动作用。高等学校可以通过开放高校图书室,保持高校与定点村镇的扶持,实现资源共享;开展知识讲座,增加农村群众的相关知识,提高农村人口的文化涵养。

第二节 社会制度因素对缩小城乡差别的影响

社会主义坚持人民当家做主,生产资料属于全民所有,通过不断提高生产力水平,消除两极分化,逐步实现共同富裕。缩小直至消除城乡差别是社会主义的发展目标,加之社会主义在政治、经济、文化方面的制度优势,必然会实现发展成果人民共享的城乡统筹发展格局。同资本主义国家为保护生产资料私有制而缩小城乡差别的被动性相比,中国特色社会主义在缩小城乡差别的过程中,时刻都是以人民利益为重,通过国家积极主动实施缩小城乡差别的战略措施,当代中国城乡差别正在不断缩小。

一 发达资本主义国家缩小城乡差别的做法及评价

(一) 美国缩小城乡差别的做法

1. 以高速城市化为带动,逐步形成城乡一体化发展格局。美国是全球范围内城乡差别一体化最成功的国家之一[①]。南北战争的结束,扫除了美国资本主义工业化发展的障碍,美国工业发展开始超过英国,工业化则迅速推进城市化进程。1870 年的时候美国城市人口占总人口比重为 25%,在工业化推动下,1920 年达到 50.9%。美国城市化大致分为三个阶段:第一阶段,城市化初期。随着工业革命的兴起和移民的涌入,美国农村人口开始迁往城市,城市人口迅速增长。这一阶段美国城市发展不平衡,地区差距较大。东北部因为工业革命较早,因而城市化水平较高。第二阶段,基本实现城市化阶段。在经历了第二次工业革命之后,在电动机、内燃机等新技术带动下,美国进入快速城市化阶段。1860—1900 年城市人口比重从 19.8% 上升到 39.6%。在此期间 1 万—2.5 万人口的城市由 58 个增加到 280 个,10 万人口以上的城市数量从 9 个增至 38 个。1920 年以后,美国石油产业的发展以及道路交通设施日臻完善,使得汽车成为主要交通工具。城市规模开始扩大,出现了中心城市人口郊区化扩散。第三阶段,高度城市化阶段。1950 年以来,美国经济结构改变明显,第二、三产业比值不断增加,高达 95%。非农业劳动人口占人口总数的 87% 左右,服务业人数超过 80%。此阶段美国实现了高度城市化,表现为大都市区化和城市人口郊区化两大特征。城市化不仅解决了城市产业布局,优化了城市资源,也缩小了城乡之间的空间距离。许多农业人口伴随城市化,实现了生产方式和生活方式的城市化转变;农业产业结构也因农业工业化和市场化重新布局,农业加速发展,城乡对立的空间格局逐步被打破。

2. 通过立法为缩小城乡差别提供保障。首先,通过立法保障城乡人口在接受高等教育方面机会均等。为此美国政府专门出台了若干的法律法规。比如,美国政府从 20 世纪开始实施的《平权法》以及德克萨斯州在 21 世纪初通过的《前百分之十法》规定:所有的高中毕业生如果其综

[①] 薛晴、任左菲:《美国城乡一体化发展经验及借鉴》,《世界农业》2014 年第 1 期。

合考评成绩进入了本校排名前百分之十,德克萨斯州内的名牌大学就必须无条件录取。这样的法律法规使得所有的高中毕业生(包括非重点高中)都有平等进入名牌大学的机会,从而使黑人以及中低等收入家庭的适龄子女享有接受优质高等教育的机会。其次,各个州在消费税(各个州主要的收入来源)征收方面有意向郊区和农村倾斜。例如在美国比较发达的加利福尼亚州,消费税率是9.25%;但在发展相对落后的州,税率则为6%左右。这样的政策设计,使得不少发达州的消费者为了节约开支,不惜跑远到内陆州采购大宗同质的消费品,为内陆州提供了更多的消费机会。即便是在同一个州内,也因为城郊和农村同样商品价格优于市区,从而使得不少消费者愿意到城郊和农村消费。另外,通过立法保障城乡在信息、保险、卫生医疗以及养老服务等方面标准统一。完善的立法与监管体系,为美国缩小城乡差别夯实了制度基础。

3. 农业的保护措施。20世纪以后,由于工业化发展速度快于农业,美国城乡收入差距拉大[①]。政府开始对农业采取保护性政策,稳定农业发展,提高农民收入。第一,惠农信贷政策。为确保农民的基本收入水平,政府事先就会对农产品制定出支持价格。在农产品收获后,农户可以在任何时间以支持价格将农产品抵押给农产品信贷公司获取贷款。假如农产品的市场交易价格达不到政府的支持价格,信贷公司则无权索取贷款,而当农产品价格高于市场价格时,农户可以在市场上出售自己的农产品,然后给信贷公司还本付息。第二,农业保险政策。农业生产受自然、气候条件影响较大,这些不可抗力一旦发生就会对农业造成毁灭性打击,让农民入不敷出。为了降低农业风险,美国政府对农业生产单位和机构提供农业保费补贴,但凡参加农业保险的农作物,如果遭遇自然灾害,农户可凭借农业保险获取较高的保险理赔;即使那些因为各种原因没有参保的农作物,遇到灾害时也可以获取40%的政府赔偿。第三,保护本国的农产品市场。美国政府为了支持本国农业和农产品市场,控制市场供应量,通过关税、进口配额等措施,限制外国农产品,特别是本国有生产能力的农产品进口,保护本国市场。美国这些农业保护政策给农村带来巨大发展活力,给农民带来巨大的经济实惠,切实保证了农业生产

---

① 鄢毅平:《美国缩小城乡收入差距对我国的启示》,《中国集体经济》2011年第13期。

和农民收入。20世纪30年代，美国非农人口可支配收入与农业人口可支配收入比为2.49∶1，到了20世纪40年代这一比重为1.66∶1，20世纪60年代为1.36∶1，城乡差别逐步缩小。20世纪70年代到90年代基本保持在1.3∶1。然而到了21世纪，因为农业的保护性措施和城市化进程，这一比值有了质态的改观，农业人口可支配收入是非农业人口可支配收入的1.17倍，农业人口收入已经超过非农人口。

(二) 英国缩小城乡差别的做法

1. 工业化、城市化带动城乡互动发展。首先，工业化带动城市化发展。从18世纪60年代开始，英国的城市化和工业化同步开始①，大量的农业人口聚集到城市从事工业生产，许多城市因为工业化发展不断崛起，小城镇、大城市以及城市群逐步形成。一些资源特色明显的城市比如伦敦、利物浦、曼彻斯特等迅速壮大。到19世纪中叶时，英国城市人口在100年之内从20%提升到了51%。工业化促进了英国人口聚集，19世纪初英国政府出台《人口普查法》，每隔10年对全国人口进行一次全面普查。以首都伦敦为例，1801年人口为96万，到1901年增长至634万。到21世纪初，英国城市人口约占全国人口的90%。人口聚集推动了城市化发展，使英国成为世界上第一个高度城市化的国家，实现了城市和农村的同步发展。其次，工业和农业之间的互动促进了城市化。19世纪的英国在农业生产上领先于欧洲，有着较高的劳动生产率。农业技术先进，农业生产商品化程度高，这些农业方面的优势使得英国可用较少的农业人口养活不断增加的非农人口，为英国的工业化提供充分的物质保障。工业的发展必然要不断扩大规模，促使城市范围不断向外扩展；现代交通和信息技术使得城乡空间压缩，距离缩短，城乡之间的关联性增强，到19世纪末，英国已经成为世界上真正实现城市化的国家②。

2. 以发展小城镇为重点，促进城乡一体化。20世纪60年代，英国的小城镇开始迅速发展随着交通设施建设不断完善，汽车在家庭开始普及，大量英国人口开始迁向小城镇，大城市人口郊区化流动明显，有些城市比如伦敦、伯明翰等，人口在某些时间段出现了负增长。"造成这种城市

---

① 高珮义：《中外城市化比较研究》（增订版），南开大学出版社2004年版。
② 李亚丽：《英国城市化进程的阶段性借鉴》，《城市发展研究》2013年第8期。

郊区化"① 的原因，一方面来自大城市发展带来的交通拥堵、资源紧缺、空间压抑、环境污染等问题，削弱了城市的吸引力；另一方面小城镇环境优美、交通方便、配套完善，极大地提升了生活品质。为了更好地促进小城镇发展，英国政府作出了有利于小城镇发展的政策设计，比如把一些政府部门或机构，通过迁移的方式转移到小城镇，以此来分散城区人口，带动基础设施建设，为小城镇发展注入活力。以首都伦敦为例，英国政府在20世纪60年代，把一些管理部门如车辆管理局迁往中小城市；20世纪后期，中央和地方政府的一些部门开始外迁，如英国外交部政策研究机构、金融管理局等迁往伦敦郊区。很多英国政府部门在市区仅保留办事窗口，大量机构迁往小城镇。政府的外迁行为为其他单位起到了很好的示范效应，追随政府迁出主城区的脚步，大量企业、高等学校、研究院等公共事业单位开始外迁。这种产业和行政部门向郊区和小城镇转移，分担了大城市和主城区的压力，实现了产业和人口郊区化分散转；同时为农村和城郊发展注入新的活力，改善了农村生产和生活方式，城乡面貌焕然一新。

3. 重视立法规划，建立科学的城乡规划体系。英国是世界上第一个建立城乡规划体系的国家，在城乡规划方面有许多值得学习和借鉴的经验。第一，强调规划立法。1909年英国通过了《住宅与城市规划法案》，以法律的形式规定必须严格控制城市土地开发，要求各级政府编制城市规划，对郊区土地进行规划控制。1948年开始实施的《城乡规划法案》，对将要开发的建设土地提出了纲领性建议，内容包括土地开发和城乡规划等；大到伦敦城市规划重建，小到将住房改造为咖啡厅等都在该法规控制之中。政府以科学理性的城市规划立法，为城市管理、城乡发展提供法律依据。第二，管理规划的超前性。英国的城市规划不是着眼于当下，而是把社会发展的动态因素考虑其中，做长久的规划与安排。目前覆盖英国城乡的地下管网系统，始建于100多年前维多利亚女王时期，时至今日在人口增长几十倍的情况下，依然能满足需求。第三，保障城市规划中的公民权利。英国的城市规划不是单方面的政府行为，它是在公众充分参与基础上的决策。规划过程要有公众参与，重视公众的反对意

---

① 李亚丽：《英国城市化进程的阶段性借鉴》，《城市发展研究》2013年第8期。

见，保证规划机构不会主观臆断、滥用职权。从城乡规划法案的提出到编制、实施都有公众全程参与，既体现了法律的尊严，也尊重了公民权利，而且很好地监督了政府。

(三) 法国缩小城乡差别的做法

1. 以城市化促进农业和农村发展。法国之所以能在短期内实现农业现代化，得益于工业的高速发展[①]。法国的城市化进程起步较晚，同工业化进程较早的英国相比大概晚了半个世纪。但正是这种发展缓慢却使得法国城市化与工业化以及经济发展的关系更加均衡，城乡差别变得模糊。19世纪30年代法国开始城市化进程，因为法国是个农业国家，工业增长缓慢，加之农民长期以来的乡土情结，因而人口向城市迁移量不大。直到19世纪中叶，伴随法国经济快速增长，提高了人们生活水平，解除了人们在医疗、养老等方面的社保之忧，消费和购买能力得到提升，随之出现了大量劳动力城市化转移。其间政府为转移到城市的劳动力提供专门技能培训，提高劳动者素质。1950—1970年是法国城市人口增长最快时期，年均增长率在2.2%以上，而同期法国总人口的增长率只是略高于1%。为了避免城市化进程中农业劳动力转移带来的就业风险，法国针对劳工设计了医疗保险、失业保险、养老保险以及培训计划等，保证劳工为城市化和工业化提供充分的劳动力保证。法国高度城市化是在城市人口分散化和均衡化的基础上进行的，许多中小城市的出现吸纳了绝对的农业转移人口，城市化表现出分散化的特征。从1968年开始，巴黎城市向外扩展，伴随而来的是大量城区人口郊区化转移，最终影响了其他城市和地区。中心城区人口越来越少，甚至出现负增长。城市化水平在造就了高度城市化后趋于平稳，现在法国城市人口增长缓慢，社会人口呈现出分散化特征，城乡人口自然分散，城市和乡村发展平衡。

2. 以农村改革缩小城乡差别。法国作为一个发达资本主义国家，不仅有高度发展的工业，也实现了农业现代化。法国农业的发展一方面得益于工业的强力支持和拉动；另一方面是法国政府"适时推动的农村改革"政策。第一，把工业和农业结合起来，发展一体化农业。一体化农业是把农业和农业相关联的工商业、交通运输业金融信贷等部门结合起

[①] 周建华、贺正楚:《法国农村改革对我国新农村建设的启示》,《求索》2007年第3期。

来，以合作或控股等方式，形成利益共同体。这一农业改革策略是在20世纪中叶，法国城市化进程加快、农业人口减少、第二、三产业迅速发展的背景下实施的。工业发展必然要求农业在物质基础上予以支持，同时也要增加农村购买力。为了协调工农业发展，盘活经济，国家采取了一系列政策，如贴息、减税、补贴等。"支持同农业生产部门相关的产前、产后部门"，使这些部门同农业部门结成生产同盟，实现对农业的反哺和支持。一体化农业推进了农业现代化，也改变了法国农村的落后面貌。第二，支持农村非农产业的发展。法国政府在一些农村地区刻意开辟了工业园区，吸引企业来投资办厂。为此政府特设了"地区发展奖金"，凡按照政府要求到指定农业地区投资建厂的企业，只要达到规定投资额度，解决一定的就业人口，就可获得政府的发展奖金，同时给予这类企业税收的减免和优惠。第三，改革农村产业结构，寻求农业之外的经济增长点。法国政府认为手工业是农民就业和增收的有效途径，鼓励农民在农村以及新兴城镇周边发展手工业，鼓励发展适合农村和农业实际的食品加工、农机制造等小型工业企业。对此政府有专门的"手工业企业装备奖金"给予奖励；同时提高农村的畜牧业水平，也是农业发展、农民增收的关键，因此政府也出台了相应的奖励办法，保证农村畜牧业发展现代化。

3. 重视农村基础地位，政府不断加大对农业和农村的投资力度。第一，在农业和农村基础设施建设方面，法国政府因地制宜，分段实施，进行农业基础设施改造和建设。政府在农田水利设施、农村交通运输、电信通信等方面投入力度大，从根本上彻底改变了农村面貌，提高了农村人口的生活质量，消除了城乡之间的差别。第二，加大对农业的投资。"二战"之后，法国政府一改战前农业主要是私人投资的状况，转为政府行为，并把农业投资纳入国家预算，且在以后不断逐年增加，广泛寻求市场投资主体，拓宽农业投资渠道。第三，以教育和科技为突破，发展高新农业。现代化农业和农村建设要求培养出懂技术、懂管理、懂营销的现代农民，法国政府以农业教育为突破，构建了完整的农业教育体系和农业研究与推广体系。第四，推行农业保护政策。法国农业在生产、销售等方面，都有政府的政策补贴。比如在土地兼并中对失地农民的补偿和赔偿；对农作物以及牲畜等按面积、按头数补偿等。政府推出的农民社会保险计划（即农业社会互助），凡是农民都要参加，为农作物、农民及其家人提供了养老、医疗保险和家庭补贴。政府对农业和农民的补贴使得农产品消费者价格提升，但消费者认为农资补贴能换回优质、健康的农业产品，保护农村自然风光，是完全能够接受的。

（四）日本缩小城乡差别的做法

1. 以制度设计为突破，打破城乡界限，形成城乡一体发展格局。为缩小城乡差别，日本从制度层面上打破城乡界限，促进人口在城乡之间双向流动①。在日本，人口流动完全是自由的，不受户籍限制。日本《宪法》规定，公民可以自由迁徙，户口随着人转移。日本的户籍管理不是为了限制人口自由迁移，而是为了便于公民领取退休金、缴纳税款以及行使选举权。"二战"之后，日本经济迎来高速发展时期，工业化和城市化的发展引发了农业剩余劳动力的大规模转移。为了使城乡之间不因人口流转带来巨大差别，日本政府加强了对农村地区的教育和社会保障方面的投入，以高质量的教育促进了工业、农业以及服务业效率的共同提高，使农村人口顺利实现城市化。1955 年日本财政对教育和社会保障的支出分别占总支出的 12.3% 和 13.1%，而对产业经济的支出只有 6.6%。政府不断完善统筹城乡的医疗、养老方式，追求城乡在居民权利、法律地位、治理模式和社会保障方面的一致性，消除了进城农民和下乡居民的忧虑。另外，日本政府还建立了完善的农业和农村土地流转制度，鼓励城市人口到农村或者郊区投资和定居。因为城乡之间没有户籍差别，在公共服务方面城乡一致，因而城乡人口呈现出自由的双向流动，城市和乡村的差别和界限越来越模糊，城乡一体化的总体格局逐步形成。

2. 发挥各种力量，开展农村建设。因为受 1932 年的"昭和恐慌"经济危机影响，救助农村成为日本社会的共识，政府随即展开了农村建设运动。第一，发动各种社会力量，积极参与农村建设。在这场农村建设运动中，政府、企业、社会团体以及金融机构等力量投身其中，对资本、劳动力、科学技术等要素以自然资源为依托，实现区域分配，实施工业向发展落后的农村地区分散的农村工业化战略。这些举措极大地推动了农业和农村基础设施建设，改变了农业产业结构，为农村社会发展注入

---

① 张晓冰、吴玲玲：《日本缩小城乡差距的可鉴之处》，《共产党员》2012 年第 1 期。

了活力。第二，积极发挥农协作用，维护农民合法权益。农业协作组织（简称农协），是日本农民依据《农业协同组合法》建立的自我管理的互助性组织，这种组织成立的根本目标在于提高农业生产能力和农民社会地位①。一方面，农协组织农产品生产、加工和销售，确保农民利益不受损害；为农民创造就业机会，向农民提供农业经营中销售、信贷等经济业务；指导农民提高生活水平，改善生活质量。另一方面，农协不断和政府进行协调，为农业和农民争取利益最大化。在日本城市化和农业化初期，政府以农业为基础发展工业，征收高额农业税，农协作为代表农民利益的团体和组织，不断促使政府改变对农政策，代替政府承担了一部分公共服务功能。通过以上做法，农民就近就业，既减少流向城市的压力，也保障了农村人口素质。

3. 强化农村社会服务体系建设，培育城乡均衡发展思维。为了有效消除城乡差别，"二战"之后，日本政府强化农村基础设施、教育资源、医疗卫生和社会保障等公共服务建设，这些公共服务建设有效地抑制了城乡收入差距的不断拉大。比如医疗方面，日本政府在出台的《国民健康保险法》中要求，所有公民不管是城市人口、农业人口、个体经营者还是无固定职业者，都要强行加入，从而实现了医疗的全面覆盖。另外，保险方面也将更多的社会人口纳入社会养老保险体系之中，并建立了以养老保险和公共医疗为支柱的城乡一体化社保体系。农民65岁即可开始领取养老金，直到去世。同时，日本社会十分推崇均富思维，日本是典型的"两头小、中间大"的橄榄球形社会结构，富裕阶层和贫困阶层各占人口的10%左右，有一个庞大而稳定的中间阶层，即中产阶级。大的企业和财团也乐于通过公共事业、福利事业等方式回报社会，这种思维特性也为日本消除城乡差别起到了指导作用。

（五）发达资本主义国家缩小城乡差别的评价

1. 以城市化为动力，建构城乡一体化的统筹发展格局。西方发达国家的城市化进程对缩小城乡差别作用明显。城市化初期，因为城市偏向的发展实际，农村资源顺势流入城市，城乡对立明显；当城市化发展到一定阶段，即城市化中期，因为城市空间紧张、环境恶化、就业困难等

---

① 郭建军：《日本城乡统筹发展的背景和经验教训》，《农业展望》2007年第2期。

一系列问题,城市工业开始向农村引导①,自然会形成社会资源向农村流入的"逆城市化"过程。工业产业开始迁入城郊和农村,形成卫星城;政府部门和管理机构开始搬离主城区,分散到城郊和小城镇,比如英国、法国政府机构的外迁等,这种城市化的发展方式优化了大城市的空间结构、产业布局以及人口分布,激活了城郊和农村,为其带来了新的发展机遇;社会资源开始一改之前单向流入城市的传统模式,实现城乡之间自由双向流动;公共服务和城乡居民待遇也就此同权。城市化的发展和城市的反哺,促成了城乡一体的发展格局。

2. 政策手段在缩小城乡差别方面作用明显。城乡之间因为工业、市场发展程度的差异以及生产效率的不同,自然在收入水平上差距明显。城市工业部门为追求利润,不断提高劳动生产率,需要农业农村的支持,吸引农村生产要素流入城市。作为配置资源的有效手段,政府可以通过政策设计避免或者缩小城乡之间因为单一市场逻辑所导致的差异化发展。发达资本主义国家在缩小城乡差别,构建城乡一体化发展格局的战略中,政府发挥了重要作用。美国、法国、英国以及日本政府无一例外,在缩小城乡差别的过程中,高度重视农业,支持农业发展,为农业提供政策支持和资金保障;保护农民利益,避免农业发展带来农民收入下降;在基础设施建设、教育资源分配、社会公共服务提供等方面,通过政府干预,达成城乡一体。

3. 重视农业和农村发展,大力发展兴农产业,提高农民收入,改善农业产业结构。城乡之间的差别,表现为农村的发展整体上落后于城市。发达资本主义国家在缩小城乡差别的进程中,都把扶持农业发展、实现农业现代化以及提高农民收入、消除城乡居民身份差别放在重要地位。例如,美国的农业保护措施,保障农民绝对权益;法国通过农村改革,用工业化、现代化以及城市化去影响农业,把城乡资源紧密关联起来;日本开展农村建设运动,发挥全社会力量投入农村建设和发展,鼓励农民协会等农村社会组织在农业和农村发展中贡献智慧。通过兴修农村和农业设施,保障农业安全生产;招引工业企业到农村投资,改善农村产业格局;培养现代农民,提高农村人口素质;完善农村经济信贷制度,

---

① 冯胜:《国外城乡统筹发展模式比较研究》,《软科学》2011年第5期。

让农民获得更多利益。这些举措激发了农民生产热情和积极性,明显缩小了城乡收入差距。

4. 通篇谋划,整体布局,科学规划城乡统筹发展格局。城市和乡村作为两个独立的社会空间,其异质化特征明显。城市的兴盛和乡村的落后是社会发展过程中的普遍现象。城市和乡村是一个矛盾统一体,不能只注重任何一方,双方是相互促进,互为前提,必须统一规划,整体布局。以英国为例,在城市化发展进程中要求各级政府对城市的发展必须作出科学规划,且以法律的形式加以强化;对城市基础设施的建设和投资也以动态视角和眼光,着眼长远。因而其城市布局合理,设施管网建设超前,即便是在快速城市化进程中,城市发展依旧井然有序。另外,英国政府将城市建设和规划同乡村发展结合,其田园城市的发展构想和建设实践,就是把城乡结合起来,通篇考虑,打破城乡对立的传统逻辑,创新城乡一体的规划体系,成功解决了城乡差别和对立的问题。

5. 通过立法为农村和农业发展提供制度保障和法律依据。发达资本主义国家在促进城乡一体,缩小城乡差别方面,都通过立法的形式为农村和农业发展保驾护航。比如美国的《农业调整法》《联邦农业完善与改革法》,通过对农产品价格支持来调整农民收入,保障农民权益;日本政府制定的《农地法》以扩大农业生产规模,提高农民生活水平和收入水准为目标,保证农业生产者的劳动收入与其他产业劳动者收入水平均衡;英国的《城乡规划法案》把政府对城乡发展的规划权利几乎延伸到了所有土地,已经使用和未经建设和开放的土地都列入政府规划范围,保证每块土地的使用都是在政府的管控和审批下进行。这种以法律形式保证城乡协调发展的方式,既是政府缩小城乡差别的政策手段,也是保证农业、农民合法权益的法律表达,为从制度和法律层面把缩小城乡差别落到实处提供了重要依据。

二 社会制度因素参与影响城乡差别的特点

(一) 经济制度与缩小城乡差别

经济制度是统治阶级为了维护在社会中占统治地位的生产关系的发展要求,维护有利于其统治而设立的各种经济规则和措施的总和,其核心是生产资料所有制。马克思在其城乡发展理论中指出,生产资料私有制是城乡差别产生的重要原因。

私有制制度下，占有生产资料的阶级（即统治阶级）为了维护其利益，牢牢掌控国家政权，实现着对社会的统治。统治阶级通过各种社会制度和政策法规，剥夺广大生产者的劳动产品。奴隶社会和封建社会，农业是社会经济支柱，统治阶级脱离农业生产，远离乡村农田，在工业和商业集中的城市过着优越的生活；以剥削和压迫为手段，享受着农业为城市提供的给养，城乡差别明显。资本主义制度建立后，依然沿袭了生产资料的私有制性质，资本主义工业化发展需要从农村获取资源和劳动力，因而无法改变城市对农村的剥削。一方面，西方发达国家城乡差别都经历了城乡分离、逐步拉大的模式轨迹，进一步印证了马克思认为生产资料私有制是城乡差别产生的关键的理论判断。另一方面，当代西方资本主义社会依然是生产资料私有制度，但许多国家城乡差别却在不断缩小，有些地方甚至差别非常模糊，这似乎与马克思的理论发生了冲突。问题的实质是，当代资本主义国家生产资料所有制发生了改变，一改之前个体资本所有制占主导的形式，资本占有主体呈现多元化趋向，从而导致分配关系和社会阶级结构发生明显变化；工人阶级也因为股份制等开始占有部分生产资料，资本主义私有制出现新变化。另外，马克思曾经指出，工业和农业的结合会使城乡差别逐步消灭，且生产力发展到一定阶段就可以结束牺牲部分人利益来满足另一部分人利益的状况。加之社会主义制度优越性和工人阶级不断斗争，资本主义社会开始在缩小城乡差别方面有了明显的改观。

社会主义坚持以生产资料公有制为主体，不断解放和发展生产力，消除两极分化，实现共同富裕。结合科学技术发展和社会改革，社会主义自始至终都为缩小直至消除城乡差别创造必要的制度和社会条件。因而，缩小直至消除城乡差别必须消灭生产资料私有制，建立全体劳动者共同占有生产资料的公有制，废除城乡不平等，实现城乡统筹发展。

（二）政治制度与缩小城乡差别

西方资本主义国家，资产阶级因为占有生产资料，因而在国家政治生活中牢牢掌控国家政权，成为资本主义政治生活中的绝对统治力量。资本主义政治制度是要实现少数人对多数人的统治，所以即便是分权制衡、多党制、普选制等最终都是为实现少数人利益服务。资本主义国家，广大农民和农业产业工人不是国家政治生活的核心力量，也无法通过任何政治途径和手段成为国家政治生活的掌控者，因而他们的利益实现困难重重。农业产业工人和农民作为被统治阶级，为了争取自己的政治利益，持续不断地进行斗争。为了更好维护资本主义政治制度，在资本主义制度框架范围内，当代资本主义政治制度出现了诸如公民权利扩大、改良主义等改变，也使得城市和乡村在政治利益上的差别不断缩小，起到了维护资本主义制度和安抚农业产业工人的作用。但这种改变无法从根本上给予他们同资产阶级同样的政治权益。

社会主义国家的政治制度是要保障人民当家做主，国家的一切权力属于人民，让每一个人都能实现自由、平等的政治权利和社会权利。要缩小甚至消除城乡差别，首先必须要解放和发展生产力，以有效的经济发展方式来提升生产力水平，激发社会成员的劳动积极性。在此经济发展过程中，因为个人能力、生产禀赋、地区差异等差别使得社会分化日益明显。不同地位的社会成员之间必然发生利益冲突，城乡问题就是明显的表现。为了解决社会矛盾和冲突，中国特色社会主义政治制度注重加强顶层设计，在制度层面上倡导社会公平正义，保障城乡人口在发展权力、发展目标、发展地位中有着同等的政治权利和地位。政治制度是社会主义国家缩小城乡差别的有力保障，城乡统筹发展战略的提出是社会主义政治制度优势的集中体现。由此不难看出，社会主义制度的最终发展目标在于不断缩小直至消除城乡差别；而资本主义国家缩小城乡差别是为了避免阶级矛盾激化，提高市场化生产能力，从而保证资本主义生产资料私有制经济基础不动摇。二者之间的差异显而易见。

（三）意识形态与缩小城乡差别

社会是一个有机体，任何阶级社会都有各自的社会意识形态。社会意识形态是在一定社会制度条件下的观念上层建筑，对决定它的经济基础具有服务功能，包括法律、宗教、哲学、伦理、历史、文学等多种形式。任何社会制度下的意识形态都有自己专属的核心价值，核心价值体现着意识形态的本质。社会形态的核心内容是阶级、政党对自身利益的深刻认识，是对理想信念的表达。资本主义意识形态在资本主义国家占统治地位，是在资产阶级同封建主义和宗教神学不断斗争中形成和发展起来的，因而这些意识形态都是为了维护资产阶级统治和资本主义社会的稳定。资产阶级意识形态的核心是利己主义，因而资本主义社会强调个人利益高于集体利益。整个社会都在为个人利益、阶级利益而争斗，难以形成全体社会成员齐心协力、共同发展、共同富裕的局面，易于导致两极分化，拉开社会差别。资产阶级意识形态表现在城乡关系方面，体现为农民和农业产业工人同城市资产阶级相比，处于社会底层，他们必须服务于资产阶级。虽然，资本主义意识形态也有"主权在民""自由平等"的表述，但这更多是资产阶级意识形态的"牧师"功能，劝导人们承认资本主义合理性，真正平等则难以实现。

社会主义意识形态反映并体现社会主义本质。社会主义旨在通过解放和发展生产力，消灭剥削，消除两极分化，最终达到共同富裕。在马克思主义中国化进程中，人的全面发展和社会公平正义成为社会主义的本质内容。以爱国主义为核心的民族精神和以改革创新为核心的时代精神是社会主义意识形态的精髓。建设社会主义先进文化，让它既能适应社会主义市场经济发展要求，又能实现对中国传统文化的传承，形成建设国家的凝聚力和向心力，形成共同理想信念和精神力量。这种发展生产，消除分化，共同富裕的社会发展价值，必定对中国缩小直至消除城乡差别增加动力，减少阻力，最终实现城乡统筹发展的新局面。

第三节　社会主义缩小城乡差别的制度优势

一　影响城乡差别一般性因素与社会主义制度优势

城乡问题是世界各国现代化进程的共同问题，具有一般性特点，是任何社会都会碰到和面临的发展课题。影响城乡进程的一般因素包括，生产力发展水平、城市化、信息化、市场化、工业化以及高等教育大众化等，这些一般因素在任何社会制度下都会对城乡差别产生重要影响。当代西方资本主义社会，生产资料私有制的性质并未发生实质性改变，按照马克思城乡发展理论的基本观点，城乡差别问题无法真正解决。但西方社会的客观事实却是城乡差别不断缩小，至少和当今社会主义国家相比，城乡一体化的社会格局已然形成。这种变化同西方发达资本主义国家生产力水平提高，以及市场化、信息化、工业化和高等教育大众化程度高直接相关。这些影响城乡发展的一般因素为缩小城乡差别提供了现实动力和条件。然而，西方发达资本主义国家缩小城乡差别的原因除了上述一般因素影响之外，更在于私有制条件下，广大农民阶级和产业工人为了实现自身利益，不断斗争的结果。这种改变带有被动性特征，是为了更好地维护资本主义私有制和资产阶级利益。不消除生产资料私有制，难以在真正意义上实现消除城乡差别。社会主义缩小乃至消除城乡差别的过程，必须重视城乡问题的一般因素，同资本主义社会一样，要不断发展生产力，加快工业化、信息化和城市化进程，大力发展高等教育，提高劳动人口素质，加快城乡产业格局一体化进程。除了这些一般性因素影响之外，社会主义由于生产资料公有制和人民当家做主的制度优势，缩小城乡差别的进程国时刻强调以人民利益为中心，积极主动探索缩小城乡差别的动力和模式；社会主义以西方发达资本主义城乡发展进程为参考，主动借鉴其有益的方法和手段，同时发挥制度优势，避免西方城乡发展的出现的诸多不合理现象，提高发展效率，缩短发展时间。

社会主义制度优势是指相比较于其他社会制度而言，社会主义具有超越或者高于它们的特殊本性，这种优势是由社会主义本质和社会发展目标决定的。中国特色社会主义制度是当代中国发展进步的根本制度保障，体现了中国特色社会主义优势和特点。这种制度优势在政治上表现为民主集中制、人民当家做主以及集中力量办大事；经济上表现为，坚持生产资料公有制为主体，多种经济成分并存，不断完善社会主义市场经济体制，让市场在资源配置中起决定性作用；文化教育上表现为，大力弘扬社会主义先进文化；积极培育社会主义核心价值观；国家制度和政策向文化教育方面倾斜等。社会主义制度优势为打破城乡壁垒、实现城乡资源自由流动以及建立城乡一体化社会公共服务创造了特有的有利条件和制度安排，最大限度节约和缩减了缩小城乡差别的时间，有利于快速建成社会主义城乡一体化发展格局。

二 社会主义缩小城乡差别的政治制度优势

（一）社会主义人民当家做主的主体地位保证了城乡的均衡发展

中国的国体是人民民主专政。人民既是国家的主人，又是国家建设的中坚力量，在政治上享有平等的权利和义务。社会主义的本质决定了消除城乡差别是社会主义的发展目标。中华人民共和国成立以来中国城乡社会在文化结构、产业布局、生活方式、资源分配等方面差别明显。造成这种状况既有长期以来的历史原因，也有为了发展而作出的战略选择。鉴于中华人民共和国成立之初，国家发展的现实状况，为尽早建成社会主义强国，保障人民权益，国家作出了突出城市化和工业化的发展战略，当工业化和城市化发展到一定阶段，国家经济实力达到一定水平后再带动农村和农业发展。这种分阶段和步骤发展的战略，客观上拉大了城乡差别，但这绝非发展的最终目标，也并非刻意为了发展城市一味剥夺和牺牲农村，无视农村人口的政治权利和地位，而是为了更好地实现人民主体地位。社会主义要实现全体人民的共同利益，不能一直存在城乡的绝对分化。全体人民在发展中享有公平、平等的地位，城市人口所享有的福利、待遇、资源等同样要惠及农村人口。因此，当中国工业化、城市化、市场化发展到一定阶段，具备城市反哺农村、工业反哺农业阶段的时候，国家适时作出统筹城乡发展，让发展和改革成果全民共享的战略部署。国家发展战略和经济投入开始向农村、农民和农业倾斜，以此带动农村工业化和现代化进程，缩小城乡差别，确保城乡人口平等的社会地位。

（二）社会主义集中力量办大事的制度优势有助于缩小城乡差别

邓小平同志指出，社会主义最大的优越性就在于，"干一件事情，一旦下定决心，作出决议，就能立即实施，不受牵扯"[①]。在发展过程中审时度势，只要发展需要，可以举全国之力，集中人力和财力，实现高效快速建设和发展。发展效率之高、速率之快让其他社会制度无法比拟、望尘莫及。中国共产党是中国社会主义事业的领导核心，这本身就是社会主义的优越性。以高度自律、高度负责、自我牺牲的精神团结起来的中国共产党依靠组织和纪律，能够动员和调动全国各族人民创造各种发展奇迹。在国家安定团结的形势下，依靠民主法治建设为经济发展保驾护航。中国共产党在领导国家建设和发展中可以带领人民凝心聚力，众志成城。在中华人民共和国成立初期，为了迅速发展工业化和城市化，党领导人民举全国之力，支持城市和工业；改革开放以来，城市发展势

---

① 《邓小平年谱》（1975—1997），中央文献出版社2004年版，第1195页。

头良好,农村依然贫困滞后,广大农民生活困难。为了尽快缩小城乡差别,国家战略重心又开始向农村偏移,让城市资源、人才、技术等生产要素流向农村,完善农村基础设施建设,改善农村教育条件,推行农村税费改革,建设社会主义新农村,加快农业现代化进程。"三农"问题明显改善,城乡差别逐步缩小。

(三)社会主义民主制度有利于调动人民积极性,为缩小城乡差别提供动力

社会发展文明程度以其民主进程和内容为参照。社会主义民主与资本主义相比较,是更多人的民主,是更贴合民主本义的民主,"这种制度更有利于团结人民"[①]。它能够保证在国家事务管理和决策中,充分发挥民主,通过科学人才选拔机制让更多优秀人才脱颖而出。人民代表大会制度中,人大代表来自社会各个阶层、民族,他们平等参政议政,共商国是,参与国家管理,保障人民当家做主;多党合作和政治协商制度,可以调动一切爱国力量和人士,谋划发展,群策群力;民族区域制度中的高度自治,保证了民族地区自己管理本民族事务的权利;基层自治能调动社区和农民的能动性和积极性。总之,社会主义民主充分保证了人民当家做主的政治的地位,调动大家积极参与国家事务的积极性,保证人民以各种方式和途径为国献策,行使自己的政治权利。这种民主制度和形式有利于调动农村人口建设自己家园,发展农业生产的主动性和积极性,也有利于城市人口帮助和扶持农村发展;有利于发达地区帮助欠发达地区,也有利于沿海和内地帮助民族地区,共同创造城乡社会协调发展的新局面。

三 社会主义缩小城乡差别的经济制度优势

(一)以公有制为主体,多种所有制经济共同发展的经济制度,有利于解放和发展生产力,为缩小城乡差别提供现实条件

习近平同志指出,坚持和完善公有制为主体、多种所有制经济共同发展的基本经济制度,是中国特色社会主义重要支柱[②]。历史唯物主义指

---

① 《邓小平文选》第3卷,人民出版社1994年版,第257页。
② 程恩富:《习近平的十大经济战略思想》,《人民论坛》2013年第12期。

出生产力决定生产关系、经济基础决定上层建筑。社会主义中国，人民是国家的主人，一切生产资料属于人民。生产资料公有制是社会主义所有制的主要形式，只有保持公有制的主体地位，才能保障人民当家作主。改革开放前在所有制问题上中国过分强调了公有制，容不得非公有制经济的存在，导致生产效率低下、生产积极性不高，社会发展缓慢。邓小平同志认为，贫穷并非社会主义的价值取向①。改革开放以来，以邓小平同志为核心的第二代中央领导集体，实事求是，锐意改革。在坚持社会主义公有制占主体地位不动摇的前提下，积极探索非公有制经济发展道路，大大提高了劳动生产率。作为公有制经济有益的补充，非公有制经济创造了更多的就业机会，给农业人口工业化转移提供了机遇；改善了农业产业结构，激活了农业人口生产主动性；提高了农民收入水平，实现了农业产品的深加工，延长了产业链等，有效推动了农村社会发展，为缩小城乡差别提供了制度保障。

（二）社会主义市场经济体制有利于打破城乡界限，实现社会资源的合理配置

中国农村社会发展缓慢一个重要因素在于农村市场体系不健全。农村作为一个独立的社会空间，长期以农业生产为主，商品交换和市场体系不发达。中华人民共和国成立以来，国家选择了城市为主的发展战略，农村产业结构单一、市场化发展停滞资源和人才难以合理配置，导致生产效率低下，社会发展滞后。社会主义市场经济，把市场确立为经济发展的引擎，调动一切积极因素来推动生产发展，商业繁荣。随着社会主义市场体系不断完善，农村的市场机制也开始逐步建立，原本城乡之间相互隔离的格局逐渐瓦解，城乡要素开始自由流转。城市的产品、技术、人才流往农村，带动农村社会现代化；农村人口、资金、产品流入城市，为城市化和工业化发展助力添力。高度发达的社会主义市场经济是实现城乡统筹发展的有利法宝，也是中国破解城乡二元体系的有力保障。

（三）社会主义按劳分配为主，兼顾效率与公平的分配原则有利于最终实现共同富裕

社会公平正义是社会主义的发展目标，一部分人和地区先富起来是

---

① 郑云天：《邓小平论中国特色社会主义制度优势》，《社会主义研究》2013年第4期。

发展策略，共同富裕是社会理想。社会公平绝不等于平均主义，不能以牺牲效率来追求一味的公平。社会主义的分配原则是按劳分配为主，兼顾效率与公平。按劳分配为主能最大限度地调动全社会劳动者的热情和积极性，充分发挥他们的创造性和想象力，让他们全身心投入社会财富的创造和积累之中；效率与公平则更加体现了社会主义的公平与正义，保障每个地区、人民都享有发展权利。共同富裕则是指条件好、区位好的地区和人员通过科学发展、规范发展先富起来，帮助和带动其他资源和条件较差地方共同发展。城市相比较农村有着更好的工业基础和发展底蕴，生产能力和市场条件明显强于农村，当城市化进入中期后，就要反哺农村。国家要以市场力量带动农村人力、土地、矿产、林木等资源参与工业化和城市化，带动农村工业化和产业化发展，激活农业生产要素，搞活农村商品市场，改善农民生活条件。按劳分配，兼顾效率与公平的分配机制为缩小城乡差别提供充分的制度保障。通过城市和区位优势较好地区的优先发展，带动农村和区位条件较差地区共同发展，形成城乡一体，共同富裕的发展格局。

四 社会主义缩小城乡差别的文化制度优势

（一）社会主义先进文化是缩小城乡差别的文化优势

文化是社会有机体的组成部分，以马克思主义文化观为指导的社会主义先进文化是社会主义优越性的重要体现，"先进文化是社会主义固有优势"[①]。中国特色社会主义制度历来重视文化建设，改革开放以来，国家在大力发展生产力，推动物质文明建设的同时，从未放松精神文化建设。邓小平同志指出，社会主义建设要精神文明和物质文明两手抓；江泽民同志强调中国共产党代表先进文化的发展要求；胡锦涛同志指出要大力发展社会主义先进文化；习近平同志提出建设社会主义文化强国，增强国家文化软实力。党的历代领导集体重视文化建设，表明中国在缩小城乡政治差别、经济差别的同时，城乡文化一体化建设丝毫不能放松。只有建设城乡一体的文化格局，缩小城乡文化差别，用先进的文化设施、文化制度和文化氛围促进农村发展，才能在保存农村乡土文化特色的同

---

① 陶文昭：《论中国特色社会主义的文化优势》，《思想理论教育导刊》2011年第8期。

时，提升农村文化的内涵和品质。让农民在社会主义先进文化的感召下，不断提高文化素养，提升文化品位，实现物质文明和精神文明协调发展。

（二）培育和践行社会主义核心价值观是促进农村现代化建设的有效途径

当代中国缩小城乡差别的主要路径是以社会主义新农村建设为重点，加快推进新型城镇化建设，改变农村基础面貌，完善农村产业格局，实现农村生活方式城市化转型，让发展和改革成果全民共享。必须用先进文化统领农村，把培育和践行社会主义核心价值观当成农村现代化建设的着力点。受经济全球化带来的挑战以及信息网络社会的冲击，当今社会，文化建设和价值引领中出现了新问题、新情况，这些影响已经波及农村。另外，农村传统文化中的一些糟粕，比如封建迷信、家族主义、安贫乐道、重男轻女等也影响农村现代化进程。要积极培育和践行社会主义核心价值观，培育文明之风、弘扬社会正气、塑造健全人格。面对发展的机遇，要把社会主义核心价值观凝聚成社会意志，融入城乡发展的全过程。让人民群众深刻理解，只有践行社会主义核心价值观，才能培养新型农民，树立新型农村文化风尚，也才能最终实现共同富裕，实现农村现代化。

（三）社会主义先进文化建设能有效调动人民群众积极性，为缩小城乡差别凝聚力量

人民群众既是历史创造的主体，也是缩小城乡差别的主体。人民是社会主义国家的主人，是先进文化的创造者和享有者[①]。人民群众不断创造社会物质与精神财富，是社会发展的重要力量。要充分发挥人民群众创造历史、缩小城乡差别的动力机制，就必须以社会主义先进文化武装农民。社会主义先进文化可以依据城乡发展的客观需求，发展文化产业和文化事业，满足城乡居民不同层次、多方位的精神文化需求；能以先进文化为纽带，把城乡群众凝聚起来，同舟共济，为缩小城乡差别贡献力量；能以爱国主义为核心，把各族群众团结起来，凝心聚力，投身社会主义建设。和谐社会、共同富裕、城乡一体等城乡统筹发展的文化理念，能充分调动城乡人口的生产热情，激发他们建设美好社会的动力，为缩小直至消除城乡差别提供精神动力和智力支持。

---

① 陶文昭：《论中国特色社会主义的文化优势》，《思想理论教育导刊》2011 年第 8 期。

第 三 章

当代中国缩小城乡差别的探索

中华人民共和国成立以来,中国共产党领导人民开始了社会主义现代化建设的伟大实践,也开始了不断缩小城乡差别的实践探索。党的历代领导集体都对中国缩小城乡差别作出了科学判断,进行了理论和实践探索,形成了当代中国特色城乡发展理论。这些理论成果都是把马克思主义城乡发展理论与当代中国社会所处的历史阶段和时代环境相结合进行的理论和实践创新,在不断缩小中国城乡差别的进程中,取得了显著的成就。然而当代中国,虽然局部地区城乡差别已经很小,城乡一体化格局已然形成,但总体上城乡依然存在经济、政治、文化以及社会事业方面的差别。剖析当代中国城乡差别拉大的原因,对于进一步缩小城乡差别,实现城乡社会统筹发展具有重要的理论和现实意义。

第一节 当代中国缩小城乡差别的实践探索

一 毛泽东关于城乡统筹发展的思想与实践

作为中国共产党第一代领导集体核心,毛泽东同志把马克思主义基本原理同中国社会的现实相结合,领导中国人民取得了新民主主义革命的胜利。中华人民共和国成立后,根据中国社会建设要求,毛泽东同志又把马克思主义城乡发展理论与中国社会发展实际相结合,在探索中国工业和农业、城市和乡村建设的实践之中形成了毛泽东城乡发展理论。

(一) 关于城乡统筹发展的思想与实践

中国共产党从建党之日起,带领人民为推翻三座大山、打倒美蒋政权展开了艰苦卓绝的斗争。在革命战争年代,中国共产党坚持实事求是的思想路线,走符合中国国情的农村包围城市的革命道路,取得了新民主主义革命的胜利。对此,毛泽东同志曾经在中华人民共和国成立前夕,党的七届二中全会上明确指出农村在中国革命中的重要地位,他说"从一九二七年到现在,我们的工作重点是在乡村,在乡村聚集力量,用乡村包围城市,然后取得城市"①。然而,面对革命胜利后,党的工作重心由革命转向社会主义建设的实际,毛泽东同志果断地提出必须实现城市和乡村统筹发展的战略部署。"城乡必须兼顾,必须使城市工作和乡村工作,使工人和农民,使工业和农业,紧密地联系起来,决不可以丢掉乡村,仅顾城市,如果这样想,那是完全错误的"②。毛泽东同志认识到要进行社会主义建设,必须建设社会主义工业,实现城乡一体化发展。革命年代,党固守农村;建设年代,须发展城市。毛泽东同志提出要转变思路,以城市工作为重心来统领社会主义建设,改变以前党的工作只涉及农村的片面做法。在党的七届二中全会之后,根据中国社会发展的实际情况,毛泽东同志又提出了一个统筹发展的策略,也就是被人们称为"四面八方"的经济政策。所谓"四面八方"即是"公私兼顾,劳资两利,城乡互助,内外交流"。这项经济政策是针对当时如何处理社会主义经济中各种经济成分的指南,是对中国经济发展所作出的科学判断,有利于团结一切力量,迅速恢复社会主义经济。其中"城乡互助"的思想成为之后中国处理城乡关系的方略。之后,周恩来同志也对统筹城乡发展提出了自己的观点,认为城市不能离开农村,工业不能离开农业,农村和农业是城市和工业的基础和依靠。并且指出谁如果只重视工业而忽视农业和农民,是要犯错误的。这些关于城市和乡村统筹发展的理论,充分展示了在党的使命发生改变之后,以毛泽东同志为核心的领导集体,敏锐地认识到中国社会的发展必须要走城市和乡村协调统筹的方式。

(二)以重工业为引领,协调处理好重工业和农业、轻工业的关系

中华人民共和国成立后,国家工业基础相当薄弱,如何快速恢复经济,振兴国力,解决民生等问题是当务之急;同时,资本主义敌对势力亡我之心不死,对红色中国充满敌意,虎视眈眈,怎么增强自身实力,

---

① 《毛泽东选集》第4卷,人民出版社1991年版,第1426页。
② 同上书,第1427页。

壮我国威，保家卫国的任务也十分迫切。为了迅速恢复工业，发展经济，中国共产党人借鉴苏联社会主义建设经验，提出了以发展重工业为目标的发展战略。"我国的经济建设是以重工业为中心这一点必须肯定"①。但同时毛泽东同志清楚地认识到，苏联的经验我们只能借鉴，不能照搬，中国的工业化发展道路，要以中国国情为基础。中国工业化的道路不同于苏联，苏联的发展是以工业化为全部，忽视农业发展，一切都为重工业让路。针对中国自己的国情，在《论十大关系》中毛泽东同志提出，固然重工业是中国社会建设要重点发展的产业，必须优先保障生产资料的生产，但绝对不能因此而忽略了生活资料特别是粮食的生产。如果一个国家连最基本的粮食生产都不能保证供应，怎么养活人，又怎么养活离开农业领域从事工业生产的工人？工人如果都养活不了，重工业发展就是空话。"所以，重工业和轻工业、农业的关系，必须处理好"②。对此，毛泽东同志认为必须重视重工业，但同时也不能忽视农业和轻工业。只有农业发展取得成就，工业生产才能获取充分的粮食和原料。发展农业和轻工业并不是放松重工业，反而会促进重工业发展。发展农业和轻工业一方面可以提供给人民更多的农业产品；另一方面能为工业化发展提供更多的资金积累，以便更好发展重工业。毛泽东同志明确指出，从长远来看，少发展农业和轻工业会使重工业基础不稳，发展缓慢；相反多发展一些农业和轻工业则会加快重工业发展步伐，且发展稳健，因此必须实现城乡共同发展。在中国以工业化发展为目标的社会主义建设阶段，毛泽东同志敏锐地洞察到不能以牺牲农业为代价，他的农业和轻工业是重工业发展底蕴的思想，清楚地勾勒出了农业、轻工业和重工业的国民经济发展秩序。

（三）以农业合作化为基础，工业和农业发展并举

农业合作社是毛泽东同志针对中国农村社会发展提出的，同时也是为了应对中国工业化的发展需要。发展好农业合作社，既能实现农民丰衣足食，又能加快工业发展步伐。对于发展农业合作社的可行性和必要性，在毛泽东同志的著作《关于农业合作化》中，他给予了精辟阐述。

---

① 《毛泽东文集》第 7 卷，人民出版社 1999 年版，第 241 页。
② 同上书，第 24 页。

毛泽东同志认为，社会主义工业化的发展必须以农业合作化为依托。第一，中国粮食生产和工业原料生产的水平低，但工业发展中对这些物资有很大需求，矛盾尖锐。只有大力发展农业合作化，走农业社和互助组的农业发展模式，才能加快农业发展步伐，彻底改变传统农业以畜力和简单农业工具为主的生产方式，展开农业机械化、机器化生产，从而提高粮食产量和农产品供应。毛泽东同志指出，如果不发展农业合作化，就无法解决工业生产所需农业资料，中国社会主义工业化建设就会遇到巨大困难，也就无法实现社会主义工业化发展目标。苏联社会主义建设过程中，就是以此办法来解决工业生产所需的。第二，社会主义重工业必须和农业合作化结合，才能发挥它服务农业的优势。社会主义重工业的发展，能提高农业机械化、科学化水平。只有农业走合作化道路，重工业生产的拖拉机、化肥以及它所提供的现代运输工具，才能发挥功效。因此，工业和农业不能分割开来去认识，只强调其中任何一方都是片面的。第三，工业发展所需的大量资金，有相当大的一部分是来自农业积累。除了国家通过农业税的形式从农村获取建设资金外，国家还生产大量农民所需的生产生活资料，以商品交换的方式获得农民手中的粮食和轻工业原料。这样既满足了国家和农民双方各自的物资需求，又因为农业产品和轻工业产品价格的差额，为国家积累了建设资金。因此，以毛泽东同志为代表的第一代领导集体借鉴苏联模式，以农业合作化作为社会主义农业改造的目标，在农业合作化基础上，力图实现农村和城市、工业和农业的协调并举。

（四）对毛泽东城乡统筹发展思想与实践的评价

1. 毛泽东的城乡统筹发展理论是对马克思主义城乡理论的创新和发展，在中国社会主义建设初期，为恢复国民经济，建立工业基础起到了重要作用；该理论体现了继承与创新、借鉴与发展的理论特色，是中国特色城乡发展理论的重要组成部分。

2. 毛泽东统筹城乡发展其实质在于，不放松、不放弃农村和农业发展是为了给工业和城市提供充足的物质支持，过分强调了工业化和城市化的发展。

3. 在产业顺序上，毛泽东强调重工业优先，之后是轻工业和农业。虽然他一再强调不能放松轻工业，特别是农业的发展，但最终的目的仍然是要通过农业发展来为工业,特别是重工业提供支持。正是这种理论思维使得此阶段中国城市和农村、工业和农业之间鸿沟明显,差别巨大。

4.农业合作社的思想和实践是为了提高农业生产效率和科学化生产能力,但这种集体产权制度下的农业生产模式难以解放农业劳动力,最终没能实现农村社会和农业生产大发展。

二 邓小平关于城乡协调发展的思想与实践

作为党的第二代领导集体核心,邓小平同志在继承马克思列宁主义、毛泽东思想的基础上,对社会主义的本质作出了准确的表述,提出社会主义要消灭剥削,消除两极分化,最终实现共同富裕。以党的十一届三中全会为标志,国家发展重心转向经济建设。通过实行对外开放,建立农村家庭联产承包责任制,鼓励发展乡镇企业等经济政策,使中国社会发展进入了新时期。在此期间,邓小平同志坚持马克思主义城乡发展理论,对于中国城乡发展提出了许多真知灼见,形成了邓小平城乡发展理论。

(一)高度重视农业发展

中国作为一个农业大国,自古以来农业生产就是国家的重中之重。中华人民共和国成立后为了实现工业化,国家在一定程度上限制了农业发展,选择了以城市化、工业化为主的制度设计,导致农业和农村发展缓慢。对此,邓小平同志强调农业发展在国民经济建设中的基础地位,认为只有实现农业和农村发展,才能从根本上实现工业健康有序发展;要实现国家经济状况好转,必须要从恢复农业入手。1983年,在谈到关于工业发展问题时,邓小平同志提出在制订工业发展方针和规划时,必须要充分考虑工业、农业、科学技术以及管理水平。按照农业第一、轻工业次之、重工业为后的发展次序来安排国家发展,才能实现快速发展、持续发展。在一定时期内,必须突出农业的基础地位,尽快解决老百姓吃、穿、用的基本需求。1984年,他又指出,国家的经济搞活必须首先从农村入手。中国社会是否安稳,经济能否发展,关键在于农村发展与农民生活提高。到20世纪末,实现国民生产总值翻两番的战略目标能否实现的关键,在于占人口80%的农民能不能得到充分发展。邓小平同志在谈到建设有中国特色的社会主义时提出,要以中国国情为基础,首先解决农村现代化问题。中国是农业大国，农村人口占总人口的80%，这部分人口的发展与否决定着国家安全与稳定。"城市搞得再漂亮，没有农村这一稳定的基础是不行的"①。粮食生产是农业发展的关键，"农业上如果有一个曲折，三五年转不过来"②。在1986年中央颁布的《关于一九八六年农村工作的部署》中，邓小平同志谈道，保障农业在国民经济中的基础地位，既是对经济规律，也是对自然规律的顺应，必须把发展农业作为一个长期的战略方针坚定不移地坚持下去。他强调不能因为农业生产有好转而松懈，也不能因为农业生产建设周期长、效益低就减少投资，必须把农业作为国之根本，避免只有工业化而没有农业和农村的发展。"不管天下发生什么事情，只要人民吃饱肚子，一切就好办了"③。

邓小平同志指出，农业发展不仅仅是个经济问题，还是个政治问题。农业发展好与坏，事关工农联盟的政治基础是否稳定。中国是个以工农联盟为基础的社会主义国家，工人和农民都是国家的主人，如果只有工业发展，而落下农业，会影响我们的国家性质。对此，邓小平同志提出确立以农为本、为农服务的思想。农业支援工业，工业反哺农业，从政治上讲是加强工农联盟的问题。"工业越发展，越要把农业放在第一位"④。邓小平同志关于农业是国家发展的基础和根基的论述，是对我国经济社会的准确描述，是实现国家发展战略的科学论断。

（二）正确处理好工业和农业、城市和乡村的关系

邓小平同志指出，只有农业发展了，国家财政状况才能得到根本好转；如果农业生产上不去，工业的发展就没有希望，基本民生保障也就难以实现。他认为要恢复农业，一方面要通过政策调动农民的生产积极性，让农民愿意积极投入农业生产之中去，从而提高粮食产量，提供更多农业供给；另一方面工业必须给予农业充分支持。他强调要恢复农业生产，还必须要解决好城市和农村之间的关系。城市人口多了，就需要农民提供更多的粮食供应，这样农业恢复起来就比较困难。要从减少城

---

① 《邓小平文选》第3卷，人民出版社1993年版，第65页。
② 同上书，第159页。
③ 《邓小平文选》第2卷，人民出版社1994年版，第406页。
④ 同上书，第29页。

市人口和调整农村体制入手解决城市和农村关系问题,要使农业恢复,缓过气来。邓小平同志指出要恢复农业,就要加强工业对农业的反哺。一方面,要积极改善与农业生产息息相关的工业生产,针对不同地区,不同条件,提供机械、化肥,提高农业基础设施的使用效率;另一方面,工业生产要为减轻农业负担服务,要重点提供吃、穿、用等生活必需品。

1975年,在谈到关于工业发展的几点意见时,邓小平同志指出,必须确立农业为基础、积极为农业服务的思想。工业的任务在于促进农业现代化,为农业发展提供支持。"工业区、工业城市要带动附近农村,帮助农村发展小型工业,搞好农业生产"①。他指出,当时全国有许多"三线"工厂分散在农村和农业地区,可以帮助当地农民搞好农业生产。这样一方面能实现工厂对农村的帮助,提高农业生产能力;另一方面,农村生活改善了,附近农民也就不会再跑到工厂里面随便拿东西,是一个双赢的过程。同时,城市可以帮助农村搞一些机械化的养殖场,既能增加农民收入,也能给城里提供更丰富的副食品供应。在实现四个现代化过程中工业和农业互为条件。"农业不发展,工业就没有市场;工业不发展,农业也就不可能迅速发展。"②邓小平同志指出农村和城市、农业和工业是相互影响、相互促进的发展过程。

(三)建立家庭联产承包责任制,推动农村经济体制改革

1978年改革开放之后,国家确立了"以经济建设为中心"的发展战略,引入市场机制,建立特区,发展外向型经济。这一系列改革使得经济发展的活力不断被激发,但农村生产依然落后,吃饭住行等基本民生层面问题依然困扰着农民。针对农村社会发展,邓小平同志认为必须要改革农业生产关系。如果农民的积极性无法释放,农业的发展就不会有实质性改变,而要激发农民的生产积极性,就必须改革农业生产关系。通过理顺农业生产关系,释放农业生产能力,带动农业人口积极、自愿地投入到农业生产之中。在此阶段,安徽小岗村农民试行的分田分产到户、独自经营、保证国家的农业生产模式,极大地调动了农民生产热情,是农民的伟大创举,很快得到国家的政策肯定和制度安排。1982年1月1

---

① 《邓小平文选》第2卷,人民出版社1994年版,第28页。
② 《邓小平年谱(1975—1997)》(上),中央文献出版社2004年版,第419页。

日中央转发《全国农村工作会议纪要》明确指出，包干到户、包产到户都是社会主义生产责任制。邓小平同志倡导的农村改革，以家庭联产承包责任制为突破，激活了农业要素，解放了农村劳力，在很短时间内使得农业生产和粮食产量取得了巨大成就。邓小平同志指出，改革开放以来，农村社会之所以出现翻天覆地的变化，关键就在于理顺了农业生产关系，激发了农业生产活力。农村经济体制的改革给了城市改革以启发和带动，只有使生产关系适合生产力发展，才能解放生产力，创造更多社会物质财富。

（四）鼓励发展乡镇企业，释放农业剩余劳动力

邓小平同志指出，农村改革的最大收获就是乡镇企业的异军突起，这个是改革初期不曾预料的。乡镇企业能够吸纳农村剩余劳动人口实现非农化就业，农民不再一味地往城市跑，而是建设大批新型乡镇。乡镇企业这种经济产业：首先，能够吸纳农村过剩劳动力，使得他们在不离开乡土的同时，从事工业化生产。这种企业形式既搞活了地方经济，增加了当地政府的财政收入，又提高了当地农民的收入水平。邓小平同志指出，农业生产关系的调整，必然产生大量剩余劳动人口，"剩下的人怎么办？十年的经验证明，只要调动基层和农民的积极性，发展多种经营，发展新型的乡镇企业，这个问题就能解决"[①]。其次，乡镇企业以当地农村资源为依托，可以延长农产品的产业链，增加农产品附加值，发展设施农业。最后，乡镇企业的生产都是面向农村市场，能为农业生产和农民生活提供更多的产品，改善农民生活质量，提高农业劳动效率。乡镇企业是工农业结合的有效形式，不但可以给农业提供更多的技术和产品支持，有利于农业机械化、科技化，还能提高农民的科学文化素养，让他们在农业生产和经营中，越来越重视科技文化；同时乡镇企业的产、销、研的发展模式，更加有利于农业人口的进一步分工和农业生产专业化、合作化的形成，提高农产品增值，延长农业产业链，实现乡村和城市之间差别的逐步减小。

（五）先富带后富，最终实现共同富裕

社会主义的最终目的是要消除城乡差别，实现共同富裕。在领导中

---

① 《邓小平文选》第3卷，人民出版社1993年版，第252页。

国经济发展的过程中,邓小平同志一直强调要实现共同富裕。通过允许一部分人、一部分地区,先发展,先富裕实现整个社会的共同富裕。1983年时,邓小平同志指出:"农村、城市都要允许一部分人先富裕起来。"① 通过勤劳致富,让一部分条件、资质、资源占优势的人通过市场原则先富裕起来。社会主义改革中,要始终坚持以公有制为主体和共同富裕两个基本原则;通过先富带后富,分层逐级发展的方式最终达到共同富裕。邓小平同志始终认为,贫穷不是社会主义,一部分人富裕,一部分人贫穷也不是社会主义,社会主义是要实现全体人民的共同富裕。但在实现共同富裕的道路上,要依据中国社会的现实条件和国力民情,分步骤,分阶段进行。鼓励一部分人、地区先富裕起来,适当拉开收入差距,有利于形成良好的竞争机制,调动全社会创造财富的动力。对于先富会不会造成社会不公、两极分化等问题,邓小平同志也有深刻的认识。"中国发展到一定程度后,一定要考虑分配问题。也就是说,要考虑落后地区和发达地区的差距问题"②。要在条件成熟的时候,实现城市和乡村、东部和西部等的共同发展。如果只有一部分地区的富裕,拉大地区、城乡差距,就会出问题。"如果仅仅是少数人富有,那就会落到资本主义去了"。

(六) 关于邓小平城乡协调发展思想与实践的评价

1. 邓小平关于城乡协调发展的理论是在国家发展重心转移到经济建设,以改革开放带动国家经济发展的新阶段提出的。通过发展城乡经济,在实现城市化持续发展的同时,给农村社会发展带来新机遇,实现了城市和乡村、工业和农业的共同发展。

2. 突出了农村问题在国家发展战略中的重要地位,通过实行农村家庭联产承包责任制,鼓励发展乡镇企业,为农村社会发展注入新的动力,提高农民收入,改善农村面貌。通过城乡协调发展,更好地推动城市化和工业化。

3. 鼓励一部分人和地区先富起来,允许条件和区位好的地区先发展是邓小平的重要思想。通过先富带动后富,发达地区带动欠发达地区,

---

① 《邓小平文选》第3卷,人民出版社1993年版,第23页。
② 《邓小平年谱(1975—1997)》(下),中央文献出版社2004年版,第1356页。

这符合中国社会发展的长期规划。但现实的问题是，此阶段正是在这种实践进程中，中国城乡差别被拉大，城乡收入被拉开。

三 江泽民关于统筹城乡经济社会发展的思想与实践

自党的十三届四中全会当选为中共中央总书记以来，江泽民同志以马克思主义城乡发展理论为指导，面对中国社会在市场经济条件下城乡差别、地区差别越拉越大的现实，高度重视"三农"问题，提出了许多关于农村、农业发展的新思想。这些城乡发展的理论，作为江泽民"三个代表"重要思想的组成部分，体现了新一代领导集体在探索中国社会城乡统筹发展的道路上探索与创新。

（一）高度重视"三农"问题

"三农"问题即农村、农业和农民问题。改革开放以来，在国家政策的支持下，城市得以迅速发展。加之城市本身在资源、投资、就业等方面的优势，大量农村人口、资金开始向城市化转移，导致农业劳动力减少，土地资源利用率不足，农业收入不高，城乡之间的差别越来越大，"三农"问题成了摆在中国社会发展中的现实问题。农民占中国人口大多数，农业是国民经济命脉，"三农"问题如果解决不好，社会发展必然出现混乱。江泽民同志历来重视"三农"问题，他清楚知道农业在国家发展中的基础性地位。"农业是基础的思想，是马克思主义基本原理，也符合我国基本国情"①。农业是国民经济基础，农村稳定关乎社会稳定，农民问题无论在革命还是建设时期始终是中国社会的根本问题。"这是我们党从长期实践中确立的处理农业、农村、农民问题的重要指导思想"②。江泽民同志明确指出，只有树立牢固的农业基础，国家才能实现自立，只有农业的积累和支持，才会有工业的发展；只有农村的发展进步，整个社会才能维护稳定；只有农民实现小康，才有全国人民的小康；只有农业现代化，才会有国民经济的现代化。结合中国革命和建设的实践，江泽民同志指出，历史的经验告诉中国人民，农民问题解决得好与不好关乎中国革命和建设能否顺利前行，关乎工农联盟的阶级基础是否得以

---

① 《江泽民文选》第1卷，人民出版社2006年版，第258页。
② 同上。

巩固。只有农业和农村工作抓得紧，处理得好的时候，国家经济就稳定协调地发展，国家和人民的日子就比较好过。如果忽视农民、农业和农村问题，国民经济就会陷入困境，"国家和人民的日子就不太好过"①。他告诫全党同志，不能因为某个时期农业和农村工作形势好，就出现思想松懈，要时刻绷紧农业这根弦，千万不能好了伤疤忘了疼，要重视起来，行动起来，切实重视和加强农业和农村工作。

（二）加快小城镇建设

改革开放以来，农业经济体制改革顺利推进，农民收入逐步提高，农业产量稳步上升。农村改革使得农村富余劳动人口寻求城镇化转向，开始进入城镇。如何使得农民不离开乡土，又能充分就业，享受城市的生活方式？对此，在党的第十五次全国代表大会报告中，以江泽民同志为核心的党中央在继续发展乡镇企业的基础上，战略性地提出了"搞好小城镇建设规划"。1999年在《目前形势和经济工作》讲话中，江泽民同志指出，中国的城乡差别已经十分明显，众多的农业人口成为中国社会协调发展的现实困境。对此，他提出以加快小城镇建设为带动，一方面有利于农业转移劳动力的城镇化转移；另一方面"有利于启动民间投资、带动最终消费，为下世纪国民经济发展提供广阔的市场空间和持续的增长动力"②。要把小城镇建设纳入各级政府的经济社会发展规划，制定政策措施加以推进。小城镇要科学规划、合理布局、规模适度、注重实效。充分发挥市场力量，引入民间资本，通过政府的引导走市场化小城镇建设的路子。把小城镇同乡镇企业和科技型农业紧密结合，使小城镇成为农村区域经济文化中心。在提到小城镇发展战略时，江泽民同志明确提出，实现农村人口城市化转移不是一朝一夕，必须循序渐进。虽然农村富余劳动力逐步向城镇转移，是世界各国工业化和现代化的必然趋势，但中国工业化、城镇化必须结合中国的国情和民情，不能急于求成。要坚持中国特色城镇化发展之路，小城镇要以县城和建制镇为基础，科学规划，把第二、三产业和农业结合起来。改革影响城镇化进程中的制度和政策障碍，引导农村劳动人口合理流动。通过小城镇建设，把城

---

① 《江泽民文选》第1卷，人民出版社2006年版，第261页。
② 《江泽民文选》第2卷，人民出版社2006年版，第438页。

市和农村连接起来,带动农村经济,消化农业富余劳动力,是江泽民同志解决城乡统筹的有益探索。

(三) 加快农业市场化改革,保护农民利益

自家庭联产承包责任制推广以来,农业和农村有了翻天覆地的变化,但也出现了一些新的问题,比如农产品特别是粮食出售难、价格低,甚至有些地方出现了给农民"打白条"、惠农政策打折扣、巧立名目增加农民负担等不合理现象,损害了农民利益,伤害了农民感情,不利于农业稳定。对此,江泽民同志提出,要保证农业投入持续稳定增加;缩小工农业产品价格"剪刀差";保护农民利益等。积极探索农村市场经济发展路径,解放农村生产力,提高农村现代化水平。坚持农村市场化改革的方向,以家庭联产承包责任制为基础,以农业服务社会化、农业产品市场化为导向,以国家对农业的政策支持和资金扶持为依托,大力推进农村市场经济体制建设。首先,要进一步完善农村的所有制结构;其次,探索农村资本、人口、土地等生产要素科学流动和优化组合的新模式;最后,要深化农产品流通体制改革,充分发挥市场主体作用,逐步形成以市场为主体的农产品价格机制,建立公平、合理的农产品市场体系。另外完善粮食储备调节风险基金,建立农业保险制度;改革农村税费制度,减轻农民负担;发展农村合作经济,建立农业社会服务体系等。以市场为导向充分利用农村各种资源,形成农、林、牧、副、渔全面发展,三次产业比重合理,工业与农业相结合的产业布局。以新型城镇为依托,发展设施农业、现代农业,提高农业科技化、现代化水平,构建新型农业商业体系。农村社会的发展,必须突破传统的农业经济发展方式,在社会主义市场经济体制下,探索农业市场化,推动农业产业化。江泽民同志坚持以市场体制为指导,提出中国农业和农村改革的目标和措施,为新时期中国农业和农村改革与发展指明了方向。

(四) 统筹城乡经济社会发展

中华人民共和国成立以来,由于工业化、城市化发展的需要,国家在城乡发展政策和制度上,长期采取了以城市和工业为主的发展战略,呈现出城市发展迅速,农村发展缓慢,城乡差别明显的发展格局。为了消除城乡差别,缩小贫富差距,在党的十六大上,江泽民同志提出了:"统筹城乡经济社会发展,建设现代农业,发展农村经济,增加农民收

入,是全面建设小康社会的重大任务。"① 在统筹城乡发展方面提出了"城镇人口的比重较大幅度提高,工农差别、城乡差别和地区差别扩大的趋势逐步扭转"②的目标。统筹城乡社会发展,是以江泽民同志为核心的党的第三代中央领导集体,致力于改变中国城乡二元结构,追求城乡共同繁荣,实现城乡社会经济一体化发展,构建新型城乡关系的战略选择。改革开放以来,中国社会发展成绩喜人,但农业和农村发展依然缓慢,城乡居民人均收入水平不断拉大,"三农"问题在国家发展中尤为突出。无论是从马克思的"消除城乡差别"思想,还是邓小平提出的"共同富裕"的理念,都需要对20世纪90年代以来中国城乡差别持续扩大、城乡资源配置明显不均的现状进行反思。因此必须改革固有的就农业发展说农业,就农民发展说农民,就农村发展说农村的传统"三农"发展思路,树立城乡统筹发展的新思维;改革计划经济模式下城乡分割的发展方式,用市场化、城镇化和农业现代化去加快农村社会发展,加快小城镇建设。进一步解放农村生产力,释放农业劳动力,实现城乡一体化发展。

(五) 对江泽民统筹城乡经济社会发展理论与实践的评价

1. 江泽民审时度势,高瞻远瞩地提出了"统筹城乡经济发展"目标,是对新时期中国城乡关系的客观判断和准确定位,符合中国国情,有利于缓和社会矛盾,是解决中国城乡问题的有效手段。

2. 江泽民明确提出了"城乡差别"问题,认为城乡差别以及农村人口发展缓慢成为中国现代化进程中的重要制约因素,必须加以合理解决。

3. 提出了统筹城乡社会发展的有效路径,即加快小城镇建设。通过工业化发展带动小城镇建设,实现农民生活方式和生产方式的城市化转向,引导城乡人口合理流动,实现城乡产业科学布局。

四 胡锦涛关于城乡社会科学发展的思想与实践

2002年党的第十六次代表大会选举产生了以胡锦涛同志为总书记的新一届中央领导集体。围绕党的十六大提出来的"全面建设小康社会"

---

① 《江泽民文选》第3卷,人民出版社2006年版,第546页。
② 同上书,第543页。

的目标，从现代化建设的全局出发，胡锦涛同志把解决好"三农"问题、实现城乡社会统筹发展作为工作重点。从2004年开始，在他任期的10年间，连续颁发10个中央"一号文件"，直指"三农"问题；制定了一系列惠农支农重农政策；对新时期农业、农村和农民工作提出了新见解、新创举，统筹城乡社会发展是对中国进入工业化中期城乡关系统筹发展的科学判断。

（一）统筹城乡的科学发展观

中华人民共和国成立以来，在处理城市和乡村关系问题上，由于国家的政策偏向，一直是以工业化、城市化发展为主的方针政策，农业和农村为工业和城市提供了足够的支持。国家通过工农业产品"剪刀差"从农村获取了大量建设资金，同时用户籍登记制度限制农村人口流入城市。虽然改革开放之后，伴随农村经济体制改革和城镇化进程，阻碍农民进入城市的制度高墙出现了豁口，但从根本上以城市为主的发展模式并未根本改变。这种非均衡的城乡发展模式造成中国农业和农村发展长期滞后于城市，城乡居民收入差距不断拉大，背离了共同富裕的社会发展目标，激化了社会矛盾。为了开创城乡发展新局面，党的十六大提出了"统筹城乡经济社会发展"的战略。胡锦涛同志在2003年1月召开的中央农村工作会议上提出："必须统筹城乡经济社会发展，更多地关注农村，关心农民，支持农业，把解决好农业、农村和农民问题作为全党工作的重中之重。"① 这表明中央把"三农"工作提到了新的战略高度，解决好"三农"问题事关中国社会全面发展。之后，在当年召开的党的十六届三中全会通过的《中共中央关于完善社会主义市场经济体制若干问题的决定》报告中，胡锦涛同志提出了"统筹城乡发展、统筹区域发展、统筹经济社会发展，统筹人与自然和谐发展、统筹国内发展和对外开放"的"五个统筹"的发展理念。党的十七大报告中，在谈到统筹兼顾时，胡锦涛同志又一次提到"五个统筹"发展，体现了城乡问题在科学发展观中的重要作用和地位。在之后中央制定的《第十一个五年规划纲要》中提出"要从社会主义现代化建设全局出发，统筹城乡区域发展"。为了

---

① 居占杰：《我国城乡关系阶段性特征及统筹城乡发展路径选择》，《江西财经大学学报》2011年第1期。

实现这一目标,《纲要》中还明确提出了建设社会主义新农村、提高城镇化率、城乡公共服务均等化、人均收入差距得到有效遏制等发展目标。统筹城乡发展是以胡锦涛同志为总书记的中央领导集体在改革城乡关系问题上的战略决策,既有利于实现国家经济持续健康发展,又有利于构建社会主义和谐社会,最终全面建成小康社会。

(二) 建设社会主义新农村

建设社会主义新农村是在中国工业化进入中期,经济社会发展总体势头良好,具备"工业反哺农业,城市支持农村"的条件下,中央作出的全面建设小康社会的具体措施。胡锦涛同志指出,中国的"三农"问题自中华人民共和国成立特别是改革开放以来发生了历史性变革,农村经济社会发展成就显著,但城乡之间差别明显,且有明显加大趋势。制约"三农"发展的深层次矛盾尚未解决,没有形成有利于农民的稳定持续增收机制,农村发展依然缓慢。全面建设小康社会的重点和难点在于"三农",必须以建设社会主义新农村为依托,开创城乡社会发展新局面。党的十六届五中全会上,胡锦涛同志提出"建设社会主义新农村是我国现代化进程中的重大历史任务",并对社会主义新农村提出了明确的建设目标,即"生产发展、生活宽裕、乡风文明、村容整洁、管理民主"。社会主义新农村建设是一个长期任务,要循序渐进,逐步实现。2006 年在中共中央举办的省部级主要领导干部建设社会主义新农村专题研讨班上,胡锦涛同志明确提出,建设社会主义新农村,第一要强化农业生产能力,加强粮食生产,加快农业科技发展,转变农业增产方式,完善农村基础设施;第二要合理有效转移农村富余劳动力,挖掘农业内在潜力,建立农民增收长效机制;第三要切实推行基层民主,保障农民参与农村事务管理能力;第四要加快发展农村精神文明建设,倡导文明乡风,丰富和提高农民文化素质;第五要以市场为主,加快培育和完善农村经营体制;第六要尊重农民首创精神,关心农民疾苦,切实解决农民最关心的利益问题,创建"三农"发展新活力。

(三) 以中央"一号文件"为指导,开创"三农"发展新格局

2004 年 1 月,中共中央下发了《中共中央国务院关于促进农民增加收入若干政策的意见》,该文件是继 1986 年中央下发的《关于一九八六年农村工作的部署》以来,中央重启针对"三农"工作的"一号文件"。

在胡锦涛任期内每年的中央"一号文件"都对"三农"问题提出了新举措。2005年中央"一号文件"要求，坚持"多予、少取、放活"的方针，稳定、完善和强化支农政策，加强农业基础设施建设，提高农业综合生产能力；2006年提出了"社会主义新农村建设"的战略目标；2007年提出要发展现代农业，用现代化技术武装农业、改造农业、提升农业，用现代经营理念推进农业，用现代发展思路引领农业，培养新型农民，提高农业机械化和信息化水平，提高农业生产效率和资源利用率，提高农业竞争力；2008年提出加快构建农业基础的长效机制、保障农产品基本供给、抓好农业基础设施建设、强化农业科技支撑和服务体系、提高农村公共服务水平、完善和强化农村改革、推进农村基层组织建设；2009年提出保持农业农村经济平稳发展，围绕重民生、强基础，进一步强化惠农政策，加大"三农"投入力度，优化农业产业结构，保证国家粮食安全，促进农民收入增长，推进城乡经济社会一体化发展；2010年首次强调对"三农"投入"总量持续增长、比例稳步提高"，要在三年内消除基础金融服务空白的农村乡镇，拓展银行支农领域，提高家电下乡产品最高限价，扩张农业和林业补贴范围；2011年针对水利工作进行了全面部署；2012年突出强调农业科技创新，把推进农业科技创新作为"三农"工作重点。自2004年以来，中央每年的"一号文件"都事关"三农"问题，就此可以折射出"三农"问题在国家发展战略中的重要地位和作用。"三农"问题关系实现小康社会和中华民族伟大复兴，是建设有中国特色社会主义事业的关键。胡锦涛同志任期内接连出台的"一号文件"从根本上改变了"三农"问题的原有面貌，给"三农"发展不断注入新鲜血液和充足活力，使得在新的历史条件下，中国城乡差别不断缩小，城乡资源平等共享，对于构建社会主义和谐社会，全面建成小康社会意义重大。

（四）对胡锦涛城乡社会科学发展思想与实践的评价

1. 胡锦涛城乡社会发展思想，是科学发展观的重要内容；在坚持城乡统筹发展的基础上，既要城乡社会发展的速度，又强调发展的质量；按照城乡关系发展的一般规律，适时推动了"以城带乡、以工促农"的发展战略，促进城乡发展新格局。

2. 以社会主义新农村建设为推进，提高农村和农业现代化水平，改善农村产业结构，推进农村教育、医疗、社会保障等社会事业建设，完善农村基础设施，让中国农村面貌为之一新。

3. 国家发展战略向农村转向，连续每年的中央"一号文件"都是要从根本上改变农村面貌，提高农业现代化水平，增加农民收入，以此缩小农村和城市之间的差别。

五 习近平关于加快推进城乡一体化的思想与实践

党的十八大以来，以习近平同志为核心的党中央坚定不移地沿着中国特色社会主义发展道路，为全面建成小康社会而不懈奋斗；始终把解决好城乡发展问题作为新时期党和国家工作的重中之重，制定了一系列多予、少取、放活和工业反哺农业、城市支持农村的重大政策；构建城乡协调发展的制度框架，强调城乡统筹发展，促进工业化、信息化、城镇化和农业现代化同步发展，深入推进农业现代化建设，全面建成小康社会；推进以人为核心的新型城镇化建设，积极构建城乡一体化发展格局。

（一）全面创新"三农"问题理论、制度与实践，探索中国特色农业现代化道路

习近平同志指出，中国共产党的执政基础是工农联盟，中国社会的发展绝不能以牺牲农民利益为前提，更不能丢下农村不管，必须改变城乡二元的社会结构，要以"三农"问题为重点，积极探索城乡一体化的发展格局。党的十八届三中全会上，习近平同志指出："城乡发展不平衡、不协调，是我国经济社会发展存在的突出矛盾，是全面建成小康社会、加快推进社会主义现代化必须解决的重点问题。"改革开放以来城乡二元结构虽然有所改善，但没有"根本解决这些问题，必须推进城乡发展一体化"①。

现有的城乡二元社会结构格局中，农民、农村、农业发展缓慢，必须高度重视"三农"问题。在 2013 年 12 月的中央农村工作会议上，习近平同志指出："我们必须坚持不懈把解决好'三农'问题作为全党工作的重中之重，坚持工业反哺农业、城市支持农村和多予、少取、放活方针，不断加大强农惠农富农政策，始终把'三农'工作牢牢抓住、紧

---

① 《十八大以来重要文献选编》（上），中央文献出版社 2014 年版，第 523 页。

紧抓好。"这充分表明了党和国家彻底解决"三农"问题的决心。为此，以习近平同志为核心的党中央，高瞻远瞩，高屋建瓴，在制度设计上向"三农"方面大力倾斜，按照保证供给、增加收入、惠及民生以及改革创新的指导方针，建立重要农产品供给保障制度，稳定农业生产，强化农业物质技术装备，提高农产品流通效率，完善农产品市场调控，提升食品安全水平，以此来夯实现代农业物质基础；健全农业支持保护制度，加大农业补贴力度，改善农村金融服务，鼓励社会资本投向新农村建设，以此来加大强农惠农富农政策力度；创新农业生产经营体制，稳定农村土地承包关系，努力提高农户集约经营水平，大力支持发展多种形式的新型农民合作组织，培养壮大龙头企业，以此来稳步提升农民组织化程度；构建农业社会化服务新机制，强化农业公益性服务体系，培育农业经营性服务组织，创新服务方式和手段，以此来大力培育发展多元服务主体；改革农村集体产权制度，全面开展农村土地确权登记和颁证工作，加快推进征地制度改革，加强农村集体以清产核资、资产量化、股权管理为内容的"三资"管理，有效保障农民财产权利；改进农村公共服务机制，加强农村基础设施建设，大力发展农村社会事业，有序推进农业转移人口市民化，推进农村生态文明建设，积极推进城乡公共资源均等配置；完善乡村治理机制，强化农村基层党组织建设，加强农村基层民主管理，维护农民合法权益，保障农村社会公共安全。

（二）全面建成小康社会

20世纪80年代初邓小平同志提出建设小康社会的发展蓝图和战略构想。随着中国特色社会主义事业的不断深入推进和发展，小康社会的内涵也在不断丰富。党的十八大报告中习近平同志明确提出了"全面建成小康社会"。"面向未来，中国将相继朝着两个宏伟目标前进：一是2020年国内生产总值和城乡居民人均收入比2010年翻一番，全面建成惠及十几亿人口的小康社会。二是到2049年中华人民共和国成立100年时建成富强、民主、文明、和谐的社会主义现代化国家"。全面建成小康社会是党的"两个一百年"发展目标之一，要全面建成小康社会关键在于不断缩小城乡发展差距，实现城乡一体化发展。小康社会的重点在于实现广大农民的小康。习近平同志指出："没有农村的小康，特别是没有贫困地区的小康,就没有全面建成小康社会""小康不小康,关键在老乡"①。中国社会发展的不平衡从城乡发展来看,表现在农村发展缓慢,农业现代化是"四化"建设中明显的短板,农村则是全面建成小康社会的短板。"中国要强,农业必须强;中国要美,农村必须美;中国要富,农民必须富"。2014年12月习近平同志在江苏调研考察时首次提到了"要协调推进全面建成小康社会、全面深化改革、全面推进依法治国、全面从严治党"的"四个全面"战略。"全面建成小康社会"是"四个全面"的龙头,只有全面建成小康社会,才能有后面三个全面。全面建设小康社会不是片面的小康社会,全面体现在城乡所有人口共享发展改革成果。从发展阶段来讲,全面小康社会是进入"共同富裕"阶段,而非之前倡导的"先富论"时期。习近平同志认为,中国现代化进程中碰到的烦恼和困扰,大多数问题与"三农"问题解决不力有关。如果"三农"问题解决不好,不能有效缩小城乡发展差距,实现城乡社会统筹协调发展,大量农业人口得不到有效转移,全面建成小康社会的目标就无法实现,甚至会带来诸如社会不稳定、有增长无发展等发展陷阱。要把解决好城乡一体化发展和小康社会建设当成重点工作,以推进城乡一体化为主线,坚持工业反哺农业、城市支持农村和多予、少取、放活方针,不断加大强农惠农富农政策力度,始终把"三农"工作抓住、紧紧抓好。全面建成小康社会,关键在于建立城乡一体化的体制机制,形成以工促农、以城带乡、工农互惠的新型城乡关系,要实现城乡公共服务均等化、城乡局面基本权益均等化、城乡资源要素配置科学化。

(三)积极推进新型城镇建设

以新型城镇化助推城乡一体化发展格局。党的十八大以来,习近平同志指出:"城镇化是中国现代化建设的必由之路,加快推进城镇化建设是解决农业、农村和农民问题的重要途径,是推进区域经济协调发展的有力支撑,是扩大内需以及促进产业升级的抓手,事关全面建成小康社会和社会主义现代化。"② 传统的城镇化以"土地城镇化"为内容,由政府主导,以粗放式和扩张式推进为主,积累了不少矛盾和问题。针对传

---

① 《十八大以来重要文献选编》,中央文献出版社2014年版,第658页。
② 《十八大以来重要文献选编》(上),中央文献出版社2014年版,第589页。

统城镇化出现的进城农民工难以真正融入城市、"摊大饼"发展威胁粮食生产和安全、水土资源不足、生态环境污染等问题,以习近平同志为核心的党中央提出了新型城镇化建设发展战略。新型城镇化的核心是"人的城镇化",围绕人的生存权和发展权来推进城镇化,力求作到"发展和改革成果全民共享"。第一,要以人为本,实现城乡人口公平共享发展成果。坚持以人为核心的城镇化,科学合理引导城乡人口流动,有序推进农业转移人口市民化,实现城镇基本公共服务对常住人口的全覆盖;第二,建设生态文明,把生态文明的理念融入城镇化进程。推进城镇化绿色发展、循环发展、低碳发展,节约利用土地、能源等资源,强化环境保护和生态修复,推行绿色低碳的生活方式和城市运营模式;第三,突出文化特色,保护乡村文化,彰显特色发展。根据各个地区不同的地区差异和文化特征,杜绝千城一面,防止用城市文明替代乡村文明的极端发展方式,保护农村文化;第四,正确处理政府和市场的关系,尊重市场规律,让市场在城乡发展中起决定性作用,政府切实履行制定公共政策、提供公共服务等职责。"坚持四化同步,统筹城乡一体化。推动信息化和工业化深度融合、工业化和城镇化良性互动、城镇化和农业现代化相互协调,促进城镇发展与产业支撑,城乡要素平等交换和公共资源均衡配置,形成以工促农、以城带乡、工农互惠、城乡一体的新型工农、城乡关系"①。

(四)消除农村贫困人口

中国农村依然有大量的农村贫困人口,这是城乡发展不均衡的重要表现。消除农村贫困人口,加大扶贫开发力度,争取早日脱贫。2013年11月习近平同志在湖南湘西考察时,首次提出了"精准扶贫","扶贫要实事求是,因地制宜;要精准扶贫,切记喊口号,也不要定好高骛远的目标"②。习近平的精准扶贫思想是对"共同富裕"的社会主义本质的准确把握和深刻理解,党的十八大重申共同富裕是中国特色社会主义的本质规定和奋斗目标,"消除贫困、改善民生、实现共同富裕,是社会主义

---

① 《十八大以来重要文献选编》(上),中央文献出版社2014年版,第889页。
② 《习近平的"扶贫观":因地制宜"真扶贫,扶真贫"》,人民网,2014年10月17日(http://politics.people.com.cn/n/2014/1017/c1001-25854660.html)。

的本质要求",做好扶贫开发工作,帮助生活困难群众早日脱贫致富,及时帮助他们排忧解难,把党的富民政策洒向所有的人民群众,让城乡人民共同分享改革和发展取得的丰硕成果,是中国共产党坚持全心全意为人民服务宗旨的体现,亦是党和政府的重大职责。近五年来,围绕"精准扶贫"这一战略任务,习近平同志多次指出,全面建成小康社会是中国共产党人对全国人民的庄严承诺,脱贫攻坚战的冲锋号已经吹响,要立下愚公志,咬定目标,苦干实干,坚决打赢脱贫攻坚战,确保到2020年所有贫困地区和贫困人口一道迈入全面小康社会。

(五)对习近平加快推进城乡一体化思想的评价

1. 习近平城乡一体化思想强调城乡社会公平发展,让广大农民平等参与现代化进程,城乡人口共享发展和现代化成果;立足解决好"三农"问题,赋予了农村人口更多的财产权利。

2. 习近平城乡一体化思想既尊重经济社会和城乡发展的客观规律,又充分尊重各地具体实际和农村人口的意愿,科学规划新农村建设,建设美丽中国。

3. 以新型城镇化为突破,开创了城乡协调发展新局面。把工业和农业、城市和乡村作为整体统筹规划,形成了以工促农、以城带乡、工农互惠、城乡一体的新型工农城乡关系。

第二节 当代中国缩小城乡差别的模式探索

改革开放以来,中国在缩小城乡差别的过程中,逐渐形成了以政府调控和市场体系为机制,以市场化、工业化、农业现代化等为路径的缩小城乡差别模式。这种模式强调市场和政府作为配置社会资源的两种有效手段和方式,在城乡差别的形成、对立以及最终融合中都发挥着重要作用。同时,缩小城乡差别必须依托地方资源、环境、区位等优势,不断探索因地制宜、切实可行的路径和方法。当代中国缩小城乡差别模式以机制和路径为内容,是二者的有效统一。该模式取得了显著的成就,积累了宝贵的经验,但同时也存在一些不足和问题。分析当代中国缩小城乡差别模式,为进一步完善该模式提供理论依据和智力支持。

一 当代中国缩小城乡差别模式的机制特点

（一）市场体系与政府调控是缩小城乡差别的两大动力机制

缩小城乡差别的动力机制是指推动城乡关系从对立到融合所必需的作用力量的产生机理，以及为了改善和维持这种作用机理的各种组织制定、经济关系等要素所构成的作用力系统的总和。市场和政府作为配置资源的"看不见的手"和"看得见的手"，是推动城乡关系发展以及城乡资源、要素合理流动的两大基本动力，也是城乡经济社会协调发展的基本制度安排；市场经济因为能有效地配置社会资源被视为城乡关系发展的有效制度安排。政府力量则通过制度设计和政策创新为城乡关系公平发展提供保障。缩小城乡差别，构建平等的城乡关系是在市场和政府的共同作用、协同推进中逐步推进的，两者以其特有的力量影响着缩小城乡差别的历史进程。因此，完善的市场经济体系与高效的政府治理能力是缩小城乡差别的动力之源。

1. 市场体系：缩小城乡差别的根本动力

市场经济作为一种经济体系，是指社会产品和服务的生产、销售完全依靠市场规律来决定。市场是伴随着人类生产力水平提高，劳动者之间开始彼此交换劳动产品而出现的经济行为。在自然经济时期，市场行为就是劳动者之间的交换形式，简单的、扩大的直至一般性的劳动产品交换成为社会经济生活的内容之一。然而受生产力发展水平和生产方式制约，市场并不发达。到了资本主义社会，因为生产机械化引起的社会化大生产，促生了商品经济快速发展。在遵守价值规律的前提下，用市场手段来配置社会资源，成为经济生活的基本法则。至此，传统社会的市场行为发展为一种经济体制，即市场经济体制。这种经济体制突显以物为依赖的人的独立性，个人的劳动和利益受到肯定，极大地调动了劳动者的热情和积极性，大大提高了社会生产力水平。但由于劳动者之间彼此天生资质和后天机遇的差异，导致收入差异明显，甚至两极分化。高效率者收入越来越高，低效率者越来越低。城乡关系的演进发展进程中，市场在配置城乡资源、调动城乡要素、分配城乡收入等方面都发挥着应有的作用。正确认识市场的正负效应，充分发挥市场的决定性功能，对于缩小城乡差别，构建科学协调的城乡关系意义重大。

(1) 市场力量有利于提高社会生产力水平，加快城乡发展步伐。农村发展滞后在于农业生产力水平低，市场体系的充分建立能为生产力释放提供平台，必须以市场化改革为目标，促进农业生产力水平提升。封建经济体制和高度集中的计划经济体制下，劳动力都受制于经济关系的制约，不能自由迁徙和流动。农村因为封闭阻塞，缺乏市场因素，社会发展缓慢；而城市因其工业生产能力有限，所能带来的城市发展机会和空间受阻，客观上也限制了城市化发展进程。市场经济作为一种以市场规律为手段配置社会资源的体制方式，既能克服自然经济条件下生产力被束缚的无奈，又能避免计划经济条件下生产的低效率。以市场为手段配置社会资源，可以人尽其才、物尽其用，提高生产效率；通过市场竞争，促使生产主体不断改进技术、创新发展，提高劳动生产率，优胜劣汰的市场竞争机制使得生产永葆活力。城市和农村在产业结构上差别明显，农村生产力水平落后于城市。按照市场逻辑，当农村市场经济不发达时，城市的工业化、市场化发展水平越高，对劳动力和社会资源需求越大，吸引农村劳动力和农业要素开始城市化转移，加快城市化发展进程，带来城市的经济、商业等全面繁荣。当市场化发展达到一定阶段，单纯的城市市场化难以充分发挥市场应有的作用和功能，也不利于市场经济的更好运转，必须发展城乡一体化的市场体系。通过农村市场体系的逐步建立，实现城乡资源在市场作用下自由流动，追求效应最大化。城市各种资源、资本和专业人才顺应市场原则，进入农村和农业领域，为农村的发展注入活力，充分释放农业生产力，农村和农业产业结构开始转变，生产能力提升，生活水平提高。因此，在加快工业化、城市化发展的同时，大力发展农村市场经济，建立城乡一体的市场体系，实现城乡资源自由流动。

(2) 市场力量带动要素自由流转，为城乡发展提供物质保障。市场通过竞争机制、价格机制和供求机制，使得生产要素以最优化方式组合，充分提高生产效率。以市场为手段，劳动者、劳动资料、技术、资本等生产要素通过市场方式进入生产领域，实现资源配置方式市场化；生产的社会产品再以市场方式进入流通和消费领域，按照市场化原则等价交换。伴随着市场经济在经济生活中主导作用不断强化，劳动力、资金、物资等生产要素遵守市场经济的基本法则，从投资收益低的地区、部门向投资收益高的地区、部门流动，实现社会资源的合理配置。城市和农村、工业和农业，产业结构差异化明显。城市因其工业化发展速度快，对资金、原料、劳动力等要素需求增长过快。依照市场原则，资本和生产资料的城市化、工业化投入收益远远高于农村和农业，因而大量资金和生产资料从农村流向城市，获取更高的市场价值；同时，城市工业化水平因为农村资金和生产资料的支持，发展迅速。一方面大量工业产品、农业生产资料被生产出来销往农村，满足农业和农民生产生活需求，提高农民生活品质，加快农业现代化建设；另一方面，大量商品在不同城市间相互流动，繁荣着城市经济。这种资金和物资自由流转的机制，在市场作用和价值规律引导下有序进行，忙而不乱，看似复杂的资金流动和物质流转等资源配置问题，通过市场经济迎刃而解。健全完善的市场机制最终会在城乡之间突破任何人为制度壁垒，形成城乡一体的资金和物质流动机制，开启城乡协调发展的新型城乡关系。

总之，市场经济是配置社会资源的有效方式，是在经济社会发展过程中最能突出效率的经济形态。市场以价值规律为指引，通过公平竞争机制，实现社会各类资源的充分配置。充分的市场经济体制可以为城乡统筹发展提供激励机制和制度框架。缩小城乡差别，实现统筹发展的实质就是人口、资金、土地、技术等生产要素在城乡之间优化配置的过程。市场作为最有效的方法手段，通过促进各种资源自由流动来实现其在城乡之间的动态均衡配置。政府要设法消除一切不利于完全市场体制建立的制度障碍，充分发挥市场的主体作用，让市场在城乡关系发展中起决定性作用，从而带动城镇化与工业化同步，农村与城市同步发展的城乡统筹发展格局。

2. 政府调控：缩小城乡差别的重要动力

自从奴隶社会以来，为了维护政权的稳定性，统治阶级在政治上构建了庞大的国家机器，经济上则以行政法令和政策手段来配置社会资源。封建社会，生产力发展水平十分缓慢，自给自足的小农经济无法孕育市场发展的充分条件，不同劳动者之间彼此交换劳动成果的价值形式相对较少，国家政权依然是配置社会资源的实施主体。到了资本主义社会，机器化生产方式引发了产业革命，市场开始在社会经济和资源配置中发挥重要作用。充分的竞争、平等的交换、变化的供求关系等市场因素使得劳动生产力水平不断提高。社会资源合理流动，社会商品交换行为成为经济常态，市场的力量得到无限释放。因此，基础的经济学研究，往往忽视政府和制度在经济发展中的作用。传统古典经济学理论通常都是把制度安排当作经济发展的外在变量，只关注社会分工和生产专业化问题。新制度经济学的研究，开启了制度在经济发展中的作用和比重研究，认为必须将制度因素纳入经济活动的内生变量，制度设计和创新是经济能否健康、持续发展的关键因素。有效率的制度安排和低效率甚至无效率的制度安排，其发展结果显而易见，要么经济增长和发展，要么受到阻碍和抑制。制度经济学认为，劳动者是在现实的社会制度中生存，他们从事的经济社会活动必须受到制度的约束，其他诸如资本、土地等生产要素，也只有在一定的社会制度下才能决定它们发挥什么样的作用及功能。市场力量在提高社会生产效率的同时，也客观造成了社会收入及其地区收入差距，造成社会不公。即使是市场也强调公平的竞争和市场秩序，但其导致的结果却必然出现收入和财富分配不均，拉大城乡、地区发展差异，为社会稳定和谐带来隐患。因此，政府调节旨在提高市场效率的同时，也在维护社会公平。缩小城乡差别作为一种社会经济现象，同政府的制度设计和政策制定紧密相关，政府因此成为缩小城乡差别的重要动力。

（1）制度设计和创新为城乡统筹发展提供保障。自从市场经济充分发展以来，完全的市场经济以其高速、有效的社会资源配置方式，带动了经济快速发展，生产开始走向规模化，国际市场逐渐被撬动，全球一体的市场格局逐步形成，社会财富成倍增长，生产力水平不断提高。据此，在自然经济和计划经济的体制下被看作无所不能的政府开始被质疑，自由经济学成为经济发展的不二选择。然而，完全的市场经济有其天然短板和缺陷，例如引发社会不公、拉大贫富差距以及市场盲目性引发的生产浪费等，造成新的社会问题。因此，市场经济必须借助对其具有互补作用的政府力量加以调适。有效的社会制度和政策有利于连接城乡两个社会空间，让社会资源在城乡之间自由流动，实现生产和收益最大化，以城乡生产力的大发展来缩小城乡差别和对立。偏执的社会制度和政策，往往会成为横亘在城乡之间的鸿沟，死死切断资源的城乡关联，甚至是农村资源向城市的单向化流动，以牺牲农村经济社会发展为代价，换取城市繁荣。因此，在以市场力量推动城乡统筹发展的同时，必须充分发挥政府的职能，构建有利于城乡协调发展的政策制度。首先，转变政府职能，合理规划和引导城乡统筹发展。在城乡发展中，政府应该以统筹发展为目标，制订城乡发展总体规划，并对城乡资源、区位、交通等方面进行功能定位，合理引导市场力量和规范市场行为。其次，政府通过政策和制度杠杆，合理调节国民收入分配，让发展和改革成果惠及全体劳动者，维护社会公平。最后，政府为城乡统筹发展提供政策支持，维护市场力量。政策是政府常用同时也是最有效的管理手段，通过政策设计和调整可以对市场行为进行合理规范和管控，实现对人和物的调配和引导，例如财政制度创新、土地产权制度改革、户籍管理政策调整等，可以确保市场机制的有序运行。政策是弥补市场缺陷的有效方式，也是缩小城乡差别的制度保障。

（2）改善公共产品政策和服务，实现人口有序流动及产业空间聚集。城乡差别一个明显的表现就是城乡在公共产品和服务方面的差异。公共产品是城市居民和农村居民都要使用和消费的产品，其有有实物和无实物之分。有实物公共产品包括公路、电力、通信、图书馆、文化广场、有线网络、环保设施、地下管网等；无实物公共产品有教育资源、医疗养老、社会保障、经济环境等。公共产品是全体公民共享的物质产品，因而具有非竞争性和非排他性，这也就导致了市场行为在面对公共产品和服务时的"市场失灵"。这些公共服务显然靠市场行为难以实现，必须由政府来承担。一方面，政府是社会公共产品的提供主体。对于具有自然垄断性特征的电力、自来水、天然气、电视通信等公共产品，为了维护社会秩序和稳定，保障居民安居乐业，政府都是直接提供给居民；但对于另外一些公共产品，例如供暖设施、道路建设、环保设施、垃圾清理等，市场上有企业或个人愿意提供该项服务，政府可以采取多种方式间接参与，提供给居民，保障居民基本生活稳定。另一方面，政府通过对城乡公共服务、设施以及政策的设计，为城乡在产业结构合理布局方面发挥作用，使得传统城市以工业为主、农村以农业为重的产业格局向城乡一体产业格局方式转变，更好地发挥市场机制，搞好城市和农村两个市场。同时，设计教育、医疗、住房、社会保障等公共性服务的城乡一体化政策，能够使城乡人口合理流动，改变城市拥堵和农村空心化发展格局。

政府作为资源配置的有效主体,在城乡发展中的主体地位不言而喻。城市和乡村发展的不平衡、农民和市民收入水平差距逐渐拉大体现了社会发展的不公。虽然市场体制也强调公平竞争,但市场主体以及环境的差异必然导致两极分化,由此偏离马克思主义的公平观。政府调节旨在保障市场经济平稳运行的同时,兼顾社会公平,实现共同富裕。

(二) 市场体系与政府调控的有效结合是缩小城乡差别的必由之路

市场和政府作为配置社会资源的两种方式和手段,各有优劣。无论是将政府排斥在外的"市场万能论",还是无视市场行为的"政府至上论",都会影响城乡社会协调发展。市场和政府的有效组合、协调互补,是科学、有序推进城乡差别逐渐缩小的最佳方式。

1. 市场和政府各自的短板和缺陷要求二者必须有机结合。第一,市场失灵需要政府的干预。在缩小城乡差别的进程中,市场力量至关重要,能够使得城乡资源和劳动力突破原有边界,自由流动,在带动城乡资源和人口结构变革的同时,让农村面貌为之一新。完全的市场行为对资源配置具有必然性,但也存在不足①,难免出现"市场失灵"的局面。所谓"市场失灵"是指在城乡资源配置中,市场机制在一些地方不能或者不完全能发挥作用的现象。表现在:一是城乡两个独立的市场空间使得市场被分割,形成独特的城市市场和农村市场,市场不能完全有效地配置城乡资源,要素流动性差,难以构成统一市场。二是市场壁垒重重,信息封锁或者信息不透明、不对称,不能保证城乡公共产品和服务的有效供给。三是缺乏规划和引导的市场行为,易于造成生产浪费、重复建设、恶性竞争以及无序发展等市场通病,形成两极分化,远离公平正义,增加社会发展的不稳定因素。市场自身无法解决以上问题,必须让政府这只"看得见的手"充分发挥作用才能弥补市场缺陷。政府通过政策规划和制度设计,能有效打破城乡壁垒,限制和打击地方保护、垄断等行为,保证市场机制的有序运转;能有效提供市场信息、公共产品。政府可以完成市场不愿或无法提供的公共供给,保证城乡公共资源的同质性;同

---

① 李萍、安康:《统筹城乡发展中的城乡、市场与政府观》,《当代经济研究》2010 年第 6 期。

时政府行为可以有效规避单一市场行为造成的优胜劣汰，两极分化的城乡发展困境，以法律、政策等手段调整城乡收入，缩小城乡差别，实现城乡一体发展。第二，政府失灵必须有市场介入。政府作为通过政策设计和制度建构为路径的政治组织，凭借其行政力量来配置城乡资源，力图来引导和规范市场行为。然而政府行为有其自身的缺陷，谓之"政府失灵"。该提法最初是由詹姆斯·布坎南提出，其意是说政府在通过自身制度和政策干预市场行为过程中所产生的无序和失效的缺陷，导致政府对经济行为的干预失败。布坎南认为政府失灵主要包括公共政策管理失误、政府效率低下和政府寻租以及滋生的腐败。缩小城乡差别是每个政府的发展策略，因此政府在城乡一体化发展中扮演着重要角色。它们既是城乡协调发展的谋划者，也是实施者，政府之于城乡发展是双重角色。无可置否，缩小城乡差别需要政府制定各种政策战略、制度平台等，然而其中的负效应也显而易见。利益和权力让各级政府在追求自身地域利益最大同时，又想方设法设置障碍，阻碍其他地方政府利益实现。政府主导的城乡一体化发展，过分强调和放大了官员意志和权力，政绩工程、面子工程等体现官员能力的发展规划屡见不鲜。另外，政府行政机关烦冗，办事效率低下，明显无法紧跟城乡发展一体化的现实，成为发展的阻力。要避免"政府失灵"，就必须转变政府职能，强化市场意识，发挥市场力量。建立城乡一体、公平开放的市场体系，创建公平、公正、公开的市场环境，充分发挥市场在城乡区域内合理高效配置资源的能力；消除制度壁垒，引导各类生产要素和生产主体平等进入流通市场，促进城乡社会资源合理有序流动。

2. 市场体系和政府调控的动态组合分析

理论和实践均表明，市场和政府的组合是配置资源的最佳途径，但二者在经济社会发展中的作用绝非平分秋色，而是根据发展的历史阶段和实际而有所侧重。纵观世界各个国家缩小城乡差别的发展道路，不难发现，市场和政府在资源配置中的主次作用是交替演进的，基本呈现出"市场—政府—市场"的动态发展道路[①]。

工业化初期"市场为主、政府为辅"的组合。在工业化初期，城市

---

① 李萍、李毅：《统筹城乡发展中的政府与市场》，《理论与改革》2005 年第 6 期。

作为工业的聚集区和发源地，大量工业项目的建设投产客观上需要大量劳动力和物力财力来保障。城市有限的资源捉襟见肘，难以应付。市场力量决定的工业生产的投入产出比明显高于农村，在市场力量的作用下，农村的劳动力和农业生产资料就会为追寻更高的劳动收益，从农村流动到城市，既满足了城市对资源的需求，也实现了农村人口城市化转移。此时市场是配置城乡资源的有效手段，政府应该减少干预，为城乡资源自由流转，推动城市化、工业化让路放权。

工业化中期"市场为辅、政府为主"的组合。工业化带动的城市化发展到一定阶段即工业化中期时，随着流向城市的人口越来越多，城市工业累积和人口聚集带来了空前繁荣。城市压力骤增，资源短缺、交通拥堵、空间紧张以及生态问题突显，而此时的农村地区发展依然滞后于城市。即便是在城市发展压力不堪重负之下，因为城市优质的社会资源和生活方式，农村人口仍然会极力摆脱土地束缚和制度窠臼，背井离乡，进城谋生，开始一种边缘化的城市生活。该阶段农村处于弱势地位，市场经济不发达，农村工业化和现代化水平低，加之制度对农村的约束和限制，城乡差别明显。因而此时要加强政府的职能，发挥政府的主体作用，以政策设计和制度改革为突破，打破城乡间的制度藩篱，为建立城乡间平等的市场体制和人口、资源自由流转机制发挥作用。

工业化后期"市场为主、政府为辅"的组合。后工业化时期，城乡间平等的市场体系已经完全建立，城乡间的制度隔阂已经破除，全社会形成了城乡一体化的市场环境。农村市场经济日臻完善，同整个社会的市场体系融为一体，市场成为配置社会资源的有效方式。此阶段的城乡发展要突出市场的主体和决定作用，政府的作用要从工业化中期的主导地位，逐步退位和让位为市场的保障力量，为确保市场在城乡发展中的作用发挥到最大提供保障，以市场和政府的协调推进开创城乡统筹发展的新格局。

在城乡关系发展的不同历史阶段和时期，政府和市场所承担的角色和发挥的作用有其规律性。即当约束和限制市场发挥作用的障碍较少，环境较宽松时，市场是城乡发展中的主要力量；当市场在城乡关系中作用发挥到一定程度后，市场自身的局限性必然导致"市场失灵"，此时必须由政府通过制度和政策进行干预和调节，市场的主体地位被弱化。政府的干预和介入力量过强，难免也会出现"政府失灵"的发展困境，此时市场的作用被重新认定，市场的主体地位又得以确立。城乡关系中市场和政府的否定之否定过程，最终会使得政府和市场之间找到最佳的组合方式。要实现城乡统筹发展，缩小城乡差别，在工业化和市场化充分发展的后工业时代，市场为主、政府为辅的主配互补模式是最佳科学组合。因此，要加大政府改革，以建立市场化目标为定位，承担政府自身角色任务，弥补自身"缺位"。建立公共服务体系，健全社会保障体系和收入补偿机制，扶持弱势人群和地区，确保社会公平；同时政府要"退位"，将发展的主动权和决定权交给市场，对限制和制约市场力量充分发挥的政府权力，要彻底退位。简政放权，锐意改革，在经济领域内确立市场的决定地位，在公共服务领域内也要探索市场化的运行方式。

二 当代中国缩小城乡差别模式的路径特点

改革开放以来，为了破解中国城乡二元的社会空间格局，加快城乡同步发展，缩小城乡差别，实现城乡人口协调发展。许多地区依据自身产业、地域、资源等优势，率先垂范，积极探索，以乡村工业化、城市郊区化、城市带动乡村发展等方式为突破，出现了许多探索缩小城乡差别的有益尝试，这些已有的经验对实现中国城乡统筹发展以及建设城乡一体的社会发展格局有重要的借鉴和启示。

（一）城市化、城镇化带动城乡统筹发展

这种统筹城乡发展模式的特点在于通过城镇化实现人口集中和产业集中，科学规划，以城镇化发展重构城乡格局，实现城乡一体。

1. 主要模式及特点

（1）上海模式

作为中国最繁华的国际化大都市，上海自近代以来在城市发展、经济贸易、文化交流等方面都走在前列，是中国城市的一张亮丽的名片。自改革开放以来，随着农村改革的推进以及上海城市化发展的趋势，从20世纪80年代开始，如何把城市和乡村统筹起来，实现城乡社会均衡发展成为上海市政府积极思考的问题。1984年上海市政府正式确立了城乡一体化的发展目标，并且率先在全国提出了"城乡一体""城乡通开"的发展战略。随后在1986年，上海市政府提出了"一二三四"的工作方针，即加快城乡一体化建设，坚持两个立足点（即农民粮食立足自给、城市主要副食品供给立足郊区），促进第一、二、三产业协调发展，建设四个基地（副食品生产基地、科研中试基地、外贸出口基地、大工业扩散基地）。此举逐步打破了城乡之间的封闭体制，城乡居民收入差距减小，城乡居民人均可支配收入比基本保持在1.3∶1左右，明显低于全国平均水平。

①科学规划城市，加快卫星城镇建设。上海自1843年开埠建设以来直到20世纪80年代，城市局部建设和规划精心安排，精益求精，但总体布局自发、凌乱。上海市委、市政府十分重视对发展战略、规划的研究①。20世纪50年代末期上海提出了城市整体规划的构想和设计，即"多中心，组团式"城市发展目标，相继编制出台了《上海区域规划示意草图》以及《上海市城市总体规划草图》。开始有规划、有步骤地进行原有市区的改造以及郊区卫星城镇建设。以后的一些年里，上海石化卫星城、金山卫星城、宝钢卫星城和宝山卫星城相继建成。上海城市自此开始从单一城区向杭州湾和长江口"两翼"发展。2001年5月上海制定出台了《上海市城市总体规划（1999—2020）》，进一步明确了上海城市发展目标，建成国际经济、贸易、金融和航运中心之一；按照城乡统筹，协调发展的方针形成以中心城区为主，多层、多轴的城市空间布局格局。伴随着1990年国家开发浦东新区的战略部署，上海市抓住机遇，加快联结浦东和浦西的黄埔大桥、越江隧道等重大交通基础设施建设，加快了中心城区向外辐射的范围，加快了城乡一体化建设。

②加快基础设施建设，改善郊县投资环境。上海市政府认为，要实现城乡一体化，缩小城乡差别，关键是要加大对郊县（区）的基础设施建设投资，改善投资环境。仅在上海市"八五"建设期间，政府累计投入80多亿元用于奉浦大桥、沪南公路等基础道路建设；投入50多亿元用于电力、通信等设施设备建设；先后设立了如松江、康桥、嘉定等市级工业园区，同时大力支持开辟一大批县级、乡级工业和经济园区。使得郊区城市基础设施建设、投资环境大大改善，为郊区社会城乡经济发展

---

① 上海社会科学院"三特"课题组：《上海模式与中国特色社会主义发展道路》，《毛泽东邓小平理论研究》2001年第6期。

注入了活力，盘活了农村经济，农民收入大大增加，城乡收入差距明显缩小。

③调整产业结构，发展郊县工业，协调城乡经济统筹发展。上海市政府把调整郊区产业结构作为实现城乡统筹发展的有力举措，强调城乡产业之间的分工与互补。市政府规定郊区产业结构均以"二三一"格式布局。即以第二产业为重点，全力推进工业产业化，以此来带动第三产业积极跟进，同时也要保证农业基础地位，保证农业稳定增长。经过长期发展建设，上海城乡经济结构的"二三一"格局已经形成，第二产业几乎占据国内生产总值的一半以上，产业结构布局合理。为此，上海市政府大力扶持郊区工业发展，不仅加快了农村工业化步伐，使得工业成为农村经济增长的主体。各个区县也从之前工业车间转变为现代化工厂，城乡工业正在走向一体化。

④坚持外向型经济模式，鼓励城乡经济合作互动。长期以来，上海因其得天独厚的区位优势，一直都是我国对外开放的窗口，经济发展也以外向型经济为主。为了能延长这种工业发展模式，扩大外向型经济对郊县经济社会的拉动。上海市不断推行各种政策措施，加大郊县的对外开放力度，在政策、资金、服务、人才、技术等各个方面给予充分支持，郊县外向型经济发展迅速，形成了城乡一体化的外向型经济发展格局。同时，为了能使城乡经济更好地融为一体，上海鼓励城乡经济合作和互动，且这种合作不仅仅局限在工业生产领域，已经发展为商业、贸易、旅游、仓储以及房地产开发等多领域。许多大的企业都走出主城区，到郊区（县）办厂设点，城乡经济已经由城乡向农村单项扩散转变为城乡互动融合，城乡经济一体格局已然形成。

（2）成都模式

成都作为全国统筹城乡综合配套改革试验区，按照中共中央、国务院《关于成都市统筹城乡综合配套改革实验总体方案的批复》要求，从2003年开始探索以土地确权制度改革为重点的城乡统筹发展模式，在产业集中、土地流转以及公共服务均等化方面实现了以城市带动农村发展的城乡发展格局。

①创新农村土地制度改革，建立现代农村土地产权制度。实现城乡统筹发展关键在于解决好"三农"问题，而土地问题则是"三农"问题

的核心。要实现农业现代化,提高农民收入水平必须进一步深化农村土地制度改革,盘活农村土地和资产,让农民手里的土地从潜在社会财富转变为城乡统筹、城乡一体的重要资本。成都作为全国统筹城乡综合配套改革试验区,以改革为杠杆,撬动了阻碍城乡资源自由流动的制度闸门,通过产权制度改革,逐步建立起归属清晰、责权明确、保护严格、流转顺畅的农村产权制度。成都市坚持"严格保护耕地和基本农业用地,推行农村土地流转,探索土地集约节约利用的长效机制,加强失地农民的权益保障"的思路,推进农村土地制度改革。通过人口集中、城乡土地挂钩、搭建农村集体土地交易平台,最终实现土地流转交易"四步走"战略,充分盘活了农村土地和资产,有效调动了农民的积极性,推动了农村土地整合,实现了城乡双赢的局面。成都市在全市范围内开展了农村产权制度改革,改革的重点是还权于农,把农民手里的土地转化为他们的现实财富,通过颁发农村土地确权证明,让土地流转起来,从而实现农村土地和城市土地"同地同权",大大提升了农业土地的效应,激活了农村土地市场,增加了农民收益,从根本上解决了成都城乡统筹发展的问题,也对全国农村土地利用增值提供了借鉴。

②以"三个集中"为突破,推进城乡一体化。成都市政府提出了"三个集中",即工业项目要向工业区集中;农民要向中心村、镇和城市集中;耕地要向种田能手集中,"推动土地、资本、劳动力三大要素的聚集"①。"通过'三个集中'构建城乡经济运行良性互动机制"②。首先,将全市原有的规模小、较分散的 116 个产业开发区归类整合为 21 个,以产业为类比形成了汽车、软件、电子信息、航空航天、生物制药等 11 个产业集群,实现了工业产业的集中,通过完善配套设施,降低了成本。其次,引导农民自愿、有偿、有序、稳步地向城镇转移和因地制宜集中居住。成都市规划以成都为核心,以中等城市、小城市、小城镇以及新型农村社区为层级的城乡体系,梯度引导农村人口向城镇和社区集中。在中心城市通过新型社区建设实现进城农民的市民化转变;在县城和中

---

① 李志勇:《走新型城市化道路的成都模式》,《经济导刊》2011 年第 5 期。
② 倪稞、陈卓咏:《成都城乡一体化的实践路线:"三个集中"》,《成都商报》2006 年 11 月 28 日。

心城镇,通过新型社区建设解决因城镇发展失去土地的农民居住问题,推动农民向城镇居民转变;在农村通过新农村规划,建设宜居新农村。2004年以来,成都每年平均实现农村人口城镇化转移20万人,累计建成农民集中居住区和新型农村社区600多个,城镇化率2012年则达到60%,高于全国平均水平。最后,以土地集中、规模经营实现农业产业化和现代化。按照自愿有偿的原则,使得农村土地流转起来,向种田大户、农业企业、农业合作社等集中。发展规模农业、设施农业,大力发展粮食、食用油、花卉、茶叶、水果、蔬菜等优质农产品,形成产业优势,带动农村经济发展,增加农民收入水平。

③健全城乡公共服务均等化机制。农村是当代中国的城乡差别表现之一。统筹城乡发展必须把城市和农村、工业和农业、市民和农民作为一个整体,统筹安排,才能彻底弥合城乡之间的鸿沟。成都市以公共服务均等化改革为切入点,在关系民生领域的教育、就业、医疗以及社会保障等方面进行了改革试点,成绩斐然。首先,科学规划,合理布局,实现了农村人口集中居住。农村基础设施落后的一个重要原因是在于以土地为生的农民,因为土地的分散而松散居住,这导致了农村基础设施建设投入大,效率低。成都市在此现状基础上,通过合理规划乡镇区划,引导农民集中居住,既置换出了更多的农业生产用地,也有利于基础设施建设。通过完善农民集中居住区域的道路交通、供水供电、排污管网、信息网络、垃圾集中等设施建设,实现了教育卫生等公共服务的城乡一体化。其次,打破行政管理的城乡界限,推动政府服务的乡村化延伸。传统的政府管理模式因为城乡的界限经常是城乡两个标准、两种方式,客观上加深了城乡差别。成都市在此问题上探索能够贯通城乡的政府服务新模式,致力于推动政府服务和管理向农村延展。2010年成都市颁布实施了《成都市城乡居民养老保险试行办法》,建立了城乡一体化的居民养老保险制度,该办法是对公共服务体制城乡一体化的有益探索,既实现了政府管理的农村化延伸,也实现了城乡社保的并轨。另外成都市还按照居住地将农村劳动力纳入就业服务的城乡一体化体系,同时还建立起了涵盖城乡的困难群众救助体系,实现城乡劳动力统一管理。

2. 借鉴与启示

城乡差别主要表现为城乡两个独立的社会空间之间的隔阂与独立,城市的优质资源难以惠及农村,必须建立起连接城乡的纽带和桥梁。城镇化作为城市和农村协调发展的手段,在保证城市快速发展的同时也使得传统农村、农业和农民向现代化转变,是探索城乡协调发展的有益探索。上海、成都等以城镇化带动城乡协调发展的做法,有以下方面值得借鉴。

(1)科学规划,统筹布局。城乡之间对峙与分离的原因之一在于发展规划上城乡有别,长期以来发展规划只是城市建设的专属,与农村发展无缘,因而造成了城乡对立。要打破原有规划弊端,从城乡一体化角度出发,合理规划城乡发展格局和产业布局。比如上海加快卫星城镇建设;成都加快小城镇以及社区建设、新型农村社区建设,实现三个统一,集中产业和人口等。以经济、社会、人口、地理环境为依托,实事求是,因地制宜,合理规划城乡发展格局,把城乡纳入统一的社会发展和建设蓝图,实现城乡协调,生态良好的新型城乡格局。

(2)加快基础设施建设,改善农村(郊区)环境。农村落后于城市主要在于基础设施建设落后,几乎没有城市任何的设施条件。要缩小城乡差别,改善农村环境,调节农业产业结构,让农民向市民转变,必须改善农村基础设施建设,在交通、通信、电力、信息等方面加大投入,改变农村原有的面貌。上海模式和成都模式在这一方面,投入较大,既改善了农村面貌,让农民生活方式实现城市化,又优化了投资环境,为产业结构调整升级提供支持。

(3)改革旧制,探索创新,为城乡统筹发展扫清体制羁绊。中国的城乡问题与体制有着千丝万缕的关联,很多的城乡差别是制度使然。上海模式和成都模式的实践,都在不断探索新体制。如上海不断调整产业布局,实现产业郊区化分散。不断加深郊区外向型经济的参与度,激发郊区和农村现代化;成都模式的核心在于土地产权制度改革,盘活了农村资源,激发了农民热情,促进了城乡之间的交流与互动。

(二)工业化、产业化带动城乡统筹发展

这种城乡统筹模式是以工业化为实现城乡统筹发展的载体,通过工业化带动市场化和城镇化,缩小城乡差别,实现农村工业化和现代化。

1. 主要模式及特点

(1)苏南模式

"苏南模式"这一提法最早是我国著名社会学家费孝通先生于20世

纪80年代初提出的。主要是指苏州、无锡、常州等地区以乡镇企业为依托，实现农村社会发展非农化转变的经济模式。该模式的主要特征在于依靠乡镇企业，大力发展农村工业产业，改善固有的产业结构模式，提升第二产业比例，以工业化带动农村现代化，增加农民收入，转移农村剩余劳动力，改善农村基础设施。农村经济总量不断攀升，乡村生产方式迅速向城市化转变，推倒了城乡之间的有形壁垒，实现了城乡社会均衡发展。苏南模式作为统筹城乡发展的最早探索和实践，一方面基于城乡之间差别过大带来的主动求变的创新精神；另一方面同苏南地区地缘环境、经济意识等关系密切。该模式创造了中国农村社会发展的奇迹，改变了人们对传统农村的认知，是社会主义城乡统筹发展的鲜活例证，对于实现城乡一体的战略目标意义深远。苏南模式经历了以下几个阶段的发展。

①探索阶段。早在人民公社时期，苏南地区兴办了一批社队企业，其目的在于为当地农民提供简单的生活和生产资料，让广大农民以兴办企业的方式参与到工业生产中，分享工业利润。到了20世纪70年代，这些社队企业经过发展，不断壮大成为农机具工厂，开始为集体生产农业机具。1978年党的十一届三中全会后，国家开始明确支持社队企业的发展，从而促生了大量以社队企业为基础的乡镇企业。它们按照"立足农业办工业，办好工业促农业"的指导思想，大力发展形式多样、经营灵活的乡镇企业，开创了以工补农、以工带农的发展思路和格局。

②实践阶段。从20世纪80年代中期开始，苏南地区的乡镇企业发展进入快速发展时期。这一方面得益于从20世纪50年代开始它们在工业发展领域的摸索和积累；另一方面受惠于党的改革开放、全面进行经济建设的方针政策。苏南地区农村经济发展强调以经济建设为主、工业经济为主、商品经济为主的发展格局，逐渐形成了"三个为主、两个协调、一个共同"的苏南模式特点。所谓"三个为主"，即一是以集体经济为主。苏南乡镇企业的资本投入几乎全部是源于村镇集体的投资，其企业性质自然属于集体所有制。二是以乡镇企业为企业主要形式，包括一些村办企业。三是企业推动力量以基层政府为主，经济运行以市场机制为主。"两个协调"即：一是城乡协调发展。乡镇企业为农村提供了坚实的物质基础，使农村社会财富积累迅速，建立起农村社会服务体系，缩小

城乡差别；二是经济和社会协调发展。乡镇企业的发展，提高了劳动者素质，赋予他们更多的知识和能力，改变了原有的陋习和短见，有利于农民向市民转变，实现物质文明与精神文明协调共进；与此同时因为乡镇企业带动农村经济总量不断提升，教育资源、医疗环境等社会保障协调跟进，经济社会协调发展。"一个共同"即是共同富裕。苏南各地以集体经济为主，通过乡镇企业提高农村人口收入，实现共同富裕的社会发展目标。此阶段也使得像华西村这样的苏南村庄迅速崛起，成为中国农村发展的标兵。

③发展阶段。到了20世纪90年代，苏南模式带来的一些问题开始突显，比如政企合一、结构单一、发展分散、环境污染等。这些问题并非苏南模式所特有，但必须及时进行改革。于是苏南人民进行不断探索，大胆实践，把苏南模式发展到了一个新的高度。形成了"一个目标、两手并举、三创精神、四大创新"的新苏南模式特色①。所谓"一个目标"即是坚持实现共同富裕的社会理想不动摇；"两手并举"即是要实现政府和市场的有机结合，在政府服务中充分发挥市场力量，打出市场和政府的"组合拳"；"三创精神"即是勇于创新、艰苦创业、争先创优精神。勇于创新才能赢得市场，艰苦创业才能稳步前行，争先创优才能鼓舞士气。这些精神是苏南模式科学发展、和谐发展的引领；"四大创新"即是产权结构、社会结构、产业发展、发展格局创新。改善单一集体经济模式，实现多种经济竞相发展；打破城乡对立格局，实现城乡统筹发展；改变产业结构，实现集约化发展；摒弃片面以经济利益为导向的发展格局，强调政治、经济、文化、社会和生态建设"五位一体"的发展新格局。苏南模式的转型升级，是苏南人民勇于创新，迎难而上，科学发展的体现，为苏南模式注入了新活力和动力，也为破解重大现实问题提供了实践经验。

（2）昆山模式

昆山地处江苏省东南部，位于上海与苏州之间，属于苏州市下辖的一个县级市。市域面积931平方公里，常住人口165.87万，下辖3个国家级开发区（经济技术开发区、国家级综合保税区、国家级高新技术产

---

① 王海平：《从苏南模式到新苏南模式》，《社会观察》2012年第3期。

业开发区），2个省级开发区（花桥经济开发区、旅游度假区）和8个镇。2013年全市地区生产总值达2725.32亿元，按照常住人口计算人均地区生产总值达16.5万元。

①科学规划，实现城乡发展和产业布局的协调一体。昆山市在2006年就邀请国内外知名专家学者，按照整体规划、片区发展以及大区域联动的思路，将全市城乡作为一个统一整体进行统筹布局和科学规划，实施人口向城镇集中、产业向园区集中、居住向社区集中工程，探索以工业化、城市化为主的城乡协调发展道路。昆山打破原有的镇、乡、村的行政界限，规划出城市东部、西部两个城市副中心以及3个人口20万以上的小城镇。通过快速便捷的城市交通干道把它们连接起来，在规划中实现功能互补，无缝对接，提升整个市域的城镇化和现代化水平。在城乡产业规划方面，昆山紧紧抓住自己得天独厚的区位优势，依托紧邻长三角和上海经济圈的便利，规划建设了3个国家级开发区和2个省级开发区，形成城乡一体的电子产品、生物制药、再生能源、新材料、装备制造等优势产业以及产业链。2012年昆山市实现工业总产值8520.51亿元。同时在农业产业领域，昆山市着重发展高新农业、设施农业和休闲农业，以农业产业园区建设为依托，发展优质粮油、水产、果蔬花卉等，形成农业生产公司加农户的产业经营模式。海峡两岸（昆山）农业试验区稳步推进，农业产业化经营发展迅速，形成了城乡一体、产业联动的社会发展新局面。

②推行基础设施建设、社会资源配置的城乡一体化战略。昆山市在交通、水利、电力、信息、环保等基础设施建设工程方面，统筹城乡一体，不断完善城乡特别是农村基础设施条件。全市建成了交通大框架，公路交通便捷发达。市内任何地点只需15分钟便可上高速，30分钟从主城区即可到达上海或者苏州；全市统一集中供水，保障水质；农村垃圾实现"村收集、镇集中、市处理"，通过对垃圾统一收集，再焚烧发电，实现循环经济，清洁干净；通信网络遍及城乡；完善农业土地使用制度，以土地流转、置换等政策，为农业和农民发展提供有效载体。为了缩小城乡差别，保证"三农"发展跟上工业化、城市化发展的步伐，昆山市在财政政策上坚持"三个高于"的公共财政政策，即每年财政支出对农业的投入增量、对农村固定资产投入的增量以及政府从土地出让所获收

入用于农村建设的增量都要高于上一年。这种公共财政政策保障了农村社会经济、文化、基础建设的稳定增长,农民收入水平大大提高,村容村貌焕然一新。

③推进公共服务和社会管理的城乡一体化。昆山市加快完善公共服务体系,建设城乡一体的教育布局;建设市镇村三级公共文化资源,比如图书馆、体育场、文化广场;构建城乡统筹的人才市场和就业机制,政府每年投入2000万元用于城乡富余劳动力的岗位技能培训;构筑低保、养老、医疗、征地和拆迁补偿为主的农民权益保障体系。在生态建设方面,突出生态和循环经济工业园区建设,加大企业治污管理,全市工业用水实现百分之百达标处理。节能减排,保护生态,先后获得国家"人居城市""园林城市"称号。在社会管理创新方面,强调政府的管理协调功能,落实城市管理重心下移的城市管理理念,形成城乡对接、良性互动的管理格局。在全市镇村推行数字化管理、网络化管理模式,大大提高了城乡社会治安秩序和外来人口管理水平。基本形成了在空间上城乡有别,形态上城乡一体的新型城乡格局。

(3) 温州模式

在改革开放的进程中,温州在人多地少、交通不便的条件下,顺应市场趋势,以家庭小作坊和家族企业为重点,向工业进军,创造了中国城乡发展中的特有的"温州模式"。"温州模式"最早于1985年出现在《解放日报》,该模式是指浙江东南部的温州家庭作坊和专业化市场方式,通过大力发展非农产业,最终形成了"小商品、大市场"的格局。温州人最终以生产规模小、技术含量低的商品在全国甚至世界范围内建立起市场销售网络。2013年温州市工业总产值约7253亿元,工业增加值约1768亿元,全市规模以上企业4313家,实现工业产值约4418亿元。全市有59个国家驰名商标,拥有中国鞋都、中国皮都、中国电器之都、中国五金洁具之都等42个国家级生产基地,16个省级专业品牌基地,14个市级专业品牌基地。2013年全市城镇居民人均可支配收入37852元,农村居民人均纯收入16194元。

①因地制宜,逐步实现以工业化带动城乡社会发展的格局。地处浙江东南部的温州,人均耕地不到半亩。人多地少,大量富余劳动力需要通过非农方式转移就业,这种倒逼机制使得传统农村农民靠种地生活的

产业方式必须加以改变。以往温州农村生产力发展水平低，集体经济在人民公社扶持下也未能得以巩固。相反，家庭为主的小生产经营企业模式在外界不断地批评和责难中艰难生长。这既与温州一直以来农民农闲时兼营家庭手工业或者外出经商的劳动传统有关，也与距离城市较远，难以被城市工业化所辐射的现状关联。温州人特有的创新和开拓精神，让他们在改革开放的春风里，在家庭、联户企业的手工和半自动化条件下，以技术含量低的小型产品逐渐向现代化工业迈进。乡镇企业以市场规律来配置资源，逐步形成包括生产资料市场、资金市场、消费品市场、技术市场和劳务市场在内的民间市场体系，此举为温州农村商品经济的迅速发展提供了充分保证。在此基础上，饮食服务、交通运输、民间信贷等社会服务体系逐步形成。生产要素的市场化运作，使得许多企业开始向小城镇及其周边区域聚集，这样不但提高了生产的专业化水平，又有利于分工协作；既带动小城镇发展，也改善了农村社会环境。在工业化和产业化带动下，温州城乡协调发展相得益彰。

②通过"三分"改革，实现农民和农业资产增值。所谓三分，即"政经分开、资地分开、户产分开"，通过改革破除城乡二元结构，促使各类要素向工业和城镇集中。政经分开是指农村基层组织即村"两委"和村级经济组织分开、确保分配公平。完善村级管理制度，建立村集体收支预算决算制度；发挥村民代表大会作用，建立财务收支的透明度。村"两委"不直接掌握集体资产，纯化为村民政治自治组织，运行成本由村公共财政负担。资地分开是指把土地和非土地资产分开，为非土地资产自由流动松绑。温州农村土地分为土地资产和非土地资产。土地资产包括耕地和林地，非土地资产包括依靠集体建设用地而获取的收益，例如租金、设备等。通过统筹城乡改革，把两种土地管理分离，保障土地资产不变质、不贬值，成立土地合作社，代表村民进行流转和处置；而非土地资产则由村股份经济合作社代表村民掌握和处置，实现自由流转。户产分开是指户口与产权分开，保障进城农民权益。农民城市化融入是工业化、现代化带动的必然趋势，但进城农民不会因为离开农村而失去农业收益。户口和产权没有必然关联，产权和居住地也不必然相关，农民作为集体经济成员，即便是进城居住依然享受村集体经济和土地的收益。

③深化"三改",创新温州缩小城乡差别的新局面。"三改"即"股改、地改、户改"。首先,股改是对集体经济中的非土地资产进行股份制改革。让农民拿到固定股份,作为每年股利分配凭证,不得继承、转让,也不能退股提现,此举提高了农民收入,也为农民城市化提供了方便之门,只要有股份,哪怕是生活在城镇也能享受集体经济带来的收益。其次,地改是土地制度的改革,包括农用土地"三不变"流转、宅基地助力农民进城、建设用地同国有入市。温州实行的土地"三不变"意在促进土地集中、实行产业经营和规模化经营。在农用土地属性不变,数量不减的前提下进行农村土地流转,实现了农村土地效应最大化;农民可以用手里的宅基地指标和政府换取进城购买经济适用房的待遇,降低了农民进城门槛和成本;建立农村建设用地交易市场,同国有建设用地一样,通过租赁、入股、转让等方式,让农民获取土地带来的增值,这样既能把农村建设用地转化为城市发展要素,又能激发城镇化动力和潜能。最后,通过户籍改革,剥离依附其上的附属功能,还原其社会管理功能。中国由于历史和制度的原因,户籍不但是人口居住和登记的凭证,还是职业、身份、公共服务和社会保障的体现。温州打破了这一户籍管理制度,通过户籍改革,农民和市民同等享有城镇居民待遇,同时农民在农村的原有权益还继续保留,这大大提高了农民进城意愿,提高了人民收入和生活水平,让原本悬殊的城乡差距不断缩小,加快现代化和城市化进程。

2. 借鉴与启示

(1)以集体所有制为核心,大力发展非农业经济,特别是农村工业,寻找新的经济增长点。不管是苏南模式,还是温州模式,其农村社会翻天覆地的巨变,城乡差别的缩小得益于工业化带动,相比较传统农业社会,工业化和市场化发展程度客观上决定了农村社会的现代化程度。

(2)以改革为动力,不断赋予农村工业化和市场化发展动力。苏南模式的产权制度改革,从明晰产权制度到之后集体产权制度改革,让市场力量在发展中充分发力;温州模式的"三分""三改"保障农村社会发展活力不断,充分带动工业化。让市场成为经济生活的杠杆是工业化带动城乡统筹发展的重要特征。

(三) 市场化带动城乡统筹发展

此类城乡统筹发展模式的特征在于充分发挥和调动市场资源，形成各类专业市场，以市场带动产业，实现城乡联动，协调发展。

1. 主要模式及特点

（1）义乌模式

义乌位于浙江省中部，既不沿边，也不靠海，交通不便，资源匮乏，但就是在这样的区位环境下义乌人创造了举世瞩目的"义乌模式"。2013年上半年义乌社会消费品零售额161.9亿元，2012年义乌市财政收入突破百亿大关，达101.46亿元。改革开放以来，义乌充分利用市场优势，以创业为动力，以小商品流通为载体，推动市场化、工业化和城乡一体化，优先发展市场，推动了服务业发展，进而带动工业化。通过推行产业聚集和人口集中，把一个贫穷的县级市打造成全世界最大的日用品批发市场和经济强市。

①以市场化带动工业化、城乡一体化。"义乌商品市场的形成和发展主要围绕小商品的培育、建设和管理"①。义乌从"鸡毛换糖"的马路市场开始，充分利用市场优势和聚集功能，大力发展以小商品流通为主的商品贸易，不断积累资本，扩大规模，促使商业资本逐步向工业制造和城市建设等领域扩张，最终实现市场与工业、城市的联动发展，形成了市场提升、经济发展和城乡一体的社会协调发展模式。从1982年义乌率先在全国创办小商品市场以来，经过许多年的探索、扩建已经形成了通信、家电、物资、旧货、家具、木材、汽车城、装饰城、农贸城、二手车交易、出版物中心11个专业市场，运输、贸易、劳动力等要素市场相互配套的市场体系。其发展经历了三个阶段：第一阶段即起步阶段（1978—1987）。此阶段是典型的"村村点火、户户冒烟"的工业模式。成千上万家庭、户族式前面摆摊后面生产的企业迅速涌现。第二阶段即发展阶段（1988—1998）。义乌市政府提出了"引商转工、工商联动"的战略，开始把企业经营规模化、正规化，筹建工业小区，逐步培育出服装、毛纺、彩印等八大优势产业。第三阶段即提升阶段（1999—）。政府

---

① 刘建丽：《义乌模式的政府行为、企业理性与个体偏好》，《重庆社会科学》2012年第10期。

提出"发展、壮大、聚集、提升"的发展思路,正式建立工业园区,实现企业开始向园区集中。经过不断引导发展,义乌产业结构不断优化,工业和服务业比重逐步上升;民营经济逐步壮大,形成了具有义乌特色的优势行业。义乌成为小商品的代名词,商品遍及全国各地。在打开国内市场的同时,义乌也把目光瞄向了世界市场,从1995年开始举办世界小商品博览会,吸引世界各地客商前来洽谈采购,走出了独特的商品国际化之路。

②城乡社会各项事业均衡发展,成效明显。首先,城乡居民收入水平大大提升。2012年义乌城镇居民人均可支配收入21982元,农村居民人均现金收入10458元,远远高于全国平均水平;城乡居民储蓄存款余额2224亿元,农村人口消费结构、生活方式、居住方式等城市化转向明显。其次,产业结构不断优化。城乡统筹发展的重要标志就是三次产业的协调发展,特别是能有效带动就业的工业企业和能提供更多就业岗位的服务业,对第一产业的反哺和支持。2013年义乌三大产业比例为2.6:41.6:55.8,实现了"三二一"型产业结构,非农产业比重高达97.4%。产业结构的优化加快了农村人口的城市化转移。同时农业产业结构不断升级,畜牧、蔬菜等农产品占农业产值高达70%以上。再次,城乡社会事业均衡发展。教育、文化、基础设施、医疗卫生逐步实现城乡一体。作为全国科技进步示范市,义乌从事科技活动人数近5000人,大批农业技术人员活跃在田间地头,各类文化、体育事业在农村和城市同步兴旺。第四社会保障体系日臻完善。义乌建成了城乡一体的社会保障体系,改革开放以后转移农业劳动力近30万人,目前全市从事农业生产的人口不到12%,全部城乡居民实行大病保险。同时义乌还建立了低保制度,低保人群供养标准达到5500元/年。最后,城乡互动机制运作良好。作为城乡统筹的两个主体,城市和农村必须关联互动,形成合力,共同推动经济社会发展。义乌大力推行工业对农业、城市对农村的反哺作用,从村庄治理着手,大力发展基础设施,实现垃圾统一处理,通过拆迁改造建设具有示范功能的现代化农村社区,逐步实现农村向社区、农业向企业、农民向市民转变,实现了城乡共荣,协调发展。

(2)华明模式

华明镇地处天津市中心和滨海新区之间,全镇总面积150.6平方公里，下辖 15 个自然村，人口约 5 万，隶属天津市东丽区。华明镇交通畅达，地理位置优越，具有很好的区位优势。近年来，华明镇立足本镇实际，充分发挥区位优势，坚持工业化、城市化先行，各类产业协调并进，综合经济实力日益壮大，人民生活水平不断提高，各项社会事业协调发展，农村城市化水平大大提高。华明模式是天津市在探索城乡一体化发展中摸索出的符合天津实际的新路子，旨在充分发挥市场的力量，通过"以宅基地换房"实现城乡发展新局面。

①"以宅基地换房"为改革思路，破解农村城市化建设的资金及城市建设的土地问题。华明模式的核心可以概括为"以宅基地换房"。统筹城乡发展面临的普遍问题是资金和土地的双重约束。华明遵照城乡建设用地相挂钩，在充分尊重农民个人意愿、不减少农村耕地的前提下，政府统一规划，健全基础设施，完善配套设施，发展各种功能齐备的小城镇。首先，通过政府的小城镇建设规划，实行农村人口的集中居住，以此来置换出大量农村宅基地。把这些置换出来的土地作为抵押向银行贷款，这些款项用于安置房和小城镇基础设施建设。然后农户可以在自主自愿的前提下，用其所有的宅基地按照相关标准换取小城镇住房一套，实行城镇化居住。这样一来大面积的农村宅基地被集中起来，统一复耕。政府通过抵还先期小城镇建设用地指标之外，结余土地可以通过市场化的"招租""拍卖""挂牌"等方式进入城市房地产市场，所获收益用于向银行还本付息。据统计，自从华明"以宅基地换房"的模式推行以来，华明小城镇建设规划用地 3476 亩，置换出土地 8595 亩。通过此方式农民不但实现了向城市生活的华丽转变，且家庭资产增值明显。例如，原来没有进行置换前，农民的土坯房或者砖混结构的房屋，市场价值就 2 万—6 万元；通过置换进入小城镇可以得到一套 80—90 平方米的房屋，市场价值超过 50 多万元，增值 10 倍左右。

②产业格局更加优化，城乡社会公共服务愈加一体，农民生活城市化转型步伐加快。在规划建设时，华明示范镇坚持三个园区，即居住社区、工业园区、农业园区统筹联动，转变经济发展方式，提高土地利用效率，打造优势产业集群。首先，产业结构得以优化。通过土地置换复耕，大大增加了农业生产用地面积，这为现代农业、设施农业发展提供了充分条件，为天津启动滨海都市现代农业示范基地、北方生态园林产

业园区建设等项目启动、建设创造了条件。实现了农业产业高效、集约化发展；工业园区建设形成了聚集效应，众多知名企业入驻园区，高端高新技术产业云集；同时现代服务业迅速跟进，产业布局更加合理科学。其次，社会公共服务城乡一体以及生活方式城市化转型基本形成。华明模式体现了新型城镇化的核心即"人"的城镇化，在充分尊重民意的基础上，做好规划让农民自主选择。农民在自主自愿向城镇化集聚和转移，实现居住方式和生活方式的城市化，实现安居；发展工业产业和服务业，创造更多岗位和机会解决进城农民就业问题，实现乐业。同时，华明也在不断探索创新社会保障机制，打造了一批拥有薪金、租金、股金和保障金的"四金"农民。华明通过多种方式和渠道，保障每一个进城农民都能充分就业，有一份稳定的薪金收入；农民的房屋通过置换后价值翻倍，增加了房屋的租金；通过建立新型集体经济形式，进行企业股份制改革，将农民变为股民，增加了农民的股金收益；建立社会保障体系，由政府出资推行养老补贴、合作医疗等社保项目，提高了农民的保障金。

华明小镇在建设和规划中，注重高效、环保、生态的理念，通过传统农业和农村生产生活方式的改变，实现了城乡在公共设施、社会保障、创造就业、人口城镇化以及生活方式城乡一体化。

2. 借鉴与启示

市场作为配置社会资源的有效方式，自然应该在城乡统筹发展中发挥重要作用，中国城乡对立格局的固化，在于过分强调政府力量，加剧了城乡差别。以市场化为改革方向的义乌和华明模式，为城乡统筹发展，缩小城乡差别进行了有益探索。

（1）充分发挥市场力量，让市场在城乡之间架起联动的桥梁，打通城乡制度隔阂，让市场在农村经济社会发展中发挥重要作用。市场经济是配置社会资源让其发挥最大作用的有效手段，无论是西方的城乡差别的拉开还是最终融合，都源于市场的力量。当代中国的城乡差别要得到根本性改观，必须让市场经济大放异彩，特别是在农村经济社会发展中，让市场成为决定性力量。义乌和华明就是充分挖掘了市场的潜力，让市场力量进入农村才有了城乡一体，协调发展的美好格局。

（2）优化产业结构，形成三次产业的合理格局，充分发挥第二、三产业在经济发展中的作用。传统城乡格局对立反映在产业结构上即是农村经济中第一产业几乎占了全部，工业和服务业不发达甚至空白。工业社会发展的逻辑说明，社会财富的累积必须充分发展工业，以此带动服务业，从而为农业提供支持和反哺。义乌模式和华明模式的成功之处在于改变了传统农村社会的产业格局，形成了有利于农村社会快速现代化的"三二一"型产业结构，这种变化带动了农村城市化，形成了农业现代化的新型农村社会格局。

（四）农业现代化带动城乡统筹发展

1. 主要模式及特点

此类缩小城乡差别、实现城乡统筹发展模式主要在于充分发展高科技农业技术，建立农业产业基地，通过农业的专业化、商品化和市场化道路带动农村经济社会城市化转型，提高农民收入，改变生产和生活方式。

（1）杨凌：公司加农户的发展模式

杨凌地处陕西关中平原，隶属陕西咸阳市管辖，东西各距西安市、宝鸡市90公里，是中国唯一的国家级高新农业技术产业示范区。1997年国务院在原陕西省咸阳市杨凌区的基础上，成立了杨凌农业高新技术产业示范区，规划面积为22.12平方公里，级别为国家级高新区，由陕西省政府直辖，并且和国家19个中央部委共管，具有地级行政级别。但因其具有农业示范区的特殊性，未被民政部单独列为行政区，仍属咸阳市杨凌区。县级杨凌区现有3个镇，2个街道办事处，70个行政村，18个社区，全区总人口20.2万，其中农业人口12万，耕地面积9.4万亩。杨凌示范区在农业领域有着十分雄厚的科研实力，著名的西北农林科技大学是教育部直属全国重点大学，是国家"985工程"和"211工程"重点建设高校。另外还有杨凌职业技术学院。两所大学云集着70多个学科、5000多名农业科技精英，先后为国内外培养农业科技人才7万多名；5000多项农业科研成果转化后产生的经济效益达2500多亿元。中国杨凌农业高新技术科技成果博览会（简称农高会）于每年11月中旬在杨凌举行，农高会已经成为享誉世界的科技会展品牌和农业科技推广的重要载体，为杨凌示范区以新技术农业发展为依托，壮大和拉动工业营造了巨大的聚集效应。近年来，杨凌示范区以城乡政策一体化、规划建设一体化、公共服务均等化等为方向，大力推进城乡一体化建设，在加快城镇化建设、推进新型社区建设、提高城乡现代化管理水平方面积极探索，走出了具有现代农业发展特色的城乡协调发展道路。

①发展现代农业示范区，推进城乡统筹发展

杨凌高新农业示范园区位于示范区西北部，面积 100 平方公里。园区内土地肥沃，水利设施便利，根据地形地貌，按照现代农业发展需要的产业要素进行规划设计，形成了"一轴、一心、八园"的格局。农业示范区建设使得园区内农民以高新农业为依托，发展设施农业、高新农业和高效农业，收入水平大幅提升，缩小了城乡居民收入水平的差距。农业示范区在加快园区内农民收入的同时，也改善了产业结构，提高了城镇化水平。高新技术农业的推广，使得从事农业生产的劳动人口开始减少，以工业劳动和服务业劳动为生的人口数量越来越多，第一、二、三产业之间的比例发生了明显改变。第一产业在国民经济中比重开始下降，第二、三产业比重持续攀升。产业结构调整使得农村剩余劳动力开始城市化转移，这样一来就构建起了城乡之间资源、技术、信息交流的有效平台。使得资源在城乡之间根据市场经济的规律合理配置，因而城镇化也为产业结构调整起到了积极作用。2017 年以来，杨凌示范区坚持项目带动、科技支撑、产业支撑的方针，加快示范园区建设，通过加强国际交流合作、产业示范化、科技创新等措施，加强城市化建设，从而有效地推动了城乡一体化发展。

②"政府＋企业＋科教＋农户"的农业科技发展模式

杨凌在农业科技发展进程中探索了不少推广模式类型，其中"政府＋企业（公司）＋科教（单位、人员）＋农户"的模式最适合杨凌区情和农村需要。这种模式采取政府引导、企业带动、科技支撑和农户实施的运作机制，以利益为纽带把企业、学者和农民联结起来，促进农业发展，农民增收。首先，政府引导。政府作为行政机关，必须要转变工作作风和职能，要通过推行股份合作制，运用财政、信贷和政策手段，做好服务和引导工作，加强监督机制，为农业产业模式推广提供支持。其次，企业带动。企业是高新技术农业产业发展的关键环节，具有加工增值快、生产能力强、市场联结紧的优势。这种方式一方面带动了农户。公司向农民提供种子、幼畜，农户按公司要求培植和饲养，然后公司负责回收成品。这种生产方式扩大了第二、三产业劳动力，加快了农村剩余劳动人口转移,也增加了农民收入;另一方面也带动了科技人员。现代化农业企业具有雄厚资金和发展前景,为农业科技人员提供了转化科研成果的平台,通过分配机制创新,专家可以获取技术股,调动了科研人员积极参与农业生产的积极性。再次,科技支撑。现代农业发展必须有现代农业技术为指导和支撑。杨凌鼓励专家、教授创办科技型企业,创立了"专家公司"模式,其中西北农林科技大学张涌教授、张兴教授和吴文君教授依据学科特长创办的公司,年科技成果转化高达几百万元。同时提倡科技入股,把公司、专家和农户以利益结合起来;把科技工作者和农户结合起来,让农业科技人员为农户提供技术指导,市场信息,研发新品。最后,农户实施。采取多种方式增加农民收入。尊重农民自愿及经营自主权,让农民积极加入"公司+科技+农户"的新型农村经济发展模式中来,通过分担农民风险,培养农民市场意识,提高农民收入。另外,扩展农民增收渠道,允许农民实现土地的自由流转,从中获取收益。

③深化农业改革,大力发展农业专业合作组织

作为全国唯一的农业高新技术产业示范区,杨凌牢牢以农业为重点,探索农业和农村改革的新思路。近年来通过不断深化农村改革,城郊农民通过试行股份合作制和股田制等新型经济合作方式,探索农民城市化转移以及城镇化发展的新路径。杨凌示范区以深化改革为动力,以发展农业专业合作组织为目标,鼓励农民在自主、自愿的基础上,成立各种专业化的农业协会、合作社和中介组织;努力提高农业生产的专业化、组织化程度,让农业生产和市场需求有效对接,培养农民的市场意识和竞争意识,实现农业现代化,加快农村市场化发展,不断增加农民收入,改善城乡关系。杨凌示范区以政府引导和让利农户相结合的实施方法,带动农民以农业合作组织为依托融入现代农业生产之中。据不完全统计,目前杨凌示范区内有各种农民专业合作组织200多家,入社农民2100多户。这些农业合作组织从良种引进、试种、推广、田间管理、病虫害防治、农用物资的集中供应、成品收购、储藏、深加工、运输以及销售等方面为合作组织的农民提供资金、技术等全面服务,支持农户增收创利。专业合作社是现代化市场经济条件下农业发展的必然要求,对于提高农业生产效率,健全农村市场体系,推进城乡统筹发展作用明显。

2. 借鉴与启示

（1）农业现代化是中国农业发展的方向和目标，也是改善农业产业结构，提高农民收入的方向和途径。改变传统的农业生产和种植模式，让科技的力量走进农业，提高农业附加值，为农村和农业发展注入活力。

（2）农业专业化是现代农业的趋势。农业要走专业化道路，形成产业链和专业品牌。专业化发展能优化农产资源，利于农业分工专业化，培养专门人才，优化农业产业结构。

（3）注重农村转移人口的城市化融入。现代化农业产业必然产生大量农村富余劳动力，他们在实现从农民到市民身份转变的同时，如何更好地享有城市的各种资源是统筹城乡发展的现实问题。

（五）对口援建西藏、新疆等带动城乡统筹发展

1. 主要模式及特点

此类模式的特点是先富带后富、内地帮边疆，通过内地省份对口支援新疆、西藏各地市县，帮助它们完善基础设施、调整产业结构、建设现代农业、提高农民收入等，以此来实现边疆地区城乡社会发展面貌焕然一新。

（1）对口支援新疆模式

新疆作为边疆地区和民族地区，由于其自然环境、区位地理、历史惯性等原因，发展速度和水平远远低于全国平均水平，城乡差别大，发展缓慢。新疆的发展与稳定关系民族团结、祖国统一、国家安全以及改革发展的全局。中华人民共和国成立以来，党中央、国务院历来高度重视新疆工作，多次安排内地干部进疆支援新疆建设。1997年开始实施干部援疆计划，帮助新疆经济社会发展。2010年中央首次召开新疆建设工作会议，作出一系列重大部署，全国19个省市在中央统一部署下对口支援新疆，为新疆经济社会发展、城乡统筹发展作出了人才、资金、技术等全方位驰援，新疆社会发生了明显改善。

①高度重视，顶层设计，把新疆城乡社会健康发展上升为国家战略。"九五"期间，根据新疆加快发展和维护稳定的现实需求，中央从内地省市和国家机关选派热爱新疆、政治过硬、技术优良，正确执行党的民族宗教政策的党政领导和技术骨干2000人左右，分批分期到新疆工作，加快新疆地区发展，缩小新疆和内地以及新疆城市和乡村之间的差别，成

效明显。为了进一步地加快新疆发展，中共中央于2010年3月在北京召开全国对口支援新疆工作会议，学习贯彻中央关于组织开展新一轮对口支援新疆的重要决策，加强对支援新疆工作的动员和部署。2010年5月，中共中央国务院召开新疆工作座谈会，对新疆工作作了部署。胡锦涛同志在讲话中指出，中央各个时期关于新疆工作的方针政策是完全正确的，符合新疆和全国人民的共同利益。由于受历史、自然、社会等因素影响，新疆发展滞后于全国平均水平，差距明显，这就决定了做好新形势下新疆工作必须以实现新疆跨越式发展和社会长治久安来进行。坚持走中国特色兴疆富边道路，全面推进新疆政治、经济、文化、社会、生态建设和党的建设，2015年，新疆人均地区生产总值已达到全国平均水平，城乡居民人均收入和人均基本公共服务能力达到已西部地区平均水平，基础设施建设显著改善，自我发展能力显著增强，民族团结，社会稳定；到2020年，要进一步实现新疆地区城乡社会协调发展，实现人民生活富裕、生态良好、民族团结、社会稳定、边疆巩固、文明进步，确保实现全面建成小康社会的目标。

②明确目标，分类实施，为新疆经济社会以及城乡统筹发展指明方向。首先，优化产业结构，推动经济建设快速发展。新疆虽然地处祖国西部边陲，区位优势不明显，但也有其得天独厚的自然资源。在经济建设方面，要因地制宜，依托新疆资源优势，实现经济跨越式发展；产业布局要依据新疆各地实际，重点建设优势特色产业；加强生产能力和现代化建设；推进科技创新体系，发展高新技术产业；充分发展旅游观光资源，促进全疆各区域协调发展；大力改善交通通信等基础设施。其次，着力改善和保障民生，提高新疆城乡居民生活水平。全面发展各级各类教育，建立覆盖城乡的社会保障和救助体系，2012年新疆已完成覆盖城乡的基本医疗体系；通过税费改革等措施把增加的政府财政向改善民生方面倾斜；加大扶贫开发力度，对农村低收入人口全面实施扶贫政策；形成覆盖全疆的城乡公共文化服务体系，加快文化基础设施建设。最后，全面落实贯彻党的民族和宗教政策，积极开展思想文化宣传工作，积极践行和培育社会主义核心价值观，弘扬社会主义先进文化，深入开展民族团结教育活动，增强各族人民对中华文明、伟大祖国以及中国特色社会主义道路的认同，推动各民族和睦相处、和衷共济、和谐

发展。

③分工明确，对口支援，全国各省市为新疆社会经济以及城乡统筹发展注入无限活力。1996年中共中央作出开展援疆工作的重大决策，1997年第一批援藏干部进疆，截至2010年各地先后选派了6批次援疆干部共3700多名，全国各省市累计向新疆无偿援助财物达40多亿元；实施合作项目1200多个，共投入资金250亿元，培训各类人员40多万人次，为新疆经济社会发展以及民生改善起到了重要作用。2010年中央新疆工作决定对口支援新疆，全国19个省市分别对接支援新疆12个地（州）市的82个市（县）和新疆建设兵团12个师。几年来，各个省市认真落实，大力投入，为新疆改善民生保驾护航。北京对口支援和田地区，先后派出300多名干部和技术专家到和田地区工作；以项目援建为重点，先后安排对口援建资金、物资2.2亿元；2011—2015年北京将拿出72亿元建设资金，支援和田地区和兵团农十四师。广东作为中国最发达的省份之一，在对口援建方面既要重视喀什地区的发展，又要研究周边地区的发展；要对喀什发展做长期规划，多方位、多渠道筹措资金，完成公共服务、基础设施、城乡建设等方面规划发展，为此目标广东省政府5年之内将向喀什地区安排资金96亿元。此外，各个援建省份根据对口支援地区实际，结合自身特点和优势出台了各自援疆工作计划，例如天津从规划、民生、教育、人才、城乡统筹等10个方面采取措施，有序开展工作；辽宁的援疆工作则在重点关注和改善塔城地区的民生问题；浙江省在负责对口支援的阿克苏地区以突出改善民生，增加农牧民收入等四个突出方面打开局面。对口援疆实施几年来，新疆经济社会、产业结构、民生保障、自我发展等方面得到显著提升，各族人民生活水平显著提高，新疆城乡社会协同发展的局面已然形成。

（2）对口支援西藏模式

西藏在20世纪50年代仍然还处于政教合一的封建农奴社会，占人口总数不到5%的农奴主阶级几乎占据全部生产资料，广大农奴一无所有。中华人民共和国成立后，1951年西藏获得和平解放，1959年中央政府和西藏各族人民一起平息了西藏上层统治集团发动的武装叛乱，进行了民主改革，废除了农奴制。1965年西藏自治区成立。近60年来，党中央始终高度重视西藏工作，关心西藏发展，改革开放之后中央先后四次（分别是 1980 年、1984 年、1994 年、2001 年）召开西藏工作会议，从西藏实际出发，谋划西藏发展之路，制定了一系列有利于西藏经济社会发展和人民幸福的举措，特别是 1994 年第三次西藏工作会议决定对口支援西藏以来，西藏经济、政治、文化、生态等方面变化巨大，成果喜人。

①西藏经济社会进步，人民安居乐业，城乡协调发展历来是中央工作的重中之重。以毛泽东同志为核心的党的第一代领导集体，带领西藏各族人民推翻了政教合一的农奴制度，取得了社会主义革命的胜利，西藏从此跨入了新的历史阶段。毛泽东同志在西藏和平解放后曾欣慰地指出，在中央领导和全国人民的帮助下西藏在政治、经济、文化等方面得到了发展。作为第一代领导集体重要成员，周恩来总理在主持政务院工作时，中央政府每年都要拨出巨款帮助西藏经济发展。以邓小平同志为核心的第二代领导集体，先后两次召开西藏工作专门会议，从西藏实际出发，制订西藏发展规划和方针。1984 年第二次西藏工作会议决定"国家直接投资项目、中央政府财政补贴、全国人民对口支援"西藏，形成了全方位援藏格局。以江泽民同志为核心的第三代领导集体，确立了新时期西藏工作指导方针。1994 年第三次西藏工作座谈会明确了"分片负责、对口支援、定期轮换"的援藏方式，作出全国 15 个省市对口支援西藏的重大决策。国家直接投资 48.6 亿元，15 个对口支援省市和中央部委无偿援建项目 716 个，投入资金达 31.6 亿元，从根本上改变了西藏交通、通信、能源设施落后的局面，为改变西藏社会经济发展和城乡面貌发挥了重要作用。2001 年第四次西藏工作座谈会提出了西藏跨越发展战略，加大援藏力度，确定"十五"期间国家投资 313 亿元建设资金用于西藏发展。2005 年中央政治局召开会议专门研究新世纪、新阶段西藏工作，实施了加快西藏发展，维护西藏稳定的 40 条优惠政策，涉及"三农"、财税、社保以及对外开放和人才培养等十个方面。习近平同志在 2013 年参加十二届全国人大一次会议西藏代表团审议时指出中央历来重视西藏工作，希望西藏各族群众认真贯彻落实中央关于西藏工作的一系列方针政策，坚定不移走中国特色、西藏特点的发展路子，确保 2020 年同全国一道实现建成小康社会的宏伟目标。

②藏汉一家，对口支援，统筹城乡，维稳成边，西藏城乡经济社会

发展旧貌换新颜。2010年第五次西藏工作座谈会以来,西藏进入经济社会发展最快、最好,得到实惠最多的时期,初步形成了跨越式发展的新态势。经济方面,西藏经济总量从小到大逐步发展起来。由于历史原因,西藏经济起点低,市场容量小,教育、科技基础薄弱,生态环境脆弱。从2001年第四次西藏工作座谈会以来,对口援藏工作成绩显著,让西藏各族人民得到看得见、摸得着的实惠。目前,西藏初步建立社会主义市场经济体制,西藏地区生产总值由1951年的1.29亿元增加到2012年的701亿元。截至2013年,西藏全区生产总值802亿元,持续保持12%以上的增速。全社会固定资产投资910亿元;农牧民人均纯收入6520元;城镇居民可支配收入20192元。产业方面,第二、三产业发展迅速,结构优化。经过近60年发展,西藏工业从无到有、从小到大,现如今已经建立起医药、能源、轻工、食品加工、民族手工业等20多个门类的现代工业体系。工业产值从1956年的0.014亿元增加到2012年的105.91亿元。第三产业不断壮大,2012年三次产业结构比为11.5:34.6:53.9。民生方面,援藏资金对农牧区水、电、路以及通信等基础设施和文化、医疗、卫生、社保等社会事业领域投入巨大,实施例如林芝地区107个村搬迁、拉萨市乡村沼气项目推广、农村小康示范村等重点民生工程,帮助农牧民增收,改善生活条件。西藏率先在全国实现城镇居民医疗保险全覆盖,免费为农牧区居民提供医疗服务。另外,交通运输方面,西藏立体交通格局出现雏形。教育方面,建立起完整的教育体系,小学和初中入学率均达到90%以上,高中入学率也达70%以上。目前内地西藏班在校人数总数42469人。援藏项目和人才、资金的投入,加快了西藏经济社会跨越发展和长治久安。

2. 借鉴与启示

(1) 对口支援是在特殊环境和历史原因条件下,创新城乡社会经济发展,带动城乡协调一致的模式。西藏和新疆地处祖国边陲,属少数民族聚集区,民族宗教问题复杂。只有以最快的速度和方式帮助该地区发展经济、改善民生才能增加他们对党的领导和中国特色社会主义的认同感和归属感。

(2) 社会主义能够集中力量办大事的优越性,在对口支援西藏、新疆建设问题上体现得淋漓尽致。只有在中国共产党领导下,坚持走中国特色社会主义发展道路才能实现西藏、新疆跨越式发展。

（3）对口支援不单单是"授之以鱼"，关键在于"授之以渔"。资金和技术、人才的援助，最终是要改善西藏、新疆的产业结构，培养自己的科技人才，挖掘地方资源潜能，走现代化工业和农牧业发展之路。

第三节 当代中国探索缩小城乡差别模式的经验和问题

缩小城乡差别、实现统筹发展既是当代中国工业化、城镇化和现代化建设的必然结果，也是城乡社会发展规律的生动体现。改革开放以来，中国积极探索改革和发展的新思路，在缩小城乡差别的道路上积累了许多经验。这些经验和路径在一定程度和区域内缩小了城乡差别，使得乡村社会呈现出现代化气息，但其也有不足和问题。只有及时总结，开拓创新，顺应时代和发展的要求，才能不断完善当代中国缩小城乡差别的模式。

一 当代中国探索缩小城乡差别模式取得的经验

（一）大胆改革，勇于探索，以破旧立新的胆识开创城乡发展的新局面

纵观当代中国缩小城乡差别的所有模式，不难发现它们的共同之处在于，没有被制度的条条框框所束缚，思想解放善于创新。这些地区在20世纪70年代中国社会依然处在阶级斗争的复杂局面，没有对集体经济和市场行为予以认可的困难环境下，开始建立属于自己的社队企业，探索通过企业、工业、市场来改善农村产业格局，以工业化带动农村经济发展；天津的华明模式，把农民的宅基地和城市工业用地相挂钩，以土地置换的方式既实现了农民城市化，也置换出更多的工业用地等。正是这种不墨守成规，积极实践的改革精神，使得当地城乡面貌焕然一新。当然，这些农民的创举背后也得到了当地政府的默许、认可或者支持，政府的态度和举措同样是创新思维。解放思想，用发展的思路和眼光探寻符合当地实际的城乡统筹发展之路；敢于创新，以长远的视角和规划谋求城乡联动的协调发展新局面。这些经验和探索对于改变城乡面貌至

关重要。因此，在缩小当代中国城乡差别的道路上，善于创新、勤于实践的改革精神是做好工作的关键。

（二）工业化和城镇化的"双轮驱动"是缩小城乡差别的不竭动力

中国社会一个不争的事实就是人均耕地面积有限，随着农业生产力水平的提高和现代化农业机械的推广使用，大量农村劳动力不会再被土地所束缚。另外，农产品产量不高，附加值太低，农业赋税太重等原因也使得农民脱离农业生产，实现生产方式转型的诉求不断增加。面对大量农业人口生产和生活方式城市化转移的压力，一味实现人口的大城市转移，既造成大城市的"不堪重负"，又形成了许多农村的"空心化"。积极推进小城镇建设，建设居民社区，把农民变为居民；实现集中居住，节约和置换出大量农业用地。进入小城镇的农民要彻底实现市民化转变，除了居住方式城市化，生产方式也要城市，从事第二产业。改革初期，江南一带的乡镇企业发展迅猛，对改变当地农村和农业面貌作用明显。而后伴随着乡村工业化发展，各地都实行了将工业企业集中到工业园区，通过集中管理，招商引资，规模经营等方式大力推进农村工业化发展。城镇化的发展，使得农村人力、物力等各种生产要素向城市转移，为工业化发展提供了充足的储备和资源；工业化发展很好地吸纳了转移而来的农村剩余劳动力，同时也促进了第三产业的迅速崛起，为城镇化提供了支持。因此，工业化和城镇化的互动发展，为农村人口城镇化提供了现实的可能和条件，也为农村经济发展方式转型升级，农村城镇化建设提供了充足动力。

（三）着力推动农业现代化，优化农业产业结构，提高农业和农民组织化程度

当代中国缩小城乡差别的实践，不是要取代农村，消灭农村，更不是不要农业，只要工业。而是要通过打通城乡之间的通道，让城乡资源均衡分散，把农村和农业的落后面貌彻底改变，增加农民收入改变农村面貌。因此，推动农业生产力发展，加速农业现代化建设是缩小城乡差别的重要着力点。农业是国民经济的命脉，事关国家粮食和食品安全，必须通过推动农业现代化，发展设施农业、高新技术农业来改变农业原有的产量低、产品单一、附加值不高等问题。要以农业现代化为契机，带动和培育有知识、懂技术、具有市场意识和商业头脑的新型农民，让

农民融入市场化的大潮之中，通过技术来实现农业增产，通过市场来实现农民增收。培育农民的公共事业参与意识，提高农民之间的合作意识，加强农业合作组织建设。农业合作不但是农民的经济行为，它对于农民在乡村治理、促进交流、凝聚资本等方面都有积极作用。杨凌的农业现代化模式，一方面，把教授、科技专家请进了田间地头，让他们直接为农业发展把脉，实现了真正的科技兴农；另一方面，通过农业分成和技术入股，也为专家创收，把知识转化为效益提供了路径。这种模式不但实现了城市资源的乡村流转，也成就了农民和农业产品的城市化转入，真正实现了城乡互动以及农民就地城市化。

（四）打通城乡制度壁垒，实现资源自由流动，构建公共服务城乡一体格局

缩小城乡差别必须形成城乡一体的社会管理模式，把公共服务向乡村延伸，强化农村基层社会管理，增强社区自治和服务能力，形成城乡一体的社会管理体系。成都市统筹城乡发展中把行政权限向乡镇、社区延伸，通过此举提升乡镇管理水平和能力；上海通过大城市带动郊区，实现管理重心下移，赋予县区乡镇更多自主权，这种社会管理方式，有利于形成城乡一体的管理模式和格局。同时在管理方式创新基础上，各地在公共服务方面措施得当、态度明确，就是要构建城乡一体化的公共服务和社会保障体系。城乡差别最直观的表现就体现在教育、医疗、文化、通信、社保、交通等设施和资源的城乡不均衡，当代中国缩小城乡差别的各种模式中，因为地理环境、资源禀赋等原因各地在方式和方法上有所差异，但在公共资源的城乡一体方面认识相同，举措一致。缩小城乡差别的最终结果就是把农村和城市两个对立的空间整合成一个整体；把农民和市民两种不同身份的人群融为一家。

二 当代中国探索缩小城乡差别模式存在的问题

作为探索工业化、城镇化进程中缩小城乡差别的方式和举措，前述各种缩小城乡差别的模式都是在遵守社会、经济发展规律基础上，结合当地实际的伟大创举，取得了显著成效。但以上模式依然有不完善、待改进的地方，需要结合中国社会发展的新阶段，借鉴世界其他国家的经验，不断改进和完善，探索出具有中国特色的城乡统筹发展

新路径。

（一）关于发展目标的偏差

缩小乃至消除城乡差别最终应该是什么样的发展格局和样态，对这个问题许多地方政府以及民众在认知上存在分歧。比如有的地方认为消除城乡差别就是消灭农村，因为农村和城市比起来是落后的；有的地方认为，消除城乡差别就是农民进城，把农村人口全部转移到城市去居住和生活，放弃农业生产和农民增收；有的地方则认为消除城乡差别就是用土地换城市房产，忽视了进城农民的再就业问题等等。消除城乡差别不是要消灭农村，也不是要消灭农民，是要实现城乡社会发展方式的革命性改变，在城乡平等利益均衡基础上创造农村社会发展的新面貌。

（二）关于发展方式的规范

当代中国的城乡差别是一个普遍性问题，也是个艰巨的任务，成为各级地方政府和百姓关注的焦点问题。因此，在发展思路和价值取向上，更多地方是以取得可观经济利益为导向，而对于由此产生的资源浪费、环境污染，甚至是投机取巧，钻制度和法律空子等问题视而不见。由此也产生了类似苏南模式众多乡镇企业带来的污染、温州模式因为产品质量问题带来的"火烧皮鞋"事件等。规范发展，依法发展是城乡统筹发展必然要走的道路。

（三）关于持续发展的思考

当代中国客观存在的城乡差别以及有限的土地资源，是许多地区农村开始走工业化、商业化发展之路的根本原因。农村经济发展方式落后、农民收入水平太低，使得以往缩小城乡差别的诸多模式都把发展经济，发展工业和非农产业当作突破口。这种唯经济指数论固然使得乡村面貌为之一新，农民生活大幅提升，但因此带来的资源破坏、环境污染等生态问题严峻；同时，许多地方只是把目光停留在经济收益方面，市场意识、品牌意识缺乏，缺乏长期可持续发展规划，违反市场规律、经济规律、生态规律的问题比较突出，亟须改进。

（四）关于发展规律的总结

对城乡发展一般规律的把握和认识是处理和解决好中国城乡问题的理论基础。当代中国在缩小城乡差别的进程中，各地都在积极探索，做法自成一派，系统性和普遍性不够，需要进一步从特殊到普遍进行理论升华，在实践中发现问题，深化认识，最终通过各地缩小城乡差别的探索，把握新时期缩小城乡差别的规律，在加强顶层设计的同时，发挥市场力量，不断完善当代中国缩小城乡差别的模式。

第 四 章

当代中国缩小城乡差别的成就和问题

自中华人民共和国成立以来,中国的城乡关系发展经历了三个阶段,即以城市发展为主、城市发展兼顾农村、城乡统筹发展的演进轨迹。城乡发展空间格局的战略调整,是对当代中国城市化、工业化发展进程的顺应,更是对中国城乡发展进程的社会战略规划,体现了城乡并举,科学发展的思路。当代中国的城乡格局在体制改革和政策引导下,总体呈现出城乡共同发展,工农业相互支撑,农村和农业显著进步的特征。但由于长期以来发展政策的城市化偏向,以及工业化、城市化发展带来的吸纳效应,城乡之间的差别依然清晰,特别是在中西部地区和欠发达地区,在公共资源、生产方式、生活方式、社会保障等方面,城乡差别明显。造成当代中国城乡差别形成、拉大的原因,除了历史原因之外,还有制度因素等。只有从根本上改变产生城乡差别的政治体制和经济制度,大力发展农业生产力水平,给予乡村和城市同等发展地位和权力,才能有效缩小城乡差别。

第一节 当代中国缩小城乡差别的成就

一 农业生产力水平与农业科技水平提高

中国自古就是传统的农业大国。民以食为天,粮乃国之宝,敬天尊地,以农为本是中国社会的传统。然而,中国农业发展长期受制于生产力水平制约,生产水平低下,生产工具简陋,农业市场化水平不高,农业机械化程度不高。农业收入微薄,农民穷苦不堪。中华人民共和国成立后,国家加快提升农业生产力水平,努力提高农业科技化程度,制定出台了许多政策、措施为恢复和加快农业发展提供保障,成效显著。

第一,大力提升农业生产力发展水平。中华人民共和国成立伊始,中国共产党领导的土地改革运动,使得几千年来以土地为生的农民有了真正属于自己的土地,免去了之前种地交租、赋税沉重的劳动之殇。有了土地的农民如获新生,劳动积极性和热情空前高涨。国家相继出台保护农民利益和财产及合法所得的政策措施,普及农业知识;提供贷款支持农民开展农业生产,培养农业科技人才,总结各地农业生产经验等。这些措施提高了农业生产能力,为中华人民共和国成立初期农业快速恢复打下良好的基础。为了实现工业立国的战略部署,必须要有农业的全力支持,对此毛泽东同志提出农业要走"先合作化、后机械化"的发展农业生产力之路,通过农业集体化方式,以农业机械化、电气化、水利化的技术改造带动农业发展。截至1956年全国建成拖拉机站326个;农技推广站1.4万多个,畜牧兽医站2000多个;打出500多万口机井,农业生产能力明显提升。同时,国家增加农业科研人才培养。到1957年,全国农业科研机构有400多家,农业科研工作者人数接近9000人。改革开放之后,国家对之前农业生产力发展中存在的问题及时进行总结,提出要彻底改变"农业学大寨"这种农业生产的主观主义倾向,农业生产要因地制宜,群众做主。在此思想解放背景下,农村开始推行"家庭联产承包责任制",给予农民农业生产的主体地位和自主权,彻底推动农业生产力发展。国家及时调整农业产业结构,改变以往只重视粮食生产的发展思路,积极发展农业经济,形成农、林、牧、副、渔协调发展的农业产业格局。国家通过提高农业市场化水平,理顺工业产品和农业产品以及各种农产品间的合理比价,逐步缩小"剪刀差";以市场化改革促进农业发展,提高农业生产力水平;大力推进涉农工业发展,解放农业生产力;扶持农药、柴油、地膜、化肥等农业工业发展,保障供应和流动;减少流通环节,保证供应价格;加大农业现代化人才培养,对涉农专业大学生提供资助,保障就业,为提高农业生产力水平创造条件。

第二,农业科技化水平日趋发达。中华人民共和国成立以来,中国农业机械化和装备水平突飞猛进。截至2014年,中国农业机械总动力达

10.76亿千瓦①，农机化水平达到61%以上，而1949年全国农机总动力只有8.01万千瓦，增幅惊人。这一数据意味着中国农业生产方式已经实现了从传统人力、畜力劳动为主向现代化、机械化转变。中国政府在2004年出台了《农业机械化促进法》，此后的10年间，中央财政累计投入农机购置补贴高达1200多亿元，补贴农机具3500万套。各种大型农业机械保障了农业从种植、管理、施肥、除草、收割、晾晒等环节的全程机械化。同时，除了农业生产领域的机械化，经济作物、设施农业、种植业、养殖业、农产品加工等各个农业领域，都实现了高度机械化。大大提高了农业生产能力和抗御风险能力，确保粮食丰产，农业增收。与此同时，国家积极推行农业机械化创新，通过各种改革、攻关以及引进国际先进农业技术项目等，加大农业机械化技术研发力度。深化农机产业改革，以促进农业现代化为目标，积极研发符合市场需求的新型高效农业机械。2013年，中国农业工业生产总值3384亿元，在1980年103亿元的基础上，增长了32.8倍。随着农业机械化水平不断提高，农业合作社、农机协会、农机经纪人等新型农机服务组织不断壮大。截止2011年，全国拥有各类农机服务组织17.2万个；农机合作社2.2万个，入社人数43.3万人，农机社会化服务蓬勃发展。

二 城镇化率提高

城镇化作为连接城市和农村的纽带和桥梁，是当代中国缩小城乡差别的有效途径。中国政府一直把推进城镇化建设作为21世纪的重要发展目标。中华人民共和国成立到改革开放之前的几十年，中国的城镇化进程总体有所推进，但过程却是有所起伏。中华人民共和国成立后，为了恢复经济，顺利推进社会主义建设，城镇人口快速增长。1949年中国城镇人口为5765万，到1961年则上升为12707万人，共计增长了6942万人，增长率为120%，平均每年增加城镇人口631万左右；中国城市数量由中华人民共和国成立初期的136座，增加到1961年的208座，增长了1.52倍。此阶段的人口转移，保证了"一五"计划的科学制订和实施，

---

① 《去年全国农机总动力达10.76亿千瓦》，2015年2月19日，新华网（http://www.gov.cn/xinwen/2015—02/19/content_ 2820849.htm）。

推动了中国经济发展，特别是156个重点工程的建设，奠定了我国重型工业化的发展基础。1961年之后，由于上一阶段城镇化超速发展带来的人祸，又赶上自然灾害的天灾，国民经济大幅缩水，群众生活举步维艰，自然城镇化发展也呈现出了倒退趋势。城镇人口开始回流农村，城镇数量减少，加上后来的"文化大革命"以及过"左"的政治运动，城镇化发展处于停滞甚至倒退时期。

表4—1　　　　　　城市（镇）数量和规模变化情况　　　　　　单位：个

城市	1978年	2010年
	193	648
1000万以上人口城市	0	6
500万—1000万人口城市	2	0
300万—500万人口城市	2	21
100万—300万人口城市	25	103
50万—100万人口城市	35	138
50万以下人口城市	129	380
建制镇	2173	19410

注：2010年数据根据第六次全国人口普查数据整理。

资料来源：《国家新型城镇化规划2014—2020年》（《十八大以来重要文献选编》（上），中央文献出版社2014年第1版，第883—884页）。

1978年党的十一届三中全会揭开了改革开放的序幕。乘着改革之势，中国的城镇化也以迅猛的速度突飞猛进。改革开放之后的中国城镇化进程，是在加速推进经济体制改革，大力发展社会主义市场经济，探索社会管理改革的机遇下快速推进的。改革开放前，中国政府确立了城市为主的发展战略，实行了城乡分治的政策，农村人口被牢牢地束缚在土地之上，难以流动。改革开放后，国家推行家庭联产承包责任制，解放了农业生产力，提高了农业产量，增加了农民收入；同时城市的市场化改革逐步推进，整个国家的农业和工业部门开始迸发出生产活力，城乡之间的二元壁垒逐渐松动。随着工业化水平的提高和乡镇企业的突起，中国城镇化迅速发展。改革开放30多年来，中国城市数量从1978年的193

个增加到2010年的648个，建制镇数量从2173个增长到2010年的19410个（见表4—1）。人口城镇化率从1978年的17.9%，上升到2012年的52.6%，34年提高了34.7个百分点。特别是从1992年城镇化率达到27.5%以来，平均每年增长1.26个百分点，到2012年达到52.6%。城镇化不仅带来了大规模基础设施建设和城市扩张，也激活了房地产市场，刺激了城市住宅的刚性需求。另外，城镇化带动了大量农村人口进入城市，成为城市的建设者和第三产业的主力军，改变了农民生活方式，拉动了农村和农民消费需求。

改革开放之后的中国城镇化发展可以分为三个阶段。

第一阶段（1978—1992），是农业和城市经济体制改革的推动期。这一阶段的城镇化是经济体制改革带动下的城镇化恢复发展时期，"农村人口转移在很大程度上带有'离土不离乡'的特征"[①]。在农村土地制度和产权制度改革推动下，农业和农村发展明显。全国粮食生产和农副产品供应充分，为城市人口和工业化发展提供了坚实的物质保障。另外，农业生产力提高释放了更多农村剩余劳动力，撬动国家的人口管控制度出现松动，为乡镇企业和小城镇建设创造了积极条件。农村产业结构得以改善，非农人口开始迅速增加。城镇化率从1978年的17.92%，提升到1992年的27.5%，增长了9.6个百分点。

第二阶段（1993—2002），是市场经济体制推动下的城镇化快速发展时期。1992年党的十四大确定建立社会主义市场经济体制，加速了中国社会现代化发展进程。市场化改革自然成为加速中国城镇化发展的有力推手。1993年开始，城市化进程以大、中、小城市（镇）建设为途径，全面推进。在此10年中，中国人口总数增长缓慢，但城镇人口数量增加明显。全国人口数量由1992年的117171万人增长到了2002年的128453万人，增长了9.6%，但城镇人口由32372万增加到了50212万人，增长了55%。城镇化率从27.46%提升到了39.09%，提高了11.63个百分点，年均增长1.16%。建制市数量从517个增加到660个，建制镇数量从14539个增加到19811个。

第三个阶段（2003—2013），是以统筹城乡发展为目标的新型城镇化

[①] 王一鸣：《中国城镇化进程、挑战与转型》，《中国金融》2012年第4期。

建设时期。2003年胡锦涛同志提出"以人为本，树立全面、协调、可持续的发展观，促进经济社会和人的全面发展"以及"统筹城乡发展"等五个统筹的发展方法论；党的十八届三中全会提出"完善城镇化健康发展体制机制，坚持走中国特色新型城镇化道路，推进以人为核心的城镇化"，标志着中国城镇化发展从"'要素驱动'进入'创新驱动'"① 发展时期。加快新型城镇化建设，不断完善城镇服务功能和居住功能，加快城镇发展方式向集约型转变，激活城镇创新要素，提高城镇创新能力。按照统筹城乡经济协调发展的整体思路，以新型城镇化建设为依托，把城市发展和农村发展紧密连接，实现城乡一体化。在城镇化的过程中，坚持以人为本，要处理好人与自然以及人与人之间的关系。要以节约资源，保护环境，循环利用的发展战略，处理城镇化进程中的问题，建设环境友好型城市。

当前我国城镇化发展速度不减，势头良好。2017年城镇化率达到了58.52%，比2002年的39.09%提高了19.43个百分点；同时城镇化发展方式也开始转型升级，从以前的注重发展城镇数量到提升城镇发展内涵；新型城镇化在保持城镇化对经济社会持续拉动的同时，又要保护资源环境和青山流水。城乡之间的关系从对立开始走向融合，城市间的关系也更加密切，经济社会发展质量不断提高，人民生活更加富裕安康。

三　农业人口城镇化流动加快

当代中国城乡差别一个显性标志就是城镇人口数量与农村人口数量的比例。据统计，1949年年末全国总人口为54167万人，其中城镇人口5765万，农村人口48402万，分别占人口总数的10.64%和89.36%；到了1978年年末全国总人口为96259万，其中城镇人口17245万，农村人口79014万，分别占17.92%和82.08%。这一期间（1949—1978），农村人口城镇化流入数量有限。在国家优先发展重工业的战略布局下，有偏向性地选择了城市和工业优先的政策。国家通过制度设计和政策安排，刻意切断了农村人口城镇化流动路径。1958年1月9日，全国人民代表

---

① 辜胜阻、刘江日：《城镇化要从"要素驱动"走向"创新驱动"》，《人口研究》2012年第11期。

大会常务委员会第 91 次会议审议通过了《中华人民共和国户口登记条例》，以户籍为约束，限制人口的流动和迁移。国家实行农产品统购统销政策，1953 年中共中央制订的《关于粮食的计划收购与计划供应的决议》，严重压低农产品收购价格，以此来为城市居民和职工提供廉价粮食和农产品供应，支持工业化。30 年间，国家通过工农业产品"剪刀差"，从农村和农业向城市和工业提供了大约 8000 亿元建设资金。同时通过人民公社运动等，把农民和土地紧密捆绑，使得农民不得不把所有的生产资料、资源和精力全部用于农业生产。造成了严格的城乡壁垒，固化了城乡二元格局。城镇人口可以享受国家福利待遇，而农村人口则必须自给自足；城镇有丰富的社会资源和良好的生活环境，农村则资源短缺，衣食难保。城镇优质的生活对农村人口有着无比的吸引力，但制度的鸿沟制约着农村人口的城镇化流动。此阶段农村人口自由流入大城市可能性很小，但并不意味农村人口没有任何机会流入城镇，"政府为适应工业化和城市化对劳动力的需要，有控制地'计划性迁移'还是存在的"[①]，比如国家通过高校招生、参军提干、工厂招工等方式，从农村社会中选拔走了一些"精英"分子，融入城镇。因此，30 年来，城镇人口数量在增长，但增幅有限，只提升了 7.28 个百分点。

改革开放之后，农村经济体制开始改革，"使得几十年来沉淀于有限农地上的大量富余劳动力开始显性化"[②]。人民公社开始解体，家庭联产承包责任制逐步推行，农村经济彻底被激活。在农村经济体制改革初期，农民收入增长是在原有的城乡格局不变的情况下，通过农业系统内部结构改革来实现的。从 1978 年到 1984 年，农村改革率先展开，家庭联产承包责任制理顺了农业生产关系，农民把所有的精力都投入恢复农业生产、提高农业产能上面，很少有人外出务工。到了 1985 年之后，随着农业生产率的不断提高和城市化发展步伐的加快，大量的富余劳动力开始走出他们赖以生存的村庄，迈向城镇，寻求一种别样的生存方式，感受城市

---

① 王中人：《当代中国城乡人口流动与农村村民自治问题研究》，《中共成都市委党校学报》2002 年第 3 期。
② 李培：《中国城乡人口迁移的时空特征及其影响因素》，《经济学家》2009 年第 1 期。

文明的力量，城镇成为农村富余劳动人口向城市转移的主要目的地①。政府对此人口流动也给予默许和支持。针对农民进城的渴望和城市建设的需要，国务院于1984年下发了《关于农民进入集镇落户问题的通知》，规定只要自带口粮，农民则可以进入小城镇务工经商。

表4—2　　　　改革开放以来主要年份外出务工的农民工数量　　　　单位：万人

年份	国家统计局调查数据	农业部调查数据	其他估算结果	其他估算结果来源
1983			200	《中国农民工调查报告》
1989			3000	《中国农民工调查报告》
1993			6200	《中国农民工调查报告》
1995	7000			
1996	7223			
1997			3890.3	劳动和社会保障部调查
1998			4935.5	劳动和社会保障部调查
1999			5203.6	劳动和社会保障部调查
2000	7849			
2001	8399	8961		
2002	10470	9430		
2003	11390	9820		
2004	11823	10260		
2005	12578	10824		
2006	13181	11490		
2007		12600		
2008	14041			
2009	14533			
2010	15335			
2011	15863			
2012	16336			

资料来源：其中1983—2009年数据来源于《我国农民工工资"十二五"发展规划纲要研究课题组：中国农民工问题总体趋势：观测"十二五"》，《改革》2010年第8期；2010—2012年数据来源于国家统计局网站。

---

① 殷江滨、李郇：《中国人口流动与城镇进程的回顾与展望》，《城市问题》2012年第12期。

1985年出台《关于城镇暂住人口的暂行规定》，允许农民进城开设店铺、提供各种服务业。这些政策的松动和出台为农村富余劳动力城镇化融入打开了政策之门。随后，国家在政策层面上不断调整，加大农村人口城镇化流动的支持力度。1983年，著名的社会学家费孝通先生提出"解决农村剩余劳动力问题要以小城镇为主，大中小城市为辅"的建议。结合现实需要和理论研究，国家于1986年调整设市标准和市领导县条件，降低了设立城市的标准，大力推进小城镇建设，一时间小城镇成为中国农村剩余劳动力转移的吸纳主体。以广东为例，1982—1988年乡镇吸纳了城乡迁移人口的41%。

1992年党的十四大决定建立社会主义市场经济体制，掀开了中国社会加快发展的序幕。解放思想，以市场为手段，大力发展对外贸易和外向型经济，出现了以东南沿海和经济特区为代表的新的工业产业集群。沿海地区的经济高速增长，提供了越来越多的就业岗位和机会，吸引着大量农业富余劳动力开始"孔雀东南飞"，在改革前沿实现城市化就业。另外工业和农业之间的劳动收入差距，以及农业生产技术的提高，也助推了农村人口的城市化转移。1993年国务院通过了《国务院批转民政部关于调整设市标准报告的通知》，对设立城市的标准进行了调整，不再以具有农业户口人数为人口指标，取而代之以从事非农产业人数来确定建市标准，使得建市机制更合理。1997年，国家出台《小城镇户籍制度改革试点方案》，放开城镇落户条件，吸引更多农村人口到小城镇实现市民化转变。据有关研究表明，1978—1999年，中国从农村向城镇迁移的人口占城镇人口增长总量的75%。

与此同时，外出务工的农业人口数量也在不断刷新数据（见表4—2）。1983年，全国外出务工农民工人数只有200万。到了20世纪90年代开始，随着东南沿海地区的经济发展提速，越来越多的农民工开始外出，人数从1993年的6200万人左右，经过10年发展，到2003年的时候超过了1亿人，2012年，中国外出务工的农业人口达到16336万人。城乡之间的互动越来越密切，城市资源开始逐步共享，城市化、工业化不断发展创造了更多就业岗位和机会，农业收入有限导致的城乡收入不断拉大，加快了农村人口进入城市的步伐。

四 农村教育文化条件改善

教育文化资源的不均衡一直是城乡差别的突出表现。中国社会几千年来无论是在以农耕文明为代表的封建社会，还是到了近代以来工业文明的逐步兴起，农村作为教育文化的"灾区"，长期被遗忘。农村人口自古以来能接受先进教育、感受时代文化的概率极低。教育文化的缺失，自然造就了农村经济社会发展缓慢、人口素质不高、生活方式落后等困境。中华人民共和国成立以来，特别是改革开放以来，在以城市化和工业化为主的社会发展战略中，国家加大了对农村地区教育文化的投入，使得农村地区教育文化得到一定改善。

（一）加大"普九"力度，增加财政投入比例，改善农村中小学教育设施，提高农村义务教育入学率和办学水平

中华人民共和国成立前，中国教育发展滞后，文盲和半文盲占总人口的80%。为改变教育困境，中国在1986年颁布了《义务教育法》，把九年制义务教育当作改善中国教育的突破，从2006年开始将农村义务教育全部纳入公共财政范围[①]。在国家统一部署和各级政府的努力下，到2000年中国的"普九"率达到85%，基本实现了"普九"和扫除青壮年文盲的目标。到2009年年底，全国"两基"人口覆盖率达到99.7%。进入21世纪，根据农村义务教育发展的现状，国家相继出台《关于深化教育改革全面推进素质教育的决定》和《国务院关于基础教育改革与发展的决定》，大力改善农村义务教育，明确要求在国务院统一领导下，地方政府切实负责、分级管理、以县为主的体制，实现了农村教育由农民个人负担向政府负责的历史性转变。国家对尚未实现"普九"的农村贫困地区给予重点扶持。据统计，"九五"和"十五"期间，中央财政用于农村基础教育的投资约为350亿元。先后实施了"贫困地区义务教育工程""农村中小学危房改造""农村寄宿学校建设工程"等，新建或改建了大批农村中小学，改善了农村办学条件和基础设施。"十一五"期间，中央和地方政府推动公共教育资源继续向农村倾斜，从根本上保证农村义务教育在中国教育发展中"重中之

---

① 于霞、冯文华：《中共十六大以来中国农村公共服务的提升与基本经验》，《云南社会科学》2012年第5期。

重"的地位。财政预算中教育拨款比重不断增加,从2005年的80.8%增加到了2009年的92.6%(见表4—3),提高了11.8个百分点;城乡义务教育生均经费比例也从2005年1.7∶1下降到1.3∶1。

表4—3　　　　　2005年、2009年全国义务教育投入情况

	总投入		财政预算内教育拨款		财政预算内教育拨款占总投入的比例(%)	
年份	2005	2009	2005	2009	2005	2009
合计	3557.1	7249.2	2529.2	6357.6	71.1	87.7
城镇	1618.4	2828.7	961.8	2262.9	59.4	80.0
农村	1938.7	4420.5	1567.3	4094.7	80.8	92.6

资料来源:王红、田健《教育投入与保障:"十一五"回顾与"十二五"趋势展望》,《教育发展研究》2011年第1期。

"十二五"期间,按照《国家中长期教育改革和发展规划纲要(2010—2020年)》,财政教育经费支出有望达到4%。特别是中央财政通过转移支付,加大了对农村教育的支持力度。针对中国东西部发展不平衡的格局,在中央政府加大对义务教育投入力度的同时,中、西部地区的地方政府也加大了对义务教育的财政内教育拨款数额,明显改善了中西部地区义务教育的环境。基础教育的发展为提高全国各地特别是农村地区科学文化水平奠定了重要基础。实施义务教育以来,农村适龄儿童入学率、校园基础设施建设、财政投入力度、农村师资水平等农村教育条件得到显著提升,城乡义务教育水平差距在缩小,农村中小学教育扎实推进,农村人口科学文化素质显著提升。

(二)加大农村公共文化体系建设,以文化下乡和科技下基层为推手,提升农村文化氛围,培养农民文化情趣和审美

中华人民共和国成立以来,在国家文化解放运动和"百花齐放、百家争鸣"的文化方针指引下,中国文化服务体系也在不断发展和完善。农村从中华人民共和国成立前文化建设的"沙漠",渐渐向文化"绿洲"靠近。城乡之间文化发展差别逐步改善,城乡民众基本文化权益正在逐步实现。中华人民共和国成立之初,中国乡镇文化设施一穷二白,乡镇文化站基本

没有。到 2012 年年末全国共有公共图书馆 3076 个,建筑面积 1058.4 万平方米,拥有图书总藏量 78852 万册,计算机 17.33 万台。群众文化机构 43876 个,其中乡镇综合文化站 34101 个①。群众性文化产业发展迅猛。

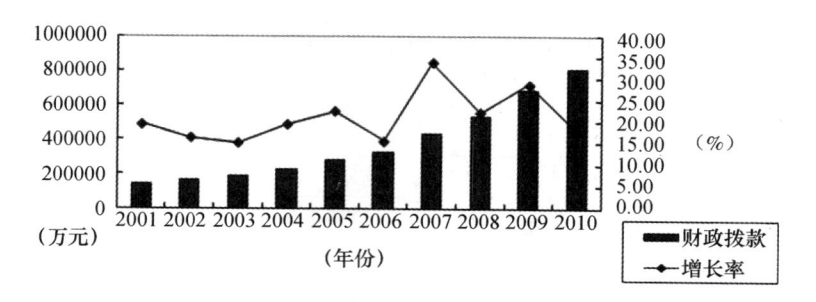

图 4—1　全国各级财政对群众文化事业财政拨款情况

资料来源:《"十五"以来全国群众文化业发展情况分析》,中华人民共和国文化部网站(http://www.mcprc.gov.cn/whzx/bnsjdt/cws/201111/t20111128_390497.html)。

"十五"以来,国家通过实施县级图书馆和文化馆建设、修缮;乡镇综合文化站建设以及设备购置专项、文化资源共享、流动舞台车等重大文化项目,不断完善群众文化机构服务职能。

表 4—4　"十一五"期间全国乡镇综合文化站活动情况

年份	举办展览		组织文艺活动次数		举办训练班	
	总量(万个)	占群众文化总体比重(%)	总量(万次)	占群众文化总体比重(%)	总量(万次)	占群众文化总体比重(%)
2006	9.2	65.2	27.2	54.6	11.9	54.3
2007	5.8	63.7	30.0	55.0	10.8	44.6
2008	6.5	64.4	27.9	58.9	15.3	51.0
2009	7.1	64.5	30.0	54.1	15.5	50.9
2010	7.6	65.0	30.5	52.9	15.3	42.6

资料来源:《"十五"以来全国群众文化业发展情况分析》,中华人民共和国文化部网站(http://www.mcprc.gov.cn/whzx/bnsjdt/cws/201111/t20111128_390497.html)。

---

① 中华人民共和国文化部 2012 年文化发展统计公报,2014 年 1 月 2 日,文化部网站(http://www.mcprc.gov.cn/whzx/bnsjdt/cws/201401/t20140102_425317.html)。

第一，群众性文化机构数量从 2006 年底的 40088 个增加到 2010 年的 43382 个；第二，从从业人员来看，2010 年底全国共有群众文化从业人员 141002 人，比 2000 年增加了 12582 人，增长 9.8%；第三，"十五"以来，各级财政对群众文化机构财政拨款不断增长，总量大幅增加。2010 年全国各级财政对群众文化机构投入达 80.4 亿元，比 2000 年提升了 68.6 亿元，年均增长 21.2%（见图 4—1）；第四，文化设施建筑面积增长较快，条件设施得以改善。通过"十五"以来的县级图书馆和文化馆、乡镇综合文化站建设等重大文化工程，群众文化设施得以极大改善。其中，乡镇文化站建筑面积从 2000 年的 690.7 万平方米增加到了 2010 年的 1486.5 万平方米，增幅为 115.2%。随着农村基层文化服务条件的改善，群众文化活动日益丰富，社会效益更加显著，镇乡村文化氛围愈加浓烈。乡镇文化站开展的群众性文化活动日趋活跃，在加强社会主义新农村建设、丰富农村群众文化生活、满足基层群众基本文化需求、促进城乡文化均等化等方面成效突出。2010 年全国乡镇文化站共组织文化活动 30.5 万次、举办培训班 15.3 万次，举办展览 7.6 万个，分别占到群众文化总量的 52.9%、42.6% 和 65.0%（见表 4—4）。

五 惠农政策陆续出台，"三农"问题明显改观

"三农"问题是我国经济社会发展中的重大问题，影响中国城乡均衡发展；如果不能让"三农"问题有一个根本性的变革，积极改善农村产业结构、提高农民收入水平，消除城乡差别只能是一种设想。中华人民共和国成立以来，特别是改革开放以来，国家在"三农"问题上予以高度重视，从推行家庭联产承包责任制的农村土地产权制度改革到 21 世纪连续 15 年的中央"一号文件"相继出台，"三农"问题取得了明显的成绩和进步，农村、农业和农民有了显著的变化和提升。

农业问题，就是农业产业化的问题。中国自古就是农业大国，自给自足的小农经济是中国社会在过去几千年的农业生产模式。这种模式无法形成农业规模效应，因而在以市场为手段配置资源的经济形态之下，农业无法形成畅通的购销体制，导致农业发展缓慢，收益过低，农民收入有限。农业歉收，农民受损；农业增产，农产品价格过低，农民照旧

贫困。造成这种农业发展现状的根本原因在于农业发展没有遵守市场经济的基本规律。从党的十一届三中全会开始，中国社会改革全面拉开，其中涉及农业和农村的改革。1982年推行的家庭联产承包责任制是农村土地制度的重要改革，大大提高了农民劳动积极性，改革了束缚农业生产力发展的不合理因素，主要农产品由之前的长期短缺到发展为总量平衡、连年有余。其间从1982—1986年连续5年的关于"三农"问题的"一号文件"，以放权为主，给了生产经营者空前自主权，可以种地、可以养殖，产品可以自由买卖，也可以进城打工，开创了农业快速发展阶段；从2004年开始，在中国工业化、城市化发展达到新阶段后，以工业反哺农业为目标，中央连续15年推出"一号文件"，为农业发展创造了新的局面。粮食产量从1980年的32056万吨增长到了2011年的57120万吨。其他农产品如蔬菜、水果、水产、肉类等多年连续居世界首位。农业发展方式从粗放式发展向集约型转变，科学技术在农业增产、增收中发挥着越来越重要的作用，科技兴农、现代农业成为主导。科技对农业的贡献率达到了约50%。农业机械化程度快速推进，2012年耕、种、收综合机械化水平达到57%，比1978年提高了36.8个百分点。

农村问题的关键是农村产业结构调整以及城乡户籍制度改革问题。一方面，农村产业结构是指在农村经济中三次产业的比例和结合方式。传统的农村经济发展方式是以农业为主，第二、三产业几乎空白。单一的农业产业结构使得农村社会自身发展缓慢，同以工业、服务业为主的城市比较起来，农业产量低，且受自然条件制约，农产品价格不高。生产方式的差异，决定了生活方式的不同，导致城乡经济收入差别过大。因此，调整农村产业结构是时代发展的要求，也是农民自身利益以及新农村建设的要求。改革开放以来，中国政府在农村产业结构调整中发挥着，确定产业结构调整方向、制订产业结构调整规划、健全市场体系职能的重要作用，依靠科技创新促进产业升级。大力发挥乡镇企业的带动作用，以农村工业化发展带动城镇化，实现农村建设现代化和农民生活方式城市化转型。2006年国家启动了"社会主义新农村建设"工程，对农村经济、政治、文化和社会等方面提出新的建设要求，明确了实现"生产发展、生活宽裕、乡风文明、村容整洁、管理民主"的社会主义新农村建设目标，也为农村产业结构调整提出了新要求。另一方面，中国城乡二元户籍制度因其具有公民福利身份差别而饱受诟病。这一制度形成于计划经济时期，是中国城乡二元结构的显著标志。改革开放以来户籍制度改革一直在探索中前行，从1984年《国务院关于农民进入集镇落户问题的通知》出台，户籍严控出现松动，到2014年国务院印发《国务院关于进一步推进户籍制度改革的意见》，取消农业户口实现城乡一体户籍登记制度，预示着城乡在公共服务资源方面的均等将很快实现。

农民问题，就是和农民利益息息相关的经济福利以及社会政治权益。其中经济福利主要是农民收入水平。1949年，中国农民人均纯收入只有可怜的44元；之后由于国家工业化、城市化先行的发展战略，农民收入停滞不前；1978年改革开放初期，中国农民人均纯收入为133.6元。接下来的年份，在以改革为先导的市场体制下，农民人均纯收入不断增长，到21世纪的2000年达到2253.4元。从2004年中央每年针对"三农"问题连续出台的"一号文件"，农民从改革中不断得到实惠。比如国家取消了农业税，让千百年来种地交税成为历史，提高了农民收入，为此中央财政投入800亿元资金确保改革顺利；同时，国家加大农资补贴、农业机械补贴等财政政策，开源节流，增加农民收入。截至2013年中国农民人均纯收入达到8895.9元。根据国家统计局数据表明，2013年中国城镇居民人均可支配收入实际增长幅度是7%，而农民人均收入增长幅度是9.3%，这也是连续四年农民收入增幅高于城镇居民，城乡居民收入差距在进一步缩小。另外，农民权益也有了很大改观。例如在生产经营方面，自主权更大，可以依据自己的判断和市场的行情决定种什么、种多少等；在农产品销售方面不再局限于以前国家"统购统销"的模式，依据市场定价，自主买卖；在择业方面，现在的农民不再拘泥于种地种粮的农业生产者角色，许多农民可以通过人口自由流动来到城市，从事工业或者服务业劳动，在城市立足，享受城市生活的高效和便捷。

六 农村基本社会公共服务体系逐步完善

（一）基础设施建设成效显著

第一，农村交通运输成绩喜人。中国已经初步形成了覆盖城乡、四通八达、纵横交错的公路交通网络。目前中国高速公路覆盖了全国90%以上的大中城市；普通公路基本实现了对县级以上行政区域的全覆盖；

农村公路几乎通达所有的乡镇和建制村。乡村公路发展迅速，2003—2012年的10年间，中国共新改建农村公路291.6万公里，农村公路总里程达到367.8万公里，占公路总里程的86.6%。全国87%的行政村通达客运班车，农民出行方便快捷。第二，农村电网建设加快推进。中华人民共和国成立前，我国大部分农村不通电。中华人民共和国成立后随着工业化发展和国家经济实力的增强，国家加大对农村电网投资建设。特别是自1998年开展的农村电网建设与改造工程启动以来，截至2006年国家先后累计投资3800亿元，超过中华人民共和国成立以来农网投资的总和；实现了县县通电；乡、村、户通电率也达到99%以上。"十二五"期间国家将投入5000亿元资金启动新一轮农村电网改造升级工程，包括对供电能力不足、供电可靠性低的农村电网升级改造；实现城乡各类用电同网同价等。第三，水利建设和饮用水工程建设加快。现如今，农村饮用水在各级政府不断努力下基本都能保证水源供应。然而在世纪之交，相当一部分农民饮用水安全状况堪忧，例如有些地区水中有害物质较高、有些地方因为工业化造成地下水污染等。为此2000年国务院提出加快农村安全饮水工程建设，解决3.4亿饮水不安全农民的安全饮水问题，到2012年这一问题已基本解决。另外，为解决农村人口使用清洁、安全的燃气资源，改善农村生态环境，2003年中央把农村沼气列入生态富民工程，作为国债项目进行扶持。到2010年全国户用沼气总量达到4000多万户，受益人口达1.5亿人；年发电2.37亿千瓦/时，为农民增收约450亿元。

（二）农村公共服务体系初步建立

第一，教育方面，建立了农村义务教育经费保障制度。农村义务教育人口约占我国义务教育人数的78%，义务教育经费保障制度确保了农村儿童入学率。同城市义务教育阶段儿童相比，农村儿童还享有义务教育阶段教科书全部由政府提供的特殊政策支持。第二，医疗卫生方面。初步形成了农村合作医疗制度。即由政府、农民与农村经济组织共同筹资，在医疗上实行互动互济的一种具有医疗保险性质的农村健康保障制度。农民筹资30元加入农村合作医疗，其中自己出资10元，中央财政补贴10元，地方政府补贴10元；2005年国务院把此标准提高到50元，农民仍旧是出资10元，中央政府和地方政府贴资各增加10元；2007年再次把标准提高到100元,农民出资20元,中央和地方政府贴资40元,加大农民医保力度。新型农村合作医疗惠及农村人口的97%。农村合作医疗保险制度从根本上解决了农民看病贵、看病难问题,避免了许多农村家庭因病致贫、因病返贫,也使得农民有病能及时得到救治。第三,农村社会保障方面。2007年开始,国家在全国农村开始建立最低生活保障制度。截至2012年全国农村约有5300万农民被纳入最低生活保障制度,平均每人每月补贴60元。之后国家又开始进行农村养老保险政策试点,采取个人缴费、政府补贴的合作模式,改变了中国农村社会几千年以来"养老靠子女"的传统方式。只要年满60岁农民按要求投保,就可以领取不同数额的养老保险金,这是又一项惠农好政策,将在2020年实现全国覆盖。

第二节 当代中国城乡差别的问题表现

一 城乡经济差别

(一)城乡居民收入差距

衡量城乡居民收入差距的主要指标是城镇居民人均可支配收入和农村居民人均纯收入。从1949年中华人民共和国成立以来,城乡居民收入水平就存在着明显差距。此后在整个经济社会发展过程中,由于国家的政策因素,以及国际政治、经济格局的影响,中国城镇居民人均可支配收入的增长速度明显高于农村居民人均纯收入。总体来看,城乡居民收入差距呈现先缩小再扩大再缩小再扩大的趋势。

中华人民共和国成立之后,为了应对紧张的国际关系,恢复国民生产,国家制定了工业优先发展的政策。把城市发展作为经济发展的重心,在制度上和政策上给予城市更多的倾斜和偏向。一方面,国家压低农产品收购价格,为工业化发展积累资金,保证工业原材料的廉价供给;另一方面,提高工业产品的销售价格,通过"剪刀差"来保证工业化的发展。这种城市偏向的政策设计,导致了城乡居民收入水平差距明显。改革开放以后,由于国家发展战略的调整,特别是1978年到1985年的经济体制改革,以农村为中心,在全国推行以家庭联产承包责任制为主要内容的产权改革,同时大幅度提高农副产品价格和放松管制。这两项改革彻底激发了农民的生产积极性,促进了农村经济快速发展,提高了农民收入水平。由于这一时期农村居民的人均收入增长幅度超过了城镇居民，城乡收入差距呈现出逐渐缩小的趋势（见表4—5）。

1978年城镇居民收入为343.4元，农民人均纯收入为133.6元，城乡人均收入比为2.57∶1；到了1985年城镇居民收入为739.1元，而农民人均纯收入为397.6元，城乡人均收入比为1.85∶1。在此期间，农民人均收入增长速度为每年17.7%，而同期城镇居民人均收入增长率则为7.9%。1985年作为一个节点是中华人民共和国成立以来，城乡收入差距最小的一年。1986—1995年的十年间，以市场化、城镇化为重点的经济体制改革全面拉开，国家积极鼓励非公有制经济的发展，推行现代企业制度，激发企业活力，倡导效率优先，从而拉开了职工之间以及部分企业之间的收入差距。而广大农村地区，广大农民辛勤劳动，粮食产量不断增收，但国内粮食收购价格相对稳定，农民收入增长非常有限，加之通货膨胀，农民实际收入水平几乎没有增长。从1986年开始，城乡居民收入差距又逐渐拉大，1989年城乡居民收入比率上升到2.28∶1，到了1994年则上升为2.86∶1。

从1995年开始，国家采取了完善和改革社会保障制度，提高了个人所得税的征收比率，提高了农产品收购价格，城乡居民收入差距拉大的趋势得到了有效改观。1995年城乡收入比例为2.71∶1，1996年为2.51∶1，到了1997年则为2.47∶1。1998年之后，我国农村粮食生产开始连年增长，但由于国家不鼓励粮食出口以及国内市场粮食供应供大于求，粮食收购价格逐年下降，直接导致农民收入减少。

表4—5　　改革开放以来城乡居民家庭人均收入及恩格尔系数

年份	城镇居民家庭人均可支配收入		农村居民家庭人均纯收入		城镇居民家庭恩格尔系数（%）	农村居民家庭恩格尔系数（%）
	绝对数（元）	指数（1978=100）	绝对数（元）	指数（1978=100）		
1978	343.4	100.0	133.6	100.0	57.5	67.7
1980	477.6	127.0	191.3	139.0	56.9	61.8
1985	739.1	160.4	397.6	268.9	53.3	57.8
1990	1510.2	198.1	686.3	311.2	54.2	58.8

续表

年份	城镇居民家庭人均可支配收入		农村居民家庭人均纯收入		城镇居民家庭恩格尔系数（%）	农村居民家庭恩格尔系数（%）
	绝对数（元）	指数（1978=100）	绝对数（元）	指数（1978=100）		
1991	1700.6	212.4	708.6	317.4	53.8	57.6
1992	2026.6	232.9	784.0	336.2	53.0	57.6
1993	2577.4	255.1	921.6	346.9	50.3	58.1
1994	3496.2	276.8	1221.0	364.3	50.0	58.9
1995	4283.0	290.3	1577.7	383.6	50.1	58.6
1996	4838.9	301.6	1926.1	418.1	48.8	56.3
1997	5160.3	311.9	2090.1	437.3	46.6	55.1
1998	5425.1	329.9	2162.0	456.1	44.7	53.4
1999	5854.0	360.6	2210.3	473.5	42.1	52.6
2000	6280.0	383.7	2253.4	483.4	39.4	49.1
2001	6859.6	416.3	2366.4	503.7	38.2	47.7
2002	7702.8	472.1	2475.6	527.9	37.7	46.2
2003	8472.2	514.6	2622.2	550.6	37.1	45.6
2004	9421.6	554.2	2936.4	588.0	37.7	47.2
2005	10493.0	607.4	3254.9	624.5	36.7	45.5
2006	11759.5	670.7	3587.0	670.7	35.8	43.0
2007	13785.8	752.5	4140.4	734.4	36.3	43.1
2008	15780.8	815.7	4760.6	793.2	37.9	43.7
2009	17174.7	895.4	5153.2	860.6	36.5	41.0
2010	19109.4	965.2	5919.0	954.4	35.7	41.1
2011	21809.8	1046.3	6977.3	1063.2	36.3	40.4

资料来源：根据《2013中国统计年鉴》，中国统计出版社2013年版搜集整理。

另外，在现代企业竞争进程中，原先曾经为农村剩余劳动力转移和农民增收起到积极作用的乡镇企业和社办企业，因为资金、技术、污染、市场等原因，发展停滞，甚至停产倒闭。这一时期农村发展缓慢，农民收入有限，城乡之间收入差距明显。2002年开始，城乡人均纯收入为3.11∶1，中国的城乡收入差距达到了3倍以上，且越拉越大。2009年为

3.33∶1，达到了历史最高水平；2010年、2011年则分别为3.22∶1和3.12∶1。

纵观改革开放以来中国城乡收入变化，尽管在个别时期国家通过政策和行政手段，一度缩小了城乡收入差距，但从历史数据来看，中国城乡收入差距不断拉开，且越来越大是不争的事实。从2002年以来，中央已经对城市和农村的发展作出了政策性调整，加大了"三农"投入和建设，提出城乡协调发展的战略部署，但要彻底扭转则任重而道远。

（二）城乡居民消费差别

消费是城乡居民利用社会产品来满足自身物质、精神以及文化需求的过程。城乡居民消费水平差别能反映出城乡社会经济生活的差距，主要表现在消费水平、消费结构以及城乡居民零售品消费额等方面的差别。

1. 城乡居民消费水平差别

由于城乡二元制度的历史惯性，中国城乡居民收入差距明显，因而在消费水平上农村人口一直低于城市居民。根据国家统计局公布数据显示，中华人民共和国成立初期的1952年，城市居民消费水平是154元，农村居民为65元，城市是农村的2.36倍；到1978年城市居民消费水平为405元，农村居民为138元，城市是农村的2.93倍。这一期间，因为国家经济发展水平滞后，城乡居民绝对收入水平有限，但城市人口还是以高于农村人口的收入水平在消费方面绝对领先。

改革开放后，随着社会主义市场经济体制的逐步建立，人们的消费水平在不断提高，城镇居民消费水平从1978年的405元提升到了2012年的21035元，提高了51.9倍；农村居民消费水平则由1978年的138元，提升到了2012年的6632元，提高了48倍。城乡居民消费水平总体上都有了大幅提升，但长期存在的消费水平差距不能忽视。2012年城乡居民消费水平差距为3.17∶1，相比较于新中国成立初期的2.36∶1和1978年的2.93∶1，城乡居民消费水平差距拉大的趋势走向明显。

虽然在此期间国家通过一些政策和手段，特别是农村经济体制改革，城乡居民消费水平在某些年份呈现出缩小的态势，但随着工业化、城市化、市场化发展的提速，城乡居民消费水平又因城市发展明显快于农村而再次拉大。其中2003年城乡居民消费水平比值达到了3.8∶1。城乡居民消费水平差距充分反映出城乡经济社会发展的差别。

2. 城乡居民消费结构差别

消费结构是反映一定社会经济水平条件下消费主体所消费的各种不同消费资料和服务的比例关系。通常包括食品消费、居住消费、衣着消费、交通设备消费、娱乐消费、医疗保健消费等。从改革开放以来城乡居民消费支出状况来看，城乡消费总额呈现逐年增加趋势，但农村居民消费支出增幅明显小于城市居民。农村居民占居民消费总额递减，城市居民占居民消费总额上升的走向，客观的反映出城乡消费水平差距拉大。

从1995年以来中国城乡居民消费结构变化状况（见表4—6），可以分析得出城乡居民消费的一些共性，即食品类消费是消费的主要方面，但所占比值逐年降低。然而居住和出行两方面的消费开支，城乡居民都呈现出总体上升的趋向。1995年农村居民在居住和出行两项消费占总消费额的16.49%，到2012年时上升为31.4%；城市居民1995年时居住和出行所占其消费总额11.9%，到2012年时上升为23.62%。由此不难看出农村居民的食品类和居住类消费占据了消费总额的绝大部分，而在文化娱乐、交通设备及服务等方面消费明显低于城市人口。以上数据表明，改革开放特别是社会主义市场经济体制建立以来，城乡消费结构在优化，但总体上城乡在消费上还存在明显的结构性差异，农村人口相对还处于低层次消费。

表4—6　　　　　　　　城乡居民消费变化　　　　　　　　单位:%

项目	1995年		2005年		2008年		2012年	
	农村	城市	农村	城市	农村	城市	农村	城市
食品类	58.62	49.2	45.48	36.69	43.67	37.89	34.4	36.2
衣着类	6.85	13.35	5.81	10.08	5.79	10.37	7.3	10.93
居住类	13.91	7.07	14.49	10.18	18.54	10.19	19.4	8.9
交通设备、用品及服务类	5.23	8.39	4.36	5.62	4.75	6.15	6.3	6.69
医疗保健类	3.24	3.11	6.58	7.56	6.72	6.99	9.4	6.37
交通和通信类	2.58	4.83	9.59	12.55	9.84	12.60	12.0	14.72
文教娱乐用品及服务类	7.81	8.84	11.56	13.82	8.59	12.08	8.2	12.19

资料来源：根据《2013中国统计年鉴》，中国统计出版社2013年版搜集整理。

另外,从恩格尔系数来看,随着中国经济的腾飞和改革的深入,中国城乡居民恩格尔系数呈现出总体下降的趋势。1978 年,农村居民恩格尔系数为 67.7%,2013 年则下降为 37.7%;城市居民也从 1978 年的 57.5% 下降为 2013 年的 35%。但农村居民恩格尔系数高于城市的事实表明城乡之间的差距依然存在。

(三) 城乡生产差别

生产是劳动者使用劳动资料作用于劳动对象创造社会财富的过程,是人类最基本的实践活动。生产活动为人类的发展和生存提供最基本的物质保障,生产能力和生产方式决定着人们对劳动产品的消费和分配。中国社会的二元特征使得城市和乡村在生产方面也有明显差别和不同。

首先,产业结构的城乡差别。农村社会是以农业生产为主,农业、林业、畜牧业、渔业等,称为第一产业。第一产业是整个国家的经济命脉,提供给整个社会基本的物质供应和工业所需的基本原料,工业和服务业(即第二、三产业)不发达。城市则是以工业和服务业为主导产业。因此,在产业结构上,农村以第一产业为主体,从业人员也以农业生产为主;城市第二、三产业发达,非农业从业人员是其社会成员的主要组成部分。中国传统的农业社会使得农业人口一直以来占总人口比重很大。1952 年农业人口占 83.5%,到了 2002 年仍然占 50%,即一半及其以上的人口属于农业人口。虽然,随着 2002 年中央针对"三农"问题的改革推向深入,农村人口城市化流动加快,到 2012 年中国农业人口占总人口的 33.6%,但相对于发达国家的非农人口数量来讲仍然偏高。这表明中国城乡差别依然较大(见表 4—7)。

表 4—7　　　　　　　　三大产业就业人员数量比值

年份	就业人口(万人)	所占比值(%)		
		第一产业	第二产业	第三产业
1952	20729	83.5	7.4	9.1
1978	40152	70.5	17.3	12.2
1982	45295	68.1	18.4	13.5
1986	51282	60.9	21.9	17.2
1990	64749	60.1	21.4	18.5

续表

年份	就业人口（万人）	所占比值（%）		
		第一产业	第二产业	第三产业
1992	66152	58.5	21.7	19.8
1994	67455	54.3	22.7	23.0
1998	70637	49.8	23.5	26.7
2002	73280	50	21.4	28.6
2006	74978	42.6	25.2	32.2
2010	76105	36.7	28.7	34.6
2012	76704	33.6	30.3	36.1

资料来源：根据《2013 中国统计年鉴》，中国统计出版社 2013 年版搜集整理。

其次，城乡生产效率的差别。生产效率是单位时间内劳动者能够生产出来的产品数量。中国城乡之间因为生产方式、生产工具、机械化程度等的差异，第一产业的生产效率明显低于第二、三产业。2013 年中国国际经济交流中心常务副理事长郑立新指出，中国农业的劳动生产率只有第二、三产业的劳动生产率的 28%，农业生产效率远远低于工业和服务业。现如今中国农业增加值占 GDP 的比例为 10% 左右，但农业劳动人口占劳动者比重为 36%。也就是说占人口 36% 的劳动力只创造了 10% 的 GDP。这也导致了从事第一产业人口劳动收入水平远远不及第二、三产业从业者，差别明显。

二 城乡政治差别

（一）城乡居民政治参与的非均衡性

政治参与是人类政治文明发展进程的重要变量，是指公民通过一定的方式和渠道直接或者间接参与管理国家事务、实现政治权利以及表达政治诉求的行为，主要方式有民主选举、民主管理、民主监督等。城乡居民因其社会身份、利益诉求和政治意识的差异，呈现出政治参与的非均衡性，即参与意识和参与能力的不同。首先，城乡居民政治参与意识的差别。大量的研究表明，公民的教育程度、收入水平、职业角色、社会地位等的差异同他们的政治参与度密切相关。社会经济地位较高的人群，往往是现有制度下的利益既得群体，掌握着更多的政治资源，有着更多的自身利益需要维护，政治参与的主动性强，形成了一个政治意识较强的阶层。他们通过政党、利益集团等组织形式进入政治系统内部，实现自身所代表阶层的利益。相应地，处于社会底层和基层的公民，对自身在政治生活中的话语权和影响力漠然视之，缺乏积极进行政治参与的勇气和毅力，政治参与意识淡漠。城市居民和农村居民比较来看，城市居民具有职业、学历、社保、教育等方面的优势，有着强烈的政治参与意识和诉求；农村居民远离权力中心和利益集团，物质生产落后，生活压力沉重，每天不得不面对生存和谋生的困境，无暇顾及政治参与。加之，中国农村很长时间以来，政治生活氛围缺乏，制度缺失，农民参政渠道不畅，挫伤了农民的积极性，更加淡化了他们政治参与意识。其次，城乡居民政治参与能力的差别。公民参与政治能力是指参与政府决策、表达政治主张、组织政治活动以及进行利益表达的能力，包括认知能力和实践能力。所谓政治参与的认知能力，是说公民在理性认知层面中对政治参与的内涵、意义、方式、本质等有清楚的认知水平和能力；实践能力是指公民具体进行政治参与的客观性活动能力。公民政治参与能力决定了公民在政治参与中发挥作用的大小。城乡居民因其教育程度和政治水平的差异，决定了他们政治参与能力的不同。城市居民个体素质高、政治意识强，且经常参与政治生活，具有较高的参与意识和能力；农村人口因其自身能力局限，加之远离政治中心，政治参与意识和能力低下。即便是在农村社会中的一些群众有着强烈参与政治的愿望，也会因其学识、认知和能力的局限，不懂得参与政治的合法途径和有效方式。强烈的愿望和能力的差距终归会导致非制度化、非合法化政治参与，破坏生产生活秩序。

（二）城乡居民政治权利的差别

中国城乡居民在政治权利的表达和实现中存在政治活动、身份权利、法律权益等差别，形成了城乡二元的政治权利。首先，城乡居民政治活动参与资格的差别。《中华人民共和国宪法》明确规定，人民依照法律，通过各种途径和形式管理国家事务。人民行使管理国家事务的权利是通过选举人大代表和被选举成为人大代表，参加各民主党派、团体和组织等形式来实现。尽管《中华人民共和国宪法》（2004年修正）第三十四条明确规定"中华人民共和国年满十八周岁的公民,不分民族、种族、性别、职业、家庭出身、宗教信仰、教育程度、财产状况、居住期限,都有选举权和被选举权",但实际农民通过选举成为人大代表的数量非常有限,占人大代表总数的比例很小。2013年第十二届全国人大代表中,工人、农民所占比例为13.42%,把其中部分生活在城市的工人代表除去后,真正农民成为人大代表的比例是非常有限的。同时农民受制于自身科学文化水平、政治能力和参与意识等局限,加入其他社会组织、民主党派等从而当选为政协委员来参政议政的机会更是极小。每个阶层的人大代表可以直接参与国家和地方政府的事务管理,代表本阶层发声,表达阶层意愿,实现阶层利益。农民人大代表的数量极少,故而影响农民阶层利益实现,也表示他们政治参与的机会有限。其次,城乡居民身份待遇的差别。中国社会因为历史和制度的原因,城乡对立的空间格局固化,在农村产业结构、基础设施、思想文化等方面于城市落后,城市人口的权利实现和表达机制顺畅,农村人口则无法或者很难获得同等的身份权利。国家通过户籍登记制度,把全国人口区分为农业户口和非农业户口,通过制度和政策把农民牢牢束缚在土地之上,为工业发展和城市人口提供物质产品,农民自身的社保、医疗、住房、教育等社会保障完全自给。农村发展缓慢、农民生活艰难。改革开放之后,随着社会主义市场经济体制的建立,城市化、工业化使得城乡完全对立的僵局开始消融。农民开始进入城市,从事第二、三产业劳动;农产品也在市场规律作用下,自由定价,获取更高收益。然而户籍制度的顽疾,使得进城农民仍然在医保、教育、住房等社会事业方面,无法获取与市民同样的权利。最后,城乡居民法律权益的差别。中国特色社会主义强调依法治国,法律面前人人平等。但实际的操作中,由于社会固有的偏见和观念,还是会按照户籍登记差异,把人口区分为城市人口和农业人口,在一些人身伤害和死亡案件中,死亡赔偿金按照受诉法院所在地上一年度城镇居民人均收入和农村居民人均收入标准,按20年计算。因为农村居民人均纯收入远远低于同一地区城市居民收入水平,自然城市人口的赔偿标准要远远高于农村人口。这种"同命不同价"的法律标准和赔偿依据,难以体现社会主义法治的公平和公正。另外,"同工不同酬"也是因为公民身份差别造成的差异。城市化和工业化的发展,需要大量的产业工人、建筑工人以及第三产业从业人员。农村劳动人口遵循市场的法则进入城市，成为城市建设的生力军，为城市发展建设以及公共服务尽心劳力，功不可没。但因其农民身份使得工资待遇无法和城镇职工相比。中国社科院人口与劳动经济研究所程杰副研究员在《中国青年农民工项目综合政策建议报告》中指出，中国青年农民工的收入仅为本地城镇职工平均工资的30%。加之法律上没有对"同工不同酬"做任何的界定和规范，即便是这种现象普遍存在，农民工也无法用法律的手段来保障自己的正当权益。

（三）城乡居民实现政治权益的表达机制的差别

《中华人民共和国宪法》明确指出城乡居民享有平等的政治权利，宪法赋予大家的权利是平等。但现实生活中，城乡居民在维护自身权利时，则由于身份地位、政策制定以及城乡对立等原因，表现为理性和非理性维权方式的差异。城市人口相比较于农村人口，他们有充沛的社会资源，一旦他们的权益受损，他们会在第一时间通过各种力量，调动各种资源付诸法律诉讼渠道，以法律途径来保护自身合法权益不受侵犯。即便是在法律诉讼的进程中会碰到困难、阻力，他们也会坚决拿起法律的武器维护自身权益。因而，城市人口维护和实现自身政治利益是通过科学、文明、理性的方式来实现的。农村人口因为其法律意识淡薄，加之农村社会长期以来的"亲情关系""血缘关系"的交往特征，养成了农民用情感、义气、血缘代替法律的维权方式。即便是农民愿意拿起法律的武器来维护自身的权益，也因资源短缺、信息不畅、财力匮乏等客观因素，导致有理难说、有口难辩的维权困境，甚至失败。农民维护自身权利的常见方式之一，就是"集体上访"。农民碰到自身利益受损的情况，很少采取正常的维权方式，走正规的渠道，向上级政府逐步反映情况。究其原因，农民都会认为政府机构办事效率低，且官官相护让他们无处申诉，只有采取简单、粗暴的集体上访方式，问题才能得到重视或解决。非理性维权以一群人在政府门前静坐、堵塞交通等最为常见。这种方式维权显然有其缺陷和弊端，也并非通过制造群体事件和社会新闻事件就能最终解决问题，反而会因维权不当惹来官司。农民和市民维权方式的差异，既要提高农村人口的民主法治意识，让他们学法懂法用法，树立强烈的法制观念；又要探索成立农民自己的组织结构，企业有工会、妇女有妇联、商人有工商联合会,这种阶层组织会科学理性地维护自身阶层利益,农民阶层也要探索成立农民自己的联合会,只有科学化、理性化、制度化表达自身利益,才是农民政治权益不受损害的路径选择。

三 城乡文化差别

(一) 城乡文化基础设施差别

文化作为一种上层建筑和意识形态,必须通过一定的文化基础设施才能展现。作为文化的载体,基础设施在文化发展中具有基础性和根基性作用。文化基础设施是指对城乡文化生产和传播提供基本服务的物质设施,它是城乡文化赖以生存和发展的一般物质条件,包括学校、图书馆、文化馆、剧场、电影院、公园、科普场馆等公共基础设施。城市和乡村由于政策和现实的原因,文化基础设施建设差距明显。第一,教育基础设施方面。城市有着从幼儿园、小学、中学的完整的基础教育体系,各种培训机构、特殊教育机构、继续教育机构、职业教育机构等设施健全;国家和政府设立的科研院所和科研机构以及高等教育资源几乎全部集中在城市(镇)。而农村教育基础设施十分薄弱,大部分农村没有正规的学前教育体系,公立幼儿园数量有限;即便是一些民间力量和市场力量在农村投资建设了幼儿园,但其无论是从硬件还是软件设施来看,都不容乐观;农村最主要的教育设施就是村办小学,学生的琅琅书声是最有活力的文化气息,然而随着农村人口外出打工,村办小学生源直线下降,许多被迫关闭。第二,艺术领域。城市各种艺术团体、组织众多,艺术场馆齐全;艺术从业人员几乎全部集中在城市。即便是艺术来自生活、来自基层,艺术从业者也会经常下乡到农村采风,但城市却是他们从事艺术创作的最终场所。城市内影院、礼堂、博物馆、音乐厅等艺术基础设施种类繁多。农村在此领域全面滞后,许多农村地区文化设施和文化队伍近乎空白。为了改善城乡文化设施发展不平衡,国家大力推进文化工程建设。"十一五"以来,中央财政继续通过转移支付方式,大力加强乡镇文化站建设,取得了一定成绩。但同城市众多的艺术门类和场馆设施比较,乡镇文化站仍显单薄。第三,广播电视事业领域。城市有电视台、广播电台、网络服务运营商、杂志社、新闻出版等机构;广播电视从业人员众多;广播电视节目的受众和覆盖范围高于农村。据《中国统计年鉴》(2013) 显示，2012 年，全国广播节目综合人口覆盖率为97.51%，农村则为96.%；电视节目综合人口覆盖率为98.2%，农村则为97.55%；有线广播电视用户数21509万户，农村为8432万户；有线广播电视用户数占家庭比重为51.5%，农村则为33.49%。由此不难看出，农村广播电视基础设施明显滞后于城市。农村作为文化建设的荒漠，鲜有文化基础设施，城乡文化无论是形式还是内容，差别明显。农村人口几乎没有正规化的文化活动场所和方式，精神文化生产方式单调，对物质生产和生活方式影响有限；城市则成为国家和地区文化中心和集散地，各种文化设施齐备，从业人员众多，文化形式多样，文化对人们价值观、思想观念以及文明程度影响深远。

(二) 城乡文化投入的差别

文化作为人类实践的产物，其发达和文明程度以及所形成的文化精神、产品等同国家和政府对文化建设的投入力度和力量成正相关。城市和乡村作为两个不同的地域空间，其分割对立的格局有其客观的原因，城市较之于农村，文化氛围、文化设施、文化人口等更具优势。中华人民共和国成立后，偏向城市的发展战略自然也使得城市文化建设迅速启动，国家在政策设计上优先考虑城市文化建设；在财政投入上以城市文化建设为重点，甚至全部。改革开放以来，公共文化事业的投入所占中国财政总投入比重偏低，其中用于农村公共文化事业发展的财政支出则少之又少。

据中国财政年鉴数据统计，2004 年，全国文化事业财政拨款为113.58 亿元，其中用于农村文化事业建设的经费为30.11 亿元，仅占全国文化事业财政拨款的26.5%。2006 年全国文化事业财政拨款为156.59亿元，其中直接用于农村文化投入的款项占24.88%。"十一五"以来，政府高度重视文化建设，逐年加大政府财政对文化的投入，全国文化事业经费总量不断上涨，总计达1220.41 亿元，比"十五"期间增长了2.46 倍。

虽然农村文化事业经费每年都在增加，农村文化投入有所改观，但仍然无法弥补农村公共文化投入长期薄弱的欠账，农村文化建设发展依然缓慢。另外，文化投入中的城市优先战略使得在国家加大文化投入力度的情况下，相比较于城市的文化经费，农村依然明显落后 (见表4—8)。

另外，地方财政对农村文化事业投入经费也明显低于城市。农村文化建设的供给主体除了国家财政之外，省市县以及乡镇政府的财力也是农村文化建设的重要保障力量。

在中国目前的财政政策和体制下，城市政府的财政收入和财政力量相对较强，而处于和农村直接关联的乡镇政府则财力非常有限。乡镇政府能够给予农村文化建设的经费投入微乎其微，甚至根本没有，从而导致乡村文化发展水平滞后。在政府财政投入长期偏向城市的财政政策下，城乡文化投入偏向明显，造成了城乡文化发展的非均衡性，并逐渐固化成为客观的城乡利益分割体系。

表4—8　"十一五"期间国家文化事业经费城市和农村投入情况

年份	总投入（亿元）	农村		城市	
		投入总量（亿元）	比重（%）	投入总量（亿元）	比重（%）
2006	158.03	44.60	28.2	113.43	71.8
2007	198.96	56.13	28.2	142.83	71.8
2008	248.04	66.59	26.8	181.45	29.4
2009	292.32	86.03	29.4	206.29	70.6
2010	323.06	116.41	36.1	206.65	63.9

资料来源：《"十一五"以来我国文化事业费投入情况分析》，文化部网站（http://zwgk.mcprc.gov.cn/auto255/201101/t20110105_465739.html）。

（三）城乡居民文化活动内容差别

首先，城市丰富的文化活动与农村文化活动的单调形成明显对比。城市是国家或者地区经济、政治以及文化中心，有着各种各样的文化设施和人才，文化活动丰富多彩，文化形式先进高雅。音乐会、电影、戏曲、体育活动、摄影、绘画、歌剧等是城市文化的内容，提升着城市文化内涵，影响和感染着城市居民，为他们提供丰富多彩的精神食粮。另外，不同层次的文化艺术形式同城市居民的日常生活紧密相关，即便是城市社区的群众，他们也可以通过老年大学、社区活动等形式，每天分享不同的文化内容，为日常生活提供多彩的文化给养。农村地区经济落后，交通不便，乡村人口的文化教育程度非常有限，先进文化在农村地区广泛传播不畅。农村人口恪守着传统农业社会流传下来的有限的文化形式，逢年过节时才有对应的文化活动，而且都与团聚、祭祀、婚丧嫁娶等有关。因为其文化水平和传统民俗影响，农村人口的文化活动内容中难免会带有封建迷信等文化内容。其次，城市文化活动常态化与农村文化活动的节令性差异。城市人口拥有先进文化设施和文化环境，文化活动在他们的日常生活中习以为常。周末看场电影、听场音乐会、看个科技展；读读书、看看报、跳跳舞、唱唱歌等实属常见。人们在家人团聚、朋友聚会等活动中，常以文化消费的方式交往和往来。农村人口物质发展水平滞后，人们一直处于不断劳作以换取更多物质收益的生产活动之中，一年难得有几天不劳动，除非是逢年过节或者是当地传统的节日，人们才难得会有几天休息时间，从事农村特色的文化活动，例如唱戏、传统民俗表演、祭祀活动等。几千年来，农村文化生活的主要标志就是简陋戏台上的表演，节目内容单调且每年只有屈指可数的几次。在天气和节气因素导致的农闲时节，他们除了三五成群聚集在一起，聊聊家常之外，不会有其他的文化活动出现。对于自古以来习惯日出而作日入而息的农村人口，文化活动实属奢侈，并不常见。

（四）城乡群众文化消费差别

首先，城乡群众文化意识差异。文化作为精神财富，相比较于物质财富的刚性需求而言，对消费人口的社会地位和财富提出了更高的要求。中国长期二元对立的城乡社会格局，农村社会发展明显滞后于城市。农民人均收入水平低，基本的物欲需求都难满足，文化消费领域内消费基本超出了农民的承受能力，因而农民用于读书、休闲、娱乐、旅游等的文化消费几乎空白。随着中国经济社会发展水平提高，农民收入水平逐年提高，城乡对立的空间格局逐渐被打破，城市现代的文明方式和生活方式伴随着市场和城镇化走入农村，慢慢开启了农民的文化消费意识，但相比较城市人口的文化消费意识来讲，依然滞后。其次，城乡人口文化消费支出差异。城乡人口用于文化消费的支出能力同他们的收入水平成正相关。城市人口收入水平一直高于农村，因而在文化支出方面城市人口消费比例也一直高于农村。2005年全国城镇人口人均文教娱乐服务支出总额1097.46亿元，占消费支出的比重为13.82%；农村居民人均文教娱乐服务总支出 295.48 亿元，占消费支出的比重为 11.56%。2012 年城镇居民人均文教娱乐服务总支出达 2033.50 亿元，所占消费比重为 12.2%，而当年农村人口人均文教娱乐服务总支出为 445.49 亿元，所占消费比重为 7.54%。由此不难看出，我国人均文化消费水平整体上有所拉大，农村人口的文化生存状况同城市相比更为恶化。在国家工业化、城镇化建设的背景下，农村地区有了一定发展，但城乡文化消费意识仍然差别明显。许多城市周边和城乡接合部的农村通过土地转让和城市外扩方式，实现了从农民到市民的转变，但没有实现真正意义上生活方式、文化消费方式的现代化转变，在经济收入提升的同时，真正用于文化消费的投入依然很低，甚至下降。

四 城乡社会事业差别

城乡之间除了经济、政治以及文化的差别之外，在教育、医疗、社会公共产品等方面也存在着巨大差别，从而使得中国城市和乡村之间的差别是全方位和多维度的，构成两个截然不同的社会空间。

（一）城乡教育差别

社会主义的最终目标是要实现社会公平正义，教育公平是其重要内容。《国家中长期教育改革和发展规划纲要（2010—2020 年）》把教育公平视为国家基本政策，一方面是对城乡教育均等化的目标规划；另一方面也再次表明当下中国城乡教育的不公。

首先，城乡教育经费投入的差别。生均教育经费是在一定地区内，按照当地经济发展水平和教育发展实际由政府制定的财政年度预算依据，是衡量教育投入的有效指标体系。由于中华人民共和国成立以来国家在发展战略上的城市偏向，自然在教育领域内也是城市教育资源的投入力度大，农村教育投入明显不足。改革开放以来，国家逐步加大了对农村地区教育的倾斜和投入力度。从 1994 年农村生均预算内事业经费 198.69 元提高到 2000 年的 412.97 元，再到 2011 年的 4764.65 元，近 20 年间国家在该项经费投入中增加了约 24 倍。农村教育经费投入在加大，但不争的事实是即使到了 2011 年农村生均预算内教育事业经费一直低于全国平均水平，与城市生均预算内教育事业经费差距明显。

其次，城乡师资力量的差别。教育的关键在教师，教师学历结构、教学能力等硬实力决定了教育的质量。城市因其优越的生活环境、充沛的教育资源以及较高的收入水平，聚集了大量的教师人才；相反农村教育资源极度缺乏，教育环境相对恶劣，教育收益十分有限，因而教师队伍严重不足。即便是有些农村地区的优秀教师，也会通过调动、应聘等方式离开农村，去往城市。这种恶性循环导致农村地区教师队伍不稳，严重缺编。为了应对学校正常运转，临聘教师、代课教师等人数不断增多，这部分教师因其自身能力很难保证教学质量和人才培养。从学历结构上看，农村地区教师学历明显低于城市。2010年农村小学教师55.93%为中专学历，城市教师48.19%为本科学历；初中教师具有本科学历在城市为80.57%，农村则为54.62%，差别明显。

最后，城乡教育机会的差别。国家对城乡教育投入的差别以及城市良好的教育环境教育资源，造成城市学生接受优质教育的机会明显优于农村。农村教育资源匮乏，农民收入水平低，适龄儿童的入学和继续教育机会明显降低。以小学升入初中为例，2010年全国小升初入学率为98.6%，但农村地区仅为60.6%，城市学生小升初入学率比农村学生高出近54个百分点。初中升入高中入学率（不包括职业高中）农村学生仅为9.2%，城市学生则是农村学生的9.6倍。来自中国社会科学院社会学研究所的研究表明，1980—1985年出生的人口，城市学生上大学的概率是农村学生的5.5倍，意味着13个大学生中只有2个是农村生源。许多农村家庭因为自身的贫困，较低的社会阶层，加之高等教育成本和风险，许多农村小孩会在初中毕业时就选择进入劳动力市场，以此谋生。

（二）城乡医疗卫生差别

医疗卫生条件和水平同老百姓生命安全和身体健康密切相关，同一个国家或地区的经济发展状况紧密关联。中国城乡发展的异质性在医疗卫生领域内也差异明显。农村人口医疗卫生条件差，卫生防疫保健意识淡漠等影响着农村经济社会稳定和人口安全，消除城乡医疗卫生差别势在必行。

首先，城乡人均卫生费用的不平衡。卫生总费用是指一个国家或者地区在一定时间内（通常指一年）全社会对于医疗卫生服务所投入的总资金额度。1978—1989年中国卫生总费用投入占GDP比重在3%—4%之间；1990年达到了4%；到2010年卫生总费用比重在GDP中所占比重在4%—5%之间徘徊（除去个别年份）；到2011年该比重超过了5%，为

5.15%；2012年为5.36%（见表4—9）。随着改革开放以来，中国GDP总量的不断提升，相应的每一年度国家投入的卫生总费用绝对数值都在增加，但卫生总费用在GDP中所占的比重几乎没有太大改变，一直在3%—5%之间。在此总投入比重不变的情况下，城乡间卫生医疗投入差别明显，自然城市人口人均卫生费用明显高于农村人口。1990年，城市人均卫生费用为158.80元，而同期农村人均卫生费用则仅为38.80元，城市人口是农村人口人均卫生费用的4.09倍；2004年城市人均卫生费用为1261.93元，农村人口为301.61元，高出4.18倍。尽管近年来国家医疗卫生改革不断推进，面向农村医疗卫生投入比重在加大，农村人均卫生费用绝对数值在增加，但截至2012年，城市人均卫生费用仍然以2969.01元高于同期农村人口的1055.89元，高出2.81倍。

表4—9　　　　　　　1990—2012年城乡人均卫生费用、
比例及卫生总费用占GDP比重

年份	城市人均卫生费用（单位：元）	农村人均卫生费用（单位：元）	城乡人均卫生费用比	卫生总费用占GDP比重（%）
1990	158.80	38.80	4.09	4.00
1991	187.60	45.10	4.16	4.10
1992	222.00	54.70	4.06	4.07
1993	268.60	67.60	3.97	3.90
1994	332.60	86.60	3.85	3.65
1995	401.30	112.90	3.55	3.54
1996	467.40	150.70	3.10	3.81
1997	537.80	177.90	3.02	4.05
1998	625.90	194.60	3.40	4.36
1999	702.00	203.20	3.55	4.51
2000	813.74	214.65	3.79	4.62
2001	841.20	244.77	3.44	4.58
2002	987.07	259.33	3.80	4.81
2003	1108.91	274.67	4.04	4.85
2004	1261.93	301.61	4.18	4.75
2005	1126.36	315.83	3.57	4.68

续表

年份	城市人均卫生费用（单位：元）	农村人均卫生费用（单位：元）	城乡人均卫生费用比	卫生总费用占GDP比重（%）
2006	1248.30	361.89	3.45	4.55
2007	1516.29	358.11	4.23	4.35
2008	1861.76	455.19	4.09	4.63
2009	2176.63	561.99	3.87	5.15
2010	2315.48	666.30	3.48	4.98
2011	2697.48	879.44	3.07	5.15
2012	2969.01	1055.89	2.81	5.36

资料来源：根据《2013 中国统计年鉴》，中国统计出版社 2013 年版搜集整理。

其次，城乡医疗卫生公共品供应的差别。医疗卫生公共品的完备及先进程度，客观上决定着医疗卫生的水平。国内众多学者在考察医疗卫生公共品供给时都选择了医院床位数作为重要指标。据《中国统计年鉴》（2013）的统计数据表明，1978 年中国乡镇卫生院床位数为 74.73 万张，到 2000 年的时候为 73.48 万张，20 年来乡镇卫生院的床位数基本保持不变；2008 年之后，随着国家医疗体制改革，特别是农村合作医疗的推行，乡镇卫生院的接待能力和硬件设施才有所提升，2008 年乡镇卫生院的床位数为 84.69 万张，2012 年则为 109.93 万张。由此不难看出改革开放以来，乡镇医疗卫生发展长时期滞后。对应城市医院床位数 1978 年为 113.79 万张，这一时期乡镇医院同城市医院床位数比值为 1∶1.52。到了 2012 年城市医院床位数为 416.15 万张，农村则为 109.93 万张，城乡医院床位数比值为 1∶3.79。由此不难看出城乡医疗公共品供应的差距。

最后，城乡医疗卫生专业技术人员差别。1980 年全国每千人口卫生技术人员城市为 8.03，农村是 1.81，城市是农村的 4.43 倍；执业（助理）医师城市每千人口为 3.22，农村是 0.76，城市是农村的 4.24 倍；注册护士城市每千人口为 1.83，农村是 0.20，相差 9.15 倍。城乡专业医疗技术人员差别明显。2000 年城乡每千人口卫生技术人员，城市为 5.17，农村为 2.41；执业（助理）医师城市为 2.31，农村为 1.17；注册护士城市为 1.64，农村为 0.52。截至 2012 年城市每千人口卫生技术人员是农村的 2.50 倍、执业（助理）医师是农村的 2.28 倍，注册护士每千人口城市则是农村的 3.35 倍。另外，城乡医疗技术人员配备极度不平衡，城市医院专业技术人员拥有高学历、高职称，学科结构合理，能满足各种病患的就诊需求；相反，乡镇医院医疗技术人员学历水平低，科室单一，几乎没有应对疑难杂症的能力，只能从事简单的诊治和预防工作，同当地老百姓卫生医疗需求不成正比。这些客观现实同中国医疗卫生特别是农村医疗卫生改革实践不匹配，农村合作医疗的推行惠及广大农民，但乡镇医院如果在人员条件上难以保障，则农村合作医疗的实效性将大打折扣。

（三）城乡社会保障差别

社会保障是国家通过立法对国民收入进行再分配，对生活有困难群体的基本生活给予保障的制度安排，本质在于维护社会公平、稳定。自中华人民共和国成立以来，国家以制度和政策的形式赋予了城市人口相对完善的社会保障体系，而农村人口则被排斥在社保体制之外。进入 21 世纪以来，中国综合国力不断增强，城乡统筹发展的社会发展战略分步骤、分阶段设施，中国在扩大城乡社会保障覆盖面、提高保障水平等方面都有所推进。农村人口也进入社会保障的制度序列，获取了不同程度的政策支持，但一个不争的事实依然清晰，即目前中国社会保障体系的重点和重心依然在城镇。这一客观事实与城镇社会保障起步较早以及农村社会保障尚在摸索之中不无关联。

1. 养老保险制度差别。养老保险在中华人民共和国成立很长一段时间以来是城市人口的专属，与农村人口无关，究其原因是国家政策和制度的偏向。因此，经过半个多世纪的发展，城市人口的养老保险制度水平较高，制度相对成熟，以养老保险为核心形成了全方位、多层次的养老保障体系。农村人口长期以来在养老方面被排斥在体制之外，只能依靠自身努力和实力来自我保障。农村人口由于受经济发展和收入水平的制约，自身养老许久以来很难有实质的保证，老有所养对他们来说质量堪忧。改革开放之后，随着国家经济实力的不断提升和统筹城乡发展战略分段实施，农村养老保险也进入探索并逐步实施阶段。2002 年 10 月，《中共中央、国务院关于进一步加强农村卫生工作的决定》明确指出：要逐步建立起以大病统筹为主的新型农村合作医疗制度。在国家制度设计和资金保障下，农村合作医疗进入快速发展时期，从 2003 年开始，以多方筹资，自愿参加的原则，新型农村合作医疗加快试点，2004 年底全国 310 个县 6899 万农民参合，参加新合作医疗率达 72.6%；2012 年各级财政又提高了补助标准，从每人每年 200 元提高到 240 元；2013 年又增加了 20 多种重大疾病的保障；2014 年则计划把每人每年补助标准提高到 320 元。固然国家在探索新型农村合作医疗制度中以城市为对照，吸收了城市养老保险的有益经验，但城乡医疗保险制度之间还是存在着很大的差别。城镇居民的养老保险是强制性，缴纳费用通过个人工资扣除和单位缴纳组成，缴纳费用越多则获得相应回报就高；农村居民参加农村合作医疗是自愿行为，费用一开始主要靠自己缴纳。新型农村合作医疗制度是个人缴费同政府补贴、集体补助相结合的方式。虽然政府和集体的补助标准逐年增加，但农民作为低收入群体，遇到疑难杂症，住院治疗时，仍然有很大的经济负担，医疗待遇水平明显偏低。处于试点阶段的农村新型合作医疗制度在很大程度上提高了农民的卫生健康保障和养老保险水平，无论筹资方式、报销方式等都有了明显改善和进步，但起点太低、资金有限以及探索中的制度体系等都会降低保障水准，一定程度上影响农村社会保障进程。

2. 最低生活保障差别。城乡在最低生活保障制度上因其历史和现实的原因，差别明显。首先，城市较之农村最低生活保障制度更健全。最低生活保障是指国家对于城乡家庭人均纯收入低于当地最低生活标准给予的现金资助，目的是体现社会救济，保障低收入家庭的基本生活所需。它是社会保障体系链条的最末端，其他社会保障体系越发完善，则最低生活保障越彻底。城市最低生活保障制度起步较早，相对完善；农村社会保障制度则发展滞后。虽然近些年来国家加大了农村最低生活保障机制建设，但同城市相比谈不上系统和专业。其次，城乡人口收入来源差别。城市人口依附于单位、企业、厂矿，工资等劳动报酬性收益是他们收入的唯一来源，一旦下岗、离岗或失业，因其没有其他生产资料就失去了劳动收益的途径；农村人口拥有土地资源，有自己的生产资料，劳动就有产出，即便是农业生产减产，也会通过养殖、畜牧等副业增加收入。这种收入来源的差异性使得城市不光有老人、儿童需要纳入最低收入保障对象，广大的下岗职工也是最低生活保障的主要人群；农村则主要是孤寡老人、军烈属等特殊家庭。

3. 城乡人口生活方式差异。城市人口家庭生活基本所需都需要通过市场行为，以商品交换方式获得。市场行为是城市人口满足衣食住行的唯一方式。农村人口以土地为依赖，可以自给自足，对市场的依赖性很弱。另外，城乡人口最低生活保障资金投入和惠及人口数量也有明显差别（见表4—10）。

表4—10　　2003—2012年全国城乡低保人口数量及保障资金状况

年份	城市		农村	
	保障人口（万人）	保障资金（亿元）	保障人口（万人）	保障资金（亿元）
2003	2246.8	153	367.1	16.9
2004	2205.0	172.9	488.0	17.36
2005	2234.2	190.7	825.0	25.3
2006	2240.1	222.1	1593.1	41.6
2007	2272.1	274.8	3566.3	104.1
2008	2334.8	385.2	4305.5	222.3
2009	2345.6	461.4	4760.0	345.1
2010	2310.5	495.9	5214.0	423.0
2011	2275.0	527.9	5302.2	497
2012	2143.5	674.3	5344.5	718

资料来源：根据《2013中国统计年鉴》，中国统计出版社2013年版搜集整理。

从2004年起，国家逐年增加了城乡最低生活保障的资金投入，但城市最低保障人口变化不大（见图4—2），这与城市化工业化以及市场化发展带给城市人口再就业机会不断增加有直接关系。农村人口因其农业发展缓慢，低保人口不断增加。在此差异上，城乡保障资金都不断追加，必然造成城市人均低保收入高于农村的现实。

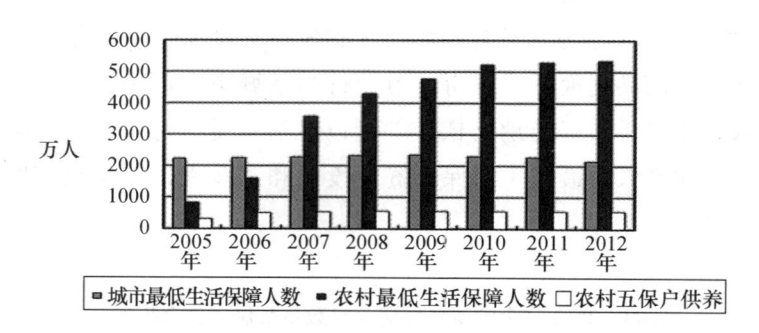

图 4—2　2004—2012 年城乡最低生活保障人数

资料来源：《民政部 2012 年社会服务发展统计公报》，民政部网站（http：//www.mca.gov.cn/article/sj/tjgb/201306/201306004747469.shtml）。

五　当代中国城乡差别表现的不平衡特点

改革开放以来，在市场导向、注重效率的发展原则以及"让一部分人和地区先富起来"的发展战略实施中，当代中国城乡差别呈现出地区发展差异化的特征。东部和西部、发达地区和欠发达地区以及改革前沿和民族地区，在城镇化率、城乡居民收入水平等方面呈现出不平衡性。

（一）东部地区城镇化率明显高于西部，且西部省份内部城镇化率亦不均衡

城镇化是中国特色社会主义缩小城乡差别的有效路径，通过城镇化可以改善农业产业结构，实现人口生产、生活方式城市化转向，加快农村生活现代化，因而城镇化率成为缩小城乡差别的重要衡量指标。然而，中国的城镇化建设呈现出发展的不平衡性。据《中国西部经济发展报告（2013）》数据显示，2012 年全国城镇化率为 52.57%，而东部城镇化率为 56.4%，中部为 53.4%，西部则仅为 44.9%。西部城镇化率明显低于全国平均水平；而就西部省份内部来看，最高的重庆城镇化率为 56.98%，与东部发达地区水平相当，而最低的贵州城镇化率则仅为 36.4%，低于西部平均水平。东部许多地区城镇化率已经非常高，城乡差别逐渐模糊，而西部则因为城镇化率不高，城乡差别尤为明显。

（二）城乡居民收入水平的地区差异化明显

首先，地区之间不平衡。以 2006—2012 年间的数据为依据，东部地区农民收入持续增长,城镇居民收入增长放缓,城乡居民收入水平差距比较平稳,城镇居民是农民人均纯收入的2.8倍;中部地区城镇居民是农民人均纯收入水平的3倍,而西部地区这一数据为3.7倍。虽然中部,特别是西部城乡居民收入差距呈现缩小趋势,但差别依然明显。其次,地区之间差异。东部地区城镇居民人均收入水平远远高于全国平均水平。2012年全国城镇居民平均每人全年收入水平全国平均数为24564.72元;东部省份则全部高于全国平均水平,最高的上海市达到了40188.34元,浙江省为34550.30元,广东则为30226.71元;西部省份则全在平均水平以下,最高重庆为22968.14元,最低甘肃为17156.89元。同样,中西部农村居民人均收入水平也呈现出东部远远高于西部的特征。2012年,全国农村居民人均家庭纯收入超过1万元的省份分别是上海(17803.68元)、北京(16475.74元)、天津(14025.54元)、浙江(14551.92元)、江苏(12201.95元)、广东(10542.84元);而西部10省份最高是重庆(7383.27元),最低是甘肃(4506.66元)。

(三)改革前沿地区和少数民族地区城乡社会发展差别显著

长三角、珠三角作为中国改革开放的前沿,经济社会发展成就喜人,城乡居民安居乐业,产业布局结构合理,城乡社会发展一体化趋势基本形成。以江苏华西村、广东南岭村、浙江滕头村等为代表,东部地区农村发展势头良好,农民收入水平大幅提高,甚至高于当地城镇居民收入,城乡统筹的格局已然形成。反观少数民族地区,大多地理位置偏僻,交通不便,耕地面积少,农业收成差,村民文化观念和教育水平低下,生活艰难,许多地区都属于国家级贫困县或者贫困人口连片居住区,城乡社会天壤之别。这些地区应该成为缩小中国城乡差别的重点区域,从制度、产业、人口等各个方面,全方位开展工作。

第三节 当代中国城乡发展不均衡以及局部差别拉大的原因

城市和乡村作为两个不同的社会空间,其异质化特征明显。城乡差别自从农村孕育了城市以来,就普遍存在。随着工业化和城市化进程加快,差别愈加明显;当工业化中期时,城市聚集效应带来诸多发展困境,城市反哺农村，构建新型城乡协调发展格局成为必然，这是各国城乡关系发展的一般规律。当代中国城乡差别形成既有历史原因，也有国家在制度安排、政策设计、经济结构等方面的城市化偏向。剖析当代中国城乡差别拉大的原因，有助于推进工业化、新型城镇化以及社会主义新农村建设，进一步实施中共中央提出的统筹城乡社会协调发展战略，构建新型城乡关系。

一 传统农业社会与近代城市增长极模式是城乡关系的基本制约

封建社会农业生产力水平低，农业以有限的劳动所得供养城市，农村社会贫困落后。封建社会的中国是自给自足的小农经济模式，城市和乡村的关系必然同自然经济模式相契合。这一历史阶段，城市是国家政治和文化的核心，国家权力机关和文化设施都集中于城市，广大乡村在政治和文化上牢牢依附城市；经济方面，封建社会自给自足的小农经济决定了农村是整个社会的经济命脉，是国家主要的经济部门。农业生产能力决定着国家粮食产量和消费安全。封建地主土地所有制下，农民阶级不占有生产资料，土地、劳动工具等生产资料都属于地主阶级所有，农民必须通过租种土地和租用生产资料的方式展开农业生产。劳动所得首先要以缴租、交税等方式来供养生活在城市的王公贵族、特权阶层和不占人口多数的城市手工业者和商户，其次才能用于个人及家庭消费。农业生产效率的高低在很大程度上决定了农民是否能够丰衣足食，更影响着城市人口和权贵阶层的物资供给。由此不难看出，封建社会城市和农村在政治和经济中各占一边，政治中心在城市，经济中心属农村。农村经济供养着城市，且倾尽所有。因而，承载着封建社会经济发展重任的农村，农民生活并不富裕，沉重的苛捐杂税使得他们往往劳无所获，生活拮据。相对应的城市特权阶层却心安理得地享受来自农村和农业的劳动成果，锦衣玉食，逍遥自在。城市和农村分载着不同社会功能，有差别而又自然地联系在一起，这种看似田园牧歌式的城乡关系伴随着中国漫长的封建社会，平静地走过了几千年。

近代以来，中国城乡关系在外力推动和内在分化中加快了城市对农村的剥夺。随着西方工业化生产方式兴起，封建地主土地所有制逐渐瓦解，生产力的发展和科学技术的进步带动了以交换为手段的市场经济。

经济基础决定上层建筑，更能适应工业化和市场化发展要求的资本主义制度开始代替封建社会。伴随市场经济的不断发展，世界各国的封建制度纷纷被打破，资本主义生产关系以及资本主义制度迅速建立。随着1840年的一声炮响，中国几千年来形成的差别有序的城乡关系开始动摇，外力推动和内在分化使得传统的城乡关系发生了诸多变化。伴随着战争，西方的技术、文化、思想等来到中国，进入城市，影响并改变着中国城市几千年的沉寂。虽然中国没有像西方工业化国家一样，最终实现资本主义制度，但市场化、工业化的发展趋势依然深深影响了中国。外在力量使得城市经济发展更活跃，市场交换更频密。城市的工厂手工业、商业贸易以及相关服务产业得到发展，对原材料、销售市场、资本流通和劳动力资源都有了比封建社会更高的需求。城市发展方式的改变自然涉及农村。为了顺应城市工业化和商业化发展，城市逐渐代替农村成为新的经济中心。城市化需要农业的支持，人才、资金、物资等要素开始流向城市，加速和深化了对农业和农民的占有和掠夺。西方国家对中国发动的殖民侵略，除了强取豪夺之外，也开始兴办工业，大力发展市场化的商业贸易。中国城乡关系在沿袭传统的城市剥削农村的同时，又增加了新兴的殖民侵略和资本主义掠夺方式。"外国帝国主义和本国买办大资产阶级所统治的城市极野蛮地掠夺乡村"[1]。农村社会发展饱受着双重冲击，在内外夹击中，农村以牺牲自身发展成就了现代城市的逐步繁荣，城乡关系极不协调。城市和乡村在本质上内在关联，协调的城乡关系既能促进城市发展又能惠及农村。然而近代中国由于受政治、经济、文化以及社会历史条件的制约，不具备缩小城乡对立的社会条件和制度环境。城乡差别在国家内忧外患、兵荒马乱中表现明显。即便是比农村相对发达许多的近代中国城市，无论是与同时期的西方国家城市发展水平比较，还是与当下中国城市现代程度比较都很滞后。同时期的中国广大农村情况更糟。历史进程中城乡分化、农村贫困的现实，对于中华人民共和国成立后缩小城乡差别的实践探索构成了障碍。

---

[1] 《毛泽东选集》第1卷，人民出版社1991年版，第336页。

二　中华人民共和国成立初期苏联模式的影响

中华人民共和国成立初期，面对千疮百孔的国民经济体系，如何快速恢复经济，发展工业成为当务之急。第一次面对从战争思维向建设思维转向的中国共产党人亟须学习。苏联作为世界上第一个社会主义国家，在国家建设、抵御侵略、发展经济、城乡关系等方面探索出了具有自身特色的社会主义发展道路。对苏联模式的学习，是当代中国开展社会主义现代化建设的起点，而苏联模式在城乡关系上的特色，也最终使得中国城乡差别逐渐扩大。

首先，计划经济在很大程度上束缚了劳动者和生产要素。在同资本主义不断斗争中强盛起来的苏联，坚持认为社会主义同资本主义应该划清界限，泾渭分明。资本主义实行市场经济，因而社会主义要把市场排斥在外。另外，苏联在卫国战争中采取的"战时共产主义"经济政策，为苏联最终反法西斯战争胜利提供了坚定支持。苏联社会主义模式强调单一计划经济，无论城市还是乡村，都坚持国有、公有和集体所有制。这种经济模式，在很大程度上束缚了劳动生产力。中华人民共和国成立以来，中国推行计划经济，靠计划安排人力和物力，调拨生产，分配资源，其结果导致供需脱节，生产乏力。计划计划不能做到物尽其才，人尽其用，生产力被与之不相适应的生产关系牢牢束缚，国家经济发展乏力，农村社会发展更是举步维艰。

其次，工业优先发展的战略。工业是国家的硬实力，既是国家经济的支柱，又是国防安全的保障。苏联社会主义在发展战略上强调优先发展重工业，轻视农业和轻工业；强调积累，轻视消费。基于国家自身经济底子薄弱，重工业发展需要农业和农村的倾力支持的现实，国家通过工农业产品的"剪刀差"，从农村获取大量建设资金、物资和农产品，牺牲农村，发展工业。中华人民共和国成立之初，在西方国家经济封锁以及政治孤立的历史时刻，中国借鉴苏联模式，推行优先发展工业和城市的战略[①]。这种偏向化发展一方面为国家迅速积累了发展资金，加快城市

---

① 陈斌开、林毅夫：《发展战略、城市化与中国城乡收入差距》，《中国社会科学》2014 年第 4 期。

化、工业化发展步伐；另一方面农村、农民和农业在此战略下停滞不前，陷入困境，城乡差别愈加明显。

再次，实现农业集体化。为了给工业发展提供足够的供给，苏联把农民统一组织起来，利用农业机械进行集体生产，以国家统一计划管理为前提，集体劳动，统购统销，缴售公粮。这种农业发展模式在中国也得以推广。"农业合作社"和"人民公社化"运动，这种具有中国特色"大锅饭"式的农村集体经济发展模式，没有调动农民的生产热情和积极性，生产能力和效率大大降低。同当时政治上的热情和狂热比起来，经济发展以冰冷的产量和指数否定着这种农业生产和发展方式。

最后，苏联模式否认市场经济是资源配置的有效手段。苏联社会主义发展完全排斥市场，在政治权力高度集中的体制下，推行计划经济模式，以计划安排国民经济的运作和社会资源的配置，以此来强调社会主义全民占有生产资料的特性。苏联模式影响下的中国自然遵循计划经济模式。计划经济下城乡资源不能自由流通，农产品只能以政府采购价出售。政府一方面压低农产品价格；另一方面提供农村工业消费品价格，以价格差异加大城乡分离。学习和借鉴苏联模式的结果使得中国城乡差别渐渐拉大，城乡社会地位明显分化。

三 城市偏向的政策导向

中华人民共和国成立之初，工业底子极其薄弱。1952年，中国工农业净产值中工业仅占25.3%，工业人口仅占社会劳动者的6%。尽快恢复工业，加快工业强国成为中华人民共和国成立后国家的战略选择。围绕这一战略抉择，国家选择了城市偏向发展政策，这种城市偏向对农村社会产生了严重负面后果，隔离了城乡，分化了市民和农民，拉大了城乡差别。

第一，城市优先发展战略。中华人民共和国成立伊始，鉴于中国社会发展实际和苏联建设经验，以快速恢复工业发展为目标，国家作出了工业优先、城市优先战略决策。城市是工业的载体，工业化发展目标必然以城市充分发展为前提。城市作为中华人民共和国国家以及区域经济发展的重心，自然在政策上享有特权。国家在资源配置、人才培养、基础设施、财政投入等方面都作出了以城市为主的选择，充分发挥城市经济引擎、政治中心、文化基地等功能。国家整个政策设计的出发点和着眼点都是围绕城市发展展开,农村被冷落,成为城市优先发展政策的失意者。城市一切都有国家政策的安排,农村社会农民只能自我供给。

第二,农产品统购统销制度。加快推进工业化需要大量社会资源,为此国家把牺牲农村和农业作为积累工业资本的战略选择。通过对粮食以及烤烟、生猪、蚕茧、茶叶等农产品实行统购统销,严格限制市场化的交易方式,发起了农村集体化运动,建立人民公社制度。统购统销和人民公社让国家完全控制了农民和农业剩余。国家通过工农业产品"剪刀差"从农村获取大量建设资金。"据有关专家测算,1952—1957年通过工农产品'剪刀差'从农业部门聚集的净积累为475亿元,占同期财政收入的30.9%;1959—1978年为4075亿元,占同期财政收入的21.3%。"①。在如此发展理念指导下,城乡发展极度不平衡。

第三,限制城乡生产要素自由流动。中华人民共和国成立初期,工业化和城市化建设需要大量劳动力,农民流动进入城市,变身为产业工人和第三产业从业者符合当时发展需求。然而伴随着进入城市人口越来越多,在粮食供给、就业安排、福利保障等方面,城市压力陡增。同时,大量农民进入城市,摆脱农民身份,远离土地和农业生产,必然对农业生产效率和产量产生直接影响。中国的计划经济体制凭借强大政治力量,强制规定农民的生产生活空间。从20世纪50年代初,国家就采取了城市收容遣散制度、严格禁止从农村招工制度、城乡分离的户籍管理制度等。1956年和1957年两年间,国家连续发布9个限制农村人口流入城市的文件②,以制度方式限制农村人口进入城市;另外,国家又在农村通过高等教育招生制度、参军提干等方式,把农村社会"精英"分子吸纳进入城市,为城市化建设服务。

第四,城乡户籍登记制度。户籍制度本应是一种按户登记便于人口管理的社会制度。然而在中国,户籍却被人为地划分为农业户口和非农

---

① 居占杰:《我国城乡关系阶段性特征及统筹城乡发展路径选择》,《江西财经大学学报》2011年第1期。
② 陈斌开、林毅夫:《发展战略、城市化与中国城乡收入差距》,《中国社会科学》2014年第4期。

业户口。相比较于农业户口，非农业户口享有政治、就业、医疗、社保等权利，还涉及退伍安置、交通事故赔偿额度等。农业户口家庭成员在计划经济条件下，没有粮油保障供应，没有医疗、分房等福利，基本物质需求靠自己满足；粮票、油票、介绍信等流动要件牢牢把农民限制在农村，远离城市的现代和繁华。改革开放之后，市场经济逐步建立，城镇化步伐加快，农业生产效率提高，农业富余人口城市化转移成为趋势。国家适时放松了农民进城制度门槛，农民成为城市建设的生力军。然而城乡二元的户籍管理制度，时至今日仍然把许多进城农民排除在体制之外，在医疗、教育、住房等社会基本福利保障方面，城乡差别的鸿沟难以逾越。改革开放之后，鉴于生产力发展客观要求、经济体制改革切实推进、工业化和城镇化发展倒逼等客观因素，国家在城乡制度安排中作出了相应的调整和变革，使得城乡间的决然对立之势逐渐松动，但原有制度的惯性和改革相对滞后，城乡之间发展不平衡依然清晰可见。

四 城乡发展速度的差异

中华人民共和国成立以来，国家在经济体制上先后经历了完全计划经济、有计划的市场经济和全面开放的市场经济几个阶段。以解放和发展生产力为目标的经济体制改革，整体上促进中国经济发展和社会进步，但因城乡两个完全不同的经济社会空间，无论是在计划经济条件还是在市场经济条件下，农村社会发展较之城市仍然滞后。

首先，计划经济条件下，农村被体制牢牢束缚，发展水平滞后于城市。中华人民共和国成立之后，国家在经济制度的设计安排上，实行高度计划经济。这种所有制形式，既能体现社会主义生产资料公有制的性质，又能很好执行国家偏向工业和城市发展的战略部署。不可否认，高度集中的计划经济为中国工业体系迅速建立，城市化建设加速发展，国家产业结构从以农业为主向以工业、农业和第三产业合理布局发挥了重要作用。然而，这种经济体制的弊端在生产过程中也逐渐暴露。在这种计划经济体制下，广大农民以人民公社、生产队、互助组的形式被组织起来，共同劳动、共同经营。由于农民劳动是按照分配和计划的方式展开，责权不清的生产关系滋养了农民的生产惰性，他们的劳动不是以劳动效率高低来量化，只是看是否参加了劳动。因此，干多干少一个样的平均主义严重挫伤了农民生产积极性，农业生产效率低下，生产能力有限。交够国家公粮和任务之后，农民所剩不多，生活苦不堪言。虽然从1978年开始改革开放，国家积极探索以公有制为主体多种经济成分共同发展的新思路，农村也实现了分田分产到户的家庭联产承包责任制，农民生产热情和积极性被点燃，农业产量大幅提升，温饱问题得以满足。但农民依然是首先要按计划交够国家公粮任务，剩余的粮食如果要出售，只能卖到国家粮站。农业所需物资也是通过农业供销社供给农民。粮食生产和出售依然在计划体制之下，因而农业的创新性、多样性无法体现。单纯地种粮卖粮，只是满足了农民的温饱，距离农业和农村现代化发展差距甚远。

其次，市场经济条件下，农村因为市场机制不健全发展缓慢。自从党的十四大确定建立社会主义市场经济体制以来，农村社会也必然要同市场接轨，构建现代化农业市场体系。然而中国社会几千年来，农村就是单一的农业种植和生产，没有市场的基础和因素。市场经济在农村发展迟缓，客观上限制了农村发展速度。一方面，农业生产收益空间小且受自然条件影响大的特性，决定了其投入产出比较低。按照市场经济原则，资本投资是为获取更高利润，因而在市场经济条件下农业所能获得的资本投资非常有限；同时遵循市场法则，农村自身资金也在寻找更高收益，选择流入城市。另一方面，农民自身的市场意识淡漠，加之没有畅通的市场机制，农民很难通过市场化、专业化运作成为市场主体。市场经济条件下，通过价格配置农业资源符合现代化发展要求。然而农民自身文化水平低，对市场理解难度较大，加之没有成熟的市场组织，对市场分析和评估不到位，依然各自为政，单打独斗，往往出现丰年歉收，有收成没收入的窘境。还有，市场逻辑下劳动力从收益较低的地区向收益较高地区流动是合乎规律的行为，城市化发展为农村富余劳动力进城打工，从事非农产业生产以获取更高收益提供了充分机会，因而市场经济条件下的农村人口纷纷涌入城市，他们的城市化流动对农村发展和农业产业来讲，冲击明显。

总的来讲，中国城乡差别的出现、拉大既有历史的原因，也有现实的制约。城乡差别不是中国社会发展的专属问题，是世界各国工业化、城市化发展进程中的必然产物；正确认识中国城乡差别问题，参照世界城乡发展一般规律，结合中国社会历史新阶段的国情、民情，有助于为缩小城乡差别，推进城乡一体化建设提供理论智慧。

第五章

以五大发展理念引领城乡一体化发展

党的十八大以来,以习近平同志为核心的党中央坚持把马克思主义基本理论同中国社会发展的实际相结合,坚持走中国特色的社会主义发展道路不动摇,形成了一系列治国理政的新思维、新理念和新战略。以实现中华民族伟大复兴的"中国梦"为目标,致力于实现国家富强、民族振兴和人民幸福,提出了"创新、协调、绿色、开放、共享"的发展理念,为实现"两个一百年"的奋斗目标提出了总体要求。新时期中国城乡关系发展必须以五大发展理念为指导,以新型城镇化建设和社会主义新农村建设为抓手,实事求是,因地制宜,构建城乡一体化的发展模式。

第一节 坚持创新发展 开拓城乡发展新局面

创新是社会历史发展的关键动力。习近平同志提出的"创新、协调、绿色、开放、共享"的五大发展理念,其中创新居于首位,突显了其地位和重要性,为当代中国城乡发展提出了发展方向和时代要求,是党和政府对城乡社会发展规律的准确把握和深化。以创新发展为首的五大发展理念引领中国城乡社会发展,必将开创城乡社会发展的新局面,为全面建成小康社会,健康推进新型城镇化进程以及建设美丽乡村注入时代元素和强劲动力,有利于实现城乡一体的新型城乡社会格局。

一 制度创新,城乡发展的关键动力

(一) 创新城乡土地制度

推进土地产权制度改革,完善土地转让流通体制,实现城乡一体的

土地市场。城乡一体化的目标是要从根本上消除城乡差别,既要实现部分农村剩余劳动力的城市化就业,又要涉及部分城市人口的农村转移,因而必须有完善的土地流转制度。第一,农村人口进入城市,有了新的工作岗位和就业渠道,原有的农村土地自然被搁置甚至是荒芜,必须建设农村一级土地市场,允许农民进行土地转包、出租、入股等土地交易,盘活农村土地市场,推进农村土地股权化。第二,建立城乡一体、同权同价的土地使用、交易制度。城镇化建设必然会侵占大量的农村土地,城乡土地价格的差异使得政府在征用大量农业土地进行城镇化建设中,获取了大量经费,而农民却收益甚少。要改革征地制度,提高农民在土地增值收益中的分配比例,给予农民土地转让充分的自主权,实现城乡土地同价同权,保障农民带着土地产权进城。第三,加强农村集体土地的管理,科学合理规划农村土地。土地资源是宝贵的社会财富,必须科学管理,通过农村社区化建设和统一规划,释放农村土地资源,提高土地利用水平;强化国家耕地保护政策,严格土地管理,节约土地、节约资源,最大限度地保护农村土地资源,保护农业第一产业的基础地位。

(二)创新城乡公共服务制度

中华人民共和国成立以来的中国城乡社会发展格局,以城市的优先发展和农业支持工业的制度模式,造就了城市的一枝独秀。城市在公共服务和设施方面,远远优于乡村,农村无论是在水、电、路、通信等方面还是在医疗、教育、社会保障等公共服务领域同城市无法相提并论。

2012年中国的城镇化率达到了52%,从数据上看城镇人口首次超过了农村人口,然而城镇化率的提高并没有实现农村人口的城市化融入,许多农村人口只是"被城市化"。因此,"农村人口市民化是新型城镇化建设的关键和成败"[①]。新型城乡关系应以人为核心,构建城乡一体的社会公共服务,真正实现城镇化进程中进城农民的同等权利和乡村留守人口的公共服务均等化。首先,实现城乡一体的户籍制度。户籍制度本是一种按户登记的人口管理制度,而中国的户籍制度被附加了不同的权利,城乡户籍及其依附其上的20多种个人权利,是城乡人口之间的体制障碍。构建新型城乡格局,必须彻底改革户籍制度,弱化户籍制度对城乡

---

① 祝福恩、刘迪:《新型城镇化的含义及发展路径》,《黑龙江社会科学》2013年第4期。

人口流动的制约，使得劳动力资源能够实现地区间合理流动和优化配置，消除依附于户籍之上不均等的权利，让城乡人口基本权利和义务相等，从而避免人为的制度鸿沟。其次，城乡一体化的核心在于城乡社会服务均等化。城镇化进程中农村人口城市化转移是客观的过程，但农民进入城市后只是实现了生活空间的城市化，在社会服务方面却依然难以平等。因此，城乡一体化格局必须以人为本，实现城乡社会公共服务的均等，从根本上构建城乡一体的社会公共服务体系，让发展和改革成果全面共享。

在城乡公共服务均等化方面，排在第一位的是农村基础设施建设要先行。农村生活方式为什么落后，落后的基本层面在于缺少像城市一样的生活基础设施，如道路、上下水管道、给排水系统、供电系统、垃圾处理系统、互联网系统。如果这些生活的基础设施系统能够有一个大的改善，农村区域就是一个新的经济发展动力源，它会拉动新一轮中国经济增长。这既是一个经济发展过程，也是社会发展过程，更是体现了城乡一体的发展过程。当然具体的安排要通过详细的规划和论证，系统设计一个区域的城镇发展和建设规划，把村、镇、市，农业和工业、服务业之间内在关联展现出来，实现生态文明和工业文明的双重互动，乡村文化与城市文化的优势互补，创造一个具有中国特色的新型城镇化模式。

(三) 创新城乡社会管理制度

城乡一体化是当代中国城乡社会结构变革的趋向，也是工业化、信息化进程中城乡社会新形态。处于变革时期的中国城乡社会必然因经济体制改革、利益格局变化、社会结构变动等而发生深层次的变化。因此要秉持城乡社会一体化发展基本理念，创新城乡社会管理体制。

城乡社会管理创新的核心是城乡社会融合。当代中国社会的二元空间结构，割裂了城乡，造就了城市人口和农村人口两个群体，分化为城市和农村两个异质的社会空间。城乡社会和人口在产业结构、社会身份、发展差距、文化差异等方面差别明显，难以打破城乡藩篱，构建城乡一体的社会结构。要以城乡融合为目标，大力培养和发展社会组织、改革城乡户籍制度、构建城乡一体公共服务体系等的社会管理创新。创新城乡人口自由流动机制，促进城乡人口平等的就业服务体系，释放农业转移人口潜能，让农村进城人口真正成为新市民，落实国民待遇；政府在城乡公共服务的投入上要均等,提高人口社会流动的能力保障。只有从机制体制上彻底解决城乡人口在资源、服务、文化、福利等方面的融合,才能实现城乡社会真正意义上的一体化发展。

优化城乡资源配置是城乡社会管理创新的目标。城乡二元的社会空间限制了城乡土地、资金、劳动力等资源的优化配置,影响城乡共同发展。打通城乡制度隔阂,消除城乡居民身份差别,以市场机制为导向,形成城乡一体化的市场格局,充分发挥市场经济在资源配置中的决定性作用,通过市场机制来全方位地配置城乡资源;以农村劳动力城市化流入和城市资本乡村流入的双向互动,促进城乡社会资源要素的最优化配置,提高生产效率和劳动生产率;在破解城市化发展劳动力短缺的同时也为农业现代化发展注入资金、技术,从而以城市化发展带动新农村建设,为城乡一体化发展奠定坚实的经济基础。

培育社会服务组织是城乡社会管理创新的重点。城乡一体化是当代中国社会发展的战略目标,不同于以往政府主导下的城乡关系,强调社会组织参与城乡发展和一体化进程。新形势下城乡社会管理创新必须充分发动社会组织和社会力量积极参与,提高社会自我管理能力和组织化程度,探索社会问题和矛盾的自我化解机制。要培养多样化的城乡发展力量,培育各种社会组织,精简政府社会管理事务,增强政府的社会管理能力。鼓励民间或非政府力量参与城乡公共服务和建设,鼓励城市社会组织向农村延伸,建立城乡一体的社会管理服务网络,提升农民发展能力。

(四) 创新城乡环境保护制度

首先,创新城乡环境治理决策制度。城乡经济社会发展要突出环境保护和生态理念,城乡经济结构调整、城乡发展总体规划等必须进行严格的环境评价机制,要把城乡经济社会发展同城乡环境保护结合起来,通盘考量、科学决策;严格控制城乡污染物排放制度,以污染物排放总量控制为目标倒逼城乡产业、企业转型升级,清洁生产。科学预测城乡区域内环境容量,确定污染物排放总量,要充分考虑地区差异,合理分配污染物排放数量;建立严格环境检测制度,以生态指标为红线,建立城乡区域内环境数据库并完善年度评估。制定环境生态红线管理法规,并将其纳入法治化管理,同各级政府签订生态保护责任书,动态跟踪,实时检测,对落实不力的地区政府和主管部门进行行政问责。其次,创新城乡环境治理结构,以纵向责权体系和横向协调机制为依托,形成多中心城乡环境治理模式。明晰城乡环境管理的上下级权限和职责,协调解决城乡区域内环境保护和治理问题,丰富协作内容,建立完善环境污染预报警制度,形成联合执法以及生态补偿机制等制度,充分地运用监督性监测、现场监察、污染源实时在线监测等手段,加大处罚力度。充分发挥市场力量,鼓励社会资本进入城乡环境治理和保护,通过创新补偿提高城乡生产效率,提高城乡人口参与环境治理能力,保障人口环境权益。

二 产业创新,城乡发展的有效驱动

城乡一体化的进程必然涉及城乡产业结构和产业布局。传统的城乡二元社会在产业结构上体现在城市以第二、三产业为主,农村则是传统的第一产业。随着城乡社会一体化进程,农业生产力水平不断提高,大量农村富余劳动力城镇化转移,成为城镇化建设的生力军。根据国家统计局发布的2015年农民工监测报告显示,2015年农民工在第二产业中从业比重为55.1%,其中制造业占31.1%,建筑业占21.1%;第三产业从业农民工从业比重为44.5%,其中批发零售业占11.9%,交通运输、仓储和邮政业占6.4%,住宿和餐饮业占5.8%,居民服务、修理和其他服务业占10.6%。然而城乡制度隔阂成为农村人口融入城镇的障碍,大量进城农村人口难以真正融入城镇,享受城镇发展带来的公共福利和社会福利。另外,城乡一体化发展中没有城乡一体化的产业链,甚至城镇和乡村都缺少支柱产业。许多进城农民难以实现就近务工。同时,农村人口因为自身学历、能力等局限,处于产业链底端,以体力劳动为主,基本无法融入城市产业组织体系中。因此,传统产业结构影响城乡一体化进程,必须以城乡产业创新为突破,构建城乡一体化的产业布局。要按照习近平同志提出的"实现城乡居民基本权益平等化、实现城乡居民公共服务均等化、实现城乡居民收入均衡化和实现城乡要素配置合理化"的"四化"要求来创新创业,通过城乡产业创新来推进城乡一体化,就是要加快农村发展,释放农村发展潜力和潜能,二者密切相关。

第一,创新构建城乡一体化产业布局。城乡一体化建设的关键在于从根本上建立城乡一体化的产业格局，充分发挥产业创新的推动作用。结合城镇化和新农村发展建设规划，突出资源优势和区位特征，实事求是规划城乡产业发展规划和政策，明确地区的产业优势和发展目标，以政策创新来培育新型产业和惠民产业。在经济发达的地区，要以现代工业化为引领，以高科技产业、智能产业以及先进的制造业为突破，构建高端城乡一体化产业布局；经济欠发达的区域，必须以本地资源禀赋为根本，充分挖掘本地资源的全方位开发产业格局，积极对接发达地区乃至全国区域规划，努力建设具有自身地域特色的城乡一体化产业格局。坚决杜绝缺乏地域特色、千篇一律的产业雷同现象。同时，城乡产业基础和分布的客观差别，要求城乡产业之间要形成相互协同、差异发展的格局，避免恶性竞争。

第二，创新城乡人口创业平台。2015年6月11日，国务院印发了《关于大力推进大众创业万众创新若干政策措施的意见》，把创新创业提升为富民之道、公平之计、强国之策，力图通过大众创业、万众创新推动经济结构调整，增强发展动力，走创新驱动发展之路。新时期城乡一体化建设要紧跟国家创新创业发展战略，搭建有利于城乡人口创新创业的平台。当地政府要加强政策和制度设计，依据本地区经济发展水平和城镇化产业格局实际，分类设计契合地方实际的城乡一体化产业创新平台。科学发挥政府引导和市场主导的作用，建设现代化的工业产业园区，改变农村社会的生产和生活方式，建设农业现代化示范园区，大力发展现代化农业，在现有农业合作社的基础上，鼓励农民走出农村，融入都市，拓展业务，在城镇建立办事处或行销总部，拉长产业链；同时结合农村实际，选择适合地域特征的城镇产业进入农村市场，建立模块化创新创业合作组织，鼓励其组建"官、产、学、研"模块化产业创新合作组织①。加强创业信息资源整合，建立政策集中发布平台，完善专业化、网络化服务体系，创办各类创新大赛，完善中小企业公共服务网络平台建设。鼓励各地方政府结合地域特色，积极出台支持创新创业政策，盘活城乡土地、厂房、资金、物流设施等资源，为城乡创业者提供政策支持和物质保障。

---

① 谭清美：《依托产业创新推进城乡经济一体化》，《唯实》2015年第1期。

第三,新型工业化推动城乡一体化。要实现新型城乡一体化发展目标,产业聚集是关键。通过产业聚集带动劳动就业,从而实现农村人口的城镇化转移。城乡社会都要以产业为引领,根据地域环境、资源禀赋等选择合适的核心产业,打造产业链,增进就业机会,实现人口集中,改善消费结构,通过政府的规划和市场的推进,创新城乡一体化建设目标。首先,选择未来型持续发展产业。以工业化推进城乡一体化,选择产业类型成为关键环节。传统的高能耗、高污染、大规模的制造业和化工业等发展空间有限,城乡一体化要在产业选择上同国家重点支持的新型战略产业协同,以信息产业、高新产业和现代农业、环保产业等为重点,突出产业的能耗低、效益高、附加值大以及产业集群化标准。其次,因地制宜地选择地域特色的产业类别。中国地域广阔,城乡发展不均,不同地区在产业选择上要突出地域特色。东部发达地区和西部欠发达地区在选择城乡产业要有所区别,东部发达地区要以高科技产业为引擎,而西部欠发达地区则可以继续发展东部传统的加工工业。最后,发挥产业聚集效应。城乡一体化关键在于解决产业选择、产业集群化,要形成科学的土地规划、基础设施规划、土地流转规划、村庄建设规划、旅游开发规划、商业发展规划等,将生产性服务和生活性服务融入产业规划之中,建构起产业发展与城乡协调发展的蓝图。

三 文化创新,城乡发展的精神保障

城乡一体化进程中,不但要有城乡资源、技术等的协调发展,还要突出和重视文化建设,只有实现城乡文化协同发展,避免城乡文化发展的误区,才能真正实现城乡人口的现代化。当代中国正在积极推进的"新型城镇化"建设,致力于城乡经济发展方式转型升级,早日建成小康社会。在此进程中,必须通过城乡文化创新的带动,实现城镇化、信息化和农业现代化的良性互动,促进城乡社会协调发展。城乡一体化是一个历史过程,除了生产力的推动因素之外,城乡文化建设和人口素质提升自然也是必然的课题。城乡人口是城镇建设和乡村建设的主体,他们的创造力、自然力、执行力甚为关键,要以先进的文化引领人,充分调动群众,依靠群众,发挥人民群众在城乡一体化进程中的主体作用。

(一）优化乡村产业布局，推动农业现代化进程，建设现代乡村物质文明

马克思指出，物质生活的生产方式制约着人们的精神生活和政治生活。如果没有乡村人口物质生产方式的改变和提升，现代乡村文明则难以实现。首先，提高农业现代化水平，改善农业产业结构。新型城镇化建设必须助推农业现代化，释放城镇化的内需潜力。通过农业合作化、专业化、规模化等多种形式发展现代农业，提高土地和劳动力效率，改善农业产业结构。大力发展和完善农村市场经济体制，降低农产品成本。通过调整乡村产业结构和从业结构，创造现代生产生活方式。其次，提高乡村人口收入水平，改变消费观念，提升文化需求。农业现代化和城镇化的双轮驱动，必然提高农村生产力水平，解放乡村剩余劳动力。乡村人口可以选择进城从事第二、三产业的劳动，亦可发展现代化农业服务产业，比如农家乐、农村旅游、现代化养殖等，切实提高乡村人口收入水平，从而改变乡村传统的只满足于温饱的消费观念和习惯，优化消费支出结构，增加文化消费支出比例，树立现代文明的生产意识和消费意识。农业生产效率的提高和科学化的生产经营方式，可以延长农业产业链，丰富农业产业结构，完善乡村第二、三产业，增加农民收入，倒逼传统乡村文明实现现代化转型。

（二）增强文化自觉，培育新型乡村人口，建设现代乡村精神文明

开展对乡村人口的教育和培训，引导乡村人口思想认识、文化价值、生活习惯、消费行为和社会交往等方面走向现代化。乡村文明不是乡村社会的自在产物，它同乡村社会物质文明的发展密切相关。新型城镇化建设从根本上改变了农村的物质生产方式，提高了农村物质文化水平，对于现代乡村文明建设而言，必然面临现代化转型。首先，乡村人口是现代乡村文明的建设和实施主体，乡村人口的涵养和素质，决定了乡村文明建设的程度。要提高乡村人口的思想道德水平和文化素养，构建崇尚文明、尊重科学、和睦友善的社会风尚。其次，大力开展社会主义核心价值观教育。教育和引导乡村人口正确处理好国家、集体和个人的关系，培育适应农业现代化发展趋势的新型农民。最后，加强对乡村人口的科学意识、市场意识和法治意识教育。培养乡村人口的科学精神，提升他们的科学水平，让科学理性贯穿于乡村文明建设的全过程；培育乡

村人口的市场意识、开放意识、大局意识,积极发展和完善乡村市场经济和体制建设,让市场经济在农业经济发展中发挥决定性作用;培育乡村人口的法制意识、民主意识和公平意识,开展法制教育,开展社会公德和家庭美德教育,逐步养成适应新型城镇化建设的现代乡村文明和价值体系。

(三)传承乡村文明根脉,坚持村民自治,建设现代乡村政治文明

由于历史的原因,中华人民共和国成立以来的一个时期内,乡村社会治理和建设在国家和政府的权力完全覆盖下运行,农民自我管理的能力被束缚。这种模式不仅加大了政府管理成本,也难以真正治理乡村。新型城镇化建设是中国实现现代化的必经之路,乡村基础组织也应该顺应国家治理现代化的要求,将"提供良好的制度规则作为改革的主要目标"①。首先,完善和落实好村民自治制度。充分发挥农民在乡村社会治理和发展中的主体地位,建立良好的运行和监督机制,既要实现乡村公共权利服务农村经济社会发展的主线,又要预防权力过大带来的弊端;其次,充分挖掘和利用乡村社会的宗族、宗法传统。中国乡土社会的宗族、宗法习俗历来是传统农业社会中社会管理的重要力量,应充分尊重该传统,结合现代化的乡村治理以及乡村政治文化特征,建立现代政府管理和传统村民治理相结合的乡村治理模式,在农村政治文明建设中,可以充分利用宗法关系,整合乡村资源,拓展社会公共治理空间,促进乡村政治文化善治。

(四)保护乡村生态环境,创建美丽宜居新农村,建设现代乡村生态文明

乡村文明发端于山清水秀的自然环境,良好的生态环境是乡村文明的基本特征。工业文明的兴起和城镇化进程的推进,在带给乡村社会加速转型的同时,不可避免地激化了人与自然的和谐,协调推进乡村社会经济发展与生态保护,是建设现代乡村文明的重要内容。首先,以村容整治为突破,构建干净、整洁的村容村貌。传统乡村缺乏统一规划和管理,布局凌乱,垃圾成堆,基础设施缺乏。应在突出乡村特色的基础上,加强规划,完善基础设施,实现垃圾集中处理,推行绿色清洁能源。其

---

① 曾天雄、曾鹰:《乡村文明重构的空间正义之维》,《广东社会科学》2014年第6期。

次,发展绿色生态农业。以生态优化为指导,积极发展绿色、环保、循环、可持续的农业经济发展模式。将乡村各个产业部门作为一个有机整体来规划,合理安排各种生物群的分布,提高农业生产效率。最后,培养农民的生态保护意识,发展乡村旅游产业。新型城镇化驱动了人们对乡村山水的向往,乡愁记忆加大了农村旅游的需求。要以乡村自然山水为依托,发展乡村旅游,突出乡土特色,强化生态优势,以农业生态资源助推农村物质文明和精神文明建设。

第二节 坚持协调发展 开创城乡发展新格局

党的十八届五中全会提出,坚持协调发展,必须牢牢把握中国特色社会主义事业总体布局,正确处理发展中的重大关系,重点促进城乡区域协调发展,促进经济社会协调发展,促进新型工业化、信息化、城镇化、农业现代化同步发展,在增强国家硬实力的同时注重提升国家软实力,不断增强发展整体性。城乡社会的协调发展对于中国现处的城乡二元对立的空间格局和发展阶段来讲,甚为重要。

一 中国城乡社会协调发展的结构特征

(一)世界城乡关系发展规律是城乡协调发展的规律基础

纵观世界各国,尤其是发达国家和发展中国家城乡发展的历史,城乡关系变革过程具有共同的规律。西方发达国家的城乡关系变化经历了三个阶段:第一阶段,城乡发展失衡。由于工业革命,工业得到了急剧发展,城市发展一枝独秀,而农村的发展由于技术落后,农业生产力不发达,农村发展缓慢,城乡发展严重不平衡;第二阶段,城乡差别缩小。随着第二次工业革命,城市化和工业化进程开始加快,资本主义国家的发展实现了城市化。在城市化和工业化发展的带动下,农业生产力开始发展,农业机械化程度开始提高,农业结构开始转变,原有的城乡对立开始解冻,城乡之间差别慢慢缩小;第三阶段,城乡融合发展。"二战"之后,西方社会进入了快速发展时期,"政府在财政、金融、技术、信息和出口等方面都给予农业以前所未有的巨大支持,而且,在现代市场经济的作用下,现代科学技术广泛运用于农业,极大地促进了农业生产的工业化、产业化"①。农村经济社会得到前所未有的发展，城乡差别开始消失，甚至出现了"逆城市化"的发展趋势。对于发展中国家的城乡差别消除过程，西方发展经济学家认为发展中国家工业化过程为三个阶段：第一阶段，农业支持工业、农村支持城市。表现为：农村为城市发展提供人力、物力支持，农村人口流入城市，工业发展主要靠农业提供的积累。第二阶段，农村和城市平等发展。表现为：农村产业结构调整，农村生产力和生产方式的革新，农村人口不再流入城市，工农业靠各自积累发展。第三阶段，工业支援农业。城市生产要素向农村流动，社会资本和资源开始向农村回流，城市和农村的发展趋于一体。综合发达国家和发展中国家工业化进程和城乡差别发展轨迹，缩小城乡差别的一般规律可以概括为，在工业化进程中，由于城乡区位优势不同，经济基础相差甚远，资源禀赋不尽相同，生产要素、人力资源等必然向平均利润较高的城市转移和聚集，导致城乡发展差距拉大；当工业化水平达到一定程度后，由于其滴落效应和扩散效应，城市生产要素价格上涨，平均利润下降，农村地区生产成本低的优势越来越明显，加之政府的政策支持，生产要素会自然流向农村，从而缩小城乡差距。随着中国工业化发展，中国已经进入了城乡共同发展新时期。

（二）城乡社会福利均等化是城乡协调发展的价值目标

按照增长极理论和非均衡发展理论，经济发展过程中，城乡差别都经历先扩大再缩小的进程，可是如果这种差距持续拉大，就会带来政治、社会各方面的矛盾。中国城乡差距主要表现在：第一，城乡居民收入差距。2016年城镇居民人均可支配收入33616元；全国农村居民人均可支配收入12363元，城镇居民人均可支配收入与农村居民人均纯收入之比为2.7∶1。如果把一些社会福利和保障因素考虑其中，城乡居民收入差距会更大。第二，城乡政治差距。城乡居民在政治权利、同命不同价、政治利益表达、公民身份待遇等方面差距明显，矛盾突出。第三，城乡教育差距。城乡教育资源不对称，受教育人数的数量以及人口的学历层次和水平严重失衡。第四，城乡文化差距。因为城市的集中性和农村的分散性，以及各级政府投入的不同，加之相关因素的影响，城乡文化设施

---

① 吴学凡：《新时期中国城乡差别问题》，社会科学文献出版社2009年版，第205页。

和文化产业的差别巨大。以上这种对立是当今中国社会发展中诸多社会矛盾、冲突的根源，必须以城乡协调发展的方式谋求化解。

（三）生态社会和信息网络社会建设是城乡协调发展的约束条件

1. 生态社会建设是构建协调城乡发展的安全需求。生态社会建设是城乡社会可持续发展的关键，要建立发展方式转型的倒逼机制。工业文明是人类社会发展进程中的一次质的飞跃，机器化大生产和科学技术的飞速发展，使得人在面对自然的时候显得无所不能，工业文明在给人类带来社会物质产品和可支配资源的同时，自然生态却受到了无止境的破坏。这种占有式的发展方式，让人们承受了巨大的生态灾难。另外，市场经济的利益最大化法则，使得资本市场为了对利润的不懈追求，不顾人类需求不断增长和自然资源不断减少的现实，把人类自身的命运和自然资源一起推进了资本掠夺的池沼，越陷越深。将生态环境作为发展方式转型的倒逼机制，必须纠正为了城市发展而实行的对农村的生态掠夺和破坏，以牺牲农村的生态为城市化发展提供条件。以城乡平等和社会公正的视角构建生态社会发展新模式，城市的发展绝不能牺牲农村，通过保护农村生态环境，改善农村生态设施，发展生态农业产业，实现农村经济社会，绿色健康和可持续发展。

2. 信息网络社会建设是构建协调城乡发展的时代条件。首先，城市发展空间外扩。伴随着信息、交通的发展，中心城市发展速度减缓，并出现郊区化现象。城市空间的逐渐扩容，自然强化了城市和乡村的关联度，大城市人口的外溢使城市从传统的单中心向多中心发展。其次，乡村发展方式的转型。信息化和现代化的技术条件，市场经济的农村化渗透，为农村带来了新的气息和观念，农村开始接受以市场化、现代化为内容的新的价值理念，农村人口开始改变传统的生活方式、生产方式、交往方式。最后，城市和乡村的互动性转变。在信息技术和市场经济的推动下，城乡之间不再是相对独立的两个社会空间，在城市理念、信息、技术、资本向农村波及的同时，农村的劳动力、土地资源、农产品等也开始了大步的城市化推进，城乡之间的相互依赖、相互扶持的程度大幅提高。在信息技术推动的经济一体化发展浪潮中，"任何经济单元要游离于整个经济发展的背景，向'孤立国'方向发展显然是难以进行的"①。因此，为了适应信息化社会，要在城市发展不放松的同时，着力推进城市资源的农村化转移，实现城乡共同发展，良好互动的新型城乡关系。

二　中国城乡社会协调发展的过程特点

（一）从城乡"分割"到城乡"一体"

发展理念的系统性。城乡协调发展的理念，就是要改变过去那种就城市论城市，就农村谈农村的形而上学的发展思路，把城市和农村作为一个有机的整体来通盘考虑。城乡协调发展是一个社会系统工程，是多层次、多方面的协调发展，既有经济、社会、生态环境大系统的统筹发展，又有大系统中各个子系统自身的统筹发展。城市和乡村本是两个相对独立的社会空间，有着各自全然不同的独立要素，要实现这两个系统走向一体化和融合，就必然涉及城市和乡村各自不同的生产方式、生活方式、价值观念、文化传统等要素的优化组合。城乡各自的独立性决定了要实现城乡要素重新整合，必然是复杂的、非线性的过程。中国城乡统筹发展的推进过程，充分发挥了政府的职能，在制度和政策上统筹城乡，向农村大力倾斜；另外强化了市场的力量，实现城乡资源、资本、劳动力等的自由流动，打通了城乡之间的经济壁垒，奠定中国城乡一体化发展的坚实基础。

（二）从城市"优先"到城乡"统筹"

城乡协调发展模式的创新性。城乡协调统筹发展的关键是加强顶层设计，创新符合中国国情的发展模式、发展目标、发展道路等。我国的城乡问题既有世界城乡问题的一般特征，又有中国自己的特点和国情。根据中国城乡二元对立带来的社会矛盾，结合中国改革的实践，中央提出"统筹城乡发展"的新的城乡发展模式，既符合了中国社会发展需要兼顾农村，农村为城市化发展提供土地和劳动力保障，又是为了挖掘广大农村市场，促进农村发展方式的转型升级。发展模式的改变不仅体现了发展理念的更新，更是执政水平的提升。城市和农村同属于社会的基本单元，应该有同等的权利和义务，之前由于各种原因，限制了农村，

---

① 段娟、鲁奇：《新型城乡发展观系统解读》，《农村经济》2005 年第 10 期。

发展了城市，现在必须转变发展模式，重点加大对农村的投入和转移支付力度，改善农村环境，培训农村人口，加速农村产业转型，培育新的经济增长点，实现农村社会城市化转变。

(三) 从"外延"发展到"内涵"

发展规律和价值的契合性。中国的城乡发展经历了片面追求城市扩张、土地城市化扩展过快、城乡社会发展差距拉大以及生态环境承载能力透支等外延发展阶段。科学的城乡发展规划和战略，是要走立足资源环境承载能力和城乡协调，形成资源节约、环境友好以及城乡和谐的城乡内涵发展新格局。走城乡内涵发展道路，体现了党和国家对城乡规律、经济规律、社会规律、生态规律、技术规律等的科学认知，是科学发展的体现。中国的农村、农民和农业，在中国社会发展战略中同城市一样有着同等重要的地位。中国的城乡统筹发展目标不是为了从形式上把农村城市化或者被动地把农村并入城市，而是要实现内涵发展，促进农村经济发展方式转型，赋予农村人口与城市人口一样的政治权利，活跃农村经济，改善农村设施，保护农村生态，让城乡之间鸿沟不再，成果共享。

(四) 从城乡"失衡"到城乡"协调"

发展目标的科学性。城乡协调发展的目标是要通过发展方式和思路的转变，填平城乡之间的鸿沟，实现城市和乡村在产业上互补、待遇上一致和政策上公平，使整个城乡社会协调发展。城乡协调要把城市和乡村作为一个有机整体来规划，"把城市和乡村发展中存在的问题及其相互因果关系综合起来研究"[①]。保持城市快速、平稳发展的势头，为工业化和市场经济发展提供动力，同时要开启城市之外的发展空间，构建中国社会城乡并举的新格局。根据城乡的现实特点以及各地区乡村的地理环境、人口条件，因地制宜，探索以资源节约、环境友好为前提的城乡发展新模式。大力推进城镇化建设，以城镇化发展带动周边农村的经济格局，创设农民不离开乡土的城市化转移的新途径。以社会主义新农村建设为契机，改变农村的产业结构，培养新型农民，在实现农村基础设施、居住条件城市化的基础上，加快农村生活方式城市化转变，走出一条中

---

① 范恒山、陶虎良：《中国城市化进程》，人民出版社2009年版，第20页。

国特色的城乡一体化发展的新路子。

三 以新型城镇化为载体，实现城乡社会协调发展

世界历史已经走过的城镇化道路，基本沿袭城市化的机制和理念。仅就城市化的历史及其发展机制，已经形成的城市化理论无可厚非，因为它真实地解释了曾经有过的城市化过程。但是，今天的世界形势和发展要求已经今非昔比。传统发展模式带来诸多弊端，即城市病、空气污染、垃圾污染、城乡差距、生态问题、生活质量降低。一边是经济的增长，一边是精神的异化、抑郁的积累和灵魂的浮躁性蔓延等的反思。另外，和谐社会与生态文明社会的发展要求和新技术革命与信息化技术提供了新的历史条件，使人们在新的世界历史条件的基础上具备了超越以往的发展理论和发展模式的可能。新型城镇化的关键在于一个"新"字。构建新型城镇化的运作理念，并不是彻底地抛弃曾经有过的所谓的工业化机制和分工机制，而是在新的历史条件下重新理解和运用这些机制，把这些机制和新的发展要求与发展条件结合起来，把这些机制和其他相关的机制结合起来，在更新的社会历史条件下，在更全面的理论平台上建构城镇化发展的新模式。如果从新型城镇化模式的运作理念上说，新的运作理念有以下几个主要特点。

（一）尊重农村的主体地位，规划好城市和乡村的功能，以城乡共同繁荣的理念建设新型城镇化

城镇化建设作为中国改革最大红利，必然是中国经济发展新的增长点。传统的城镇化因GDP驱动、政绩观的影响，更多表现为城市对农村的吞噬，是一种"城市霸权"主义发展模式。中国的农村几千年来，落后于城市，主要表现在经济发展的滞后，然而农村社会的功能不是单一的经济指标可以涵盖的。农耕文明孕育下的中国社会，自然充满了对乡土社会和农业文化的敬仰和依赖。即便是在工业文明进程中，城市化的浪潮一浪高过一浪，依然不能消解农村社会在中国社会中的地位和作用，许多人口的生存和农村社会有不可阻断的生命关联。因此，中国的城镇化不是要用城市消灭农村，而是要实现城市和乡村的共生共荣。新型城镇化的发展是要改善农村的社会面貌和基础设施，消除横亘在城乡之间的制度障碍和福利差别，工人和农民在职业或社会分工、劳动分工各方

面的差别不会随着新型城乡关系的建构而消失。所以，科学规划城乡发展，既要看到农村和城市在制度、待遇方面的统一性，又要看到城市和乡村在社会功能、资源环境方面的差异性，促进城乡和谐共进，走中国特色城镇化发展道路。

（二）紧紧把握中国城乡关系变化的特点，以实现好群众利益为根本目的

紧紧围绕"人的城镇化"这一核心，处理好政府作用和市场力量在推动城镇化过程中的关系，建构政府调控、市场带动、群众主体的城镇化发展道路。城镇化建设作为城乡统筹发展的助推器，需要科学的资源配置机制和有效的推动主体。政府为主体的城镇化建设，以政府职能、政府责任、政府政绩等为出发点，有为了城镇化而城镇化的功利主义色彩；市场主导的城市化，又会因为市场的利润最大化目标，带来土地占用，资源破坏，环境污染等市场化的痼疾。无论是政府主导还是市场导向的城镇化，都忽视了城镇化主体，即农村人口的利益。新型城镇化建设，必须体现"人的城镇化"这一核心，关键在于提高城镇化水平和质量，造福百姓，富裕农民。政府和市场作为新型城镇建设的推动力量，要依据中国城乡社会所处的历史阶段，确定不同的定位。城镇化建设初期，农村社会处在弱势地位，市场体制的不完善，要相对突出政府的力量和作用；当农村社会经济基础有了一定发展和改观，市场经济有了较强的基础，则要突出市场对资源配置的有效手段；最终，农村社会市场体制逐步完善，同整个国家市场体制融为一体，市场成为城乡发展的配置手段。中国现在所处的历史阶段，社会市场经济体制日臻完善，农村人口城市化转型愿望强烈，因此，新型城镇化建设要强化市场对城乡资源的有效配置，政府的作用将从城乡发展的主导力量，逐步演变为支持和协调市场的保障力量，以农村人口根本利益和社会福祉为基础，推进政府和市场协调推进的新型城镇化建设。

（三）因地制宜，科学规划，通过工业化、城镇化以及农业现代化，实现农村人口就地城镇化

新型城镇化的核心是农村人口的市民化转移，实现农村人口生产和生活方式向城市生产生活方式转移。中国的农村面积庞大，人口众多，单一地把农村人口向大城市转移的发展方式，不符合中国社会现实。改

革开放以来兴起的乡镇企业，使得许多地方的农村具备了工业基础，形成了现代产业体系，通过工业的乡村引入，可以实现农民就地城市化转向；同时农业现代化建设，不但实现了城市资源的农村化转移，而且可以将农业生产纳入现代产业体系，以农业合作社等形式，将农业和市场对接，实现城乡统筹发展。这种就地城镇化的发展思路，不仅可以避免人口一味拥入城市带来的城市病，缓解城市压力，规避大城市人口膨胀带来的社会风险，而且可以实现农民不离开乡土，就能享受城镇化的成果，且可以降低城镇化成本和风险。

第三节 坚持绿色发展 构建城乡生态文明

　　城镇化是缩小城乡发展差距的有效路径，而传统工业化逻辑下的城镇化发展模式，是以环境和资源、土地等为代价的粗放式发展，城市和乡村关系紧张，农民和市民矛盾突出。绿色是城乡社会永续发展的必要条件，以生态文明建设为重要内涵和目标的新型城镇化建设，倡导构建绿色发展、循环发展、低碳发展的城镇化发展道路，构建布局合理、规划科学、绿色低碳的城乡一体化发展格局。把生态文明建设内化于城镇化建设之中既是城乡协调发展的客观要求，也是生态文明建设的内在要求。

一　传统城镇化的城乡生态之殇

　　城镇化是伴随工业化而不断发展。发端于西方发达资本主义国家的工业革命，开启了近代人类大规模城镇化的历程。工业发展对土地、劳动力、资源等生产要素的需求不断升级，城市外扩明显，进城人口增多，污染向乡村转移等是西方发达国家在工业化前期推进城镇化的必经之道。中国以工业化为动力的城镇化发展方式，自然也难以避免传统城镇化的生态风险，在城镇化进程中生态问题日益严峻。

（一）人口城市化流动明显，环境卫生等生态问题突出

　　中国的人口流动是在"城乡分离"的体制下不断推进的，改革开放以来随着农村家庭联产承包责任制的推行，大量农村劳动力因为体制转

变被从土地中解放出来,农村人口不再只能依附土地来谋生。经济的开放、搞活,使得许多地区的乡镇企业逐渐发展,为农村劳动力向乡镇以及周边县市转移提供了现实基础。传统生产方式的转变以及参与企业生产所带来的个人收入增加,使得农村人口突破城乡二元壁垒的欲望更加强烈。城市因其高于农村的劳动力收益水平和优质高效的生活方式,吸引了大量农业人口城市化转移。第一,从空间上看,人口流动表现为从农村流向城市、小城镇流向大城市以及西部、中部人口流向东南沿海城市。2009年农民工总量为22978万人,其中外出农民工14533万人。第二,从产业布局来看,表现为从第一产业向第二、三产业的流动。进城务工人员进城后,通过职业的转换,实现了从农业生产向建筑、服务、加工企业、商业等的转变。大量农业劳动人口急速转移到城市,使得城市不堪重负,城市病成为顽疾。生产和生活用水、用电压力增加;产生的垃圾、污水成倍堆积;小摊小贩,占道经营,影响通行,污染环境;汽车、摩托车等数量激增,废气排放量超标,雾霾天气天数增加;城乡接合部垃圾成堆,污水横流,臭气熏天。城市自然生态环境的不断恶化,空气质量下降,饮用水资源不足等环境问题的突显,这些问题同城镇化带来的大量农业人口流入关系紧密。

(二)城市外扩速度加快,农业生产用地流失严重

伴随工业化的推进和发展,城市原有的空间不能满足现代化工业发展需求,必须建立现代化工业产业园区,开放新的产业领地,城市空间外扩是其必然;同时,在工业化和城镇化进程中,大量农业转移劳动力进入城市工作、居住,使得城市空间紧张,住房需求上升,因而房地产开发、学校、医院、社区服务中心等设施建设速度加快,也使得大量农业用地转入城市建设用地。许多地方政府为了实现"数据城镇化",加快城市发展规模,不断征用农业用地用于房地产开发和城市相关建设,这种盲目的造城运动是对农业生产、生活用地的滥用,是对中国18亿亩土地红线的无视;不符合经济社会发展和城镇化发展的客观规律,是对广大农村人口基本权益和利益的剥夺。拆村并居,土地置换等看似科学的城镇化发展方式,却因缺乏系统规划和科学谋划,拆迁过程造成大量建筑垃圾和粉尘,污染环境;建设过程中昼夜施工,噪声扰民;新居建设后农民失去了赖以为生的土地,也失去了持续发展的能力。另外,城镇

化在政府功利主义思想导向下，带有明显的政绩观色彩。许多地方政府在新城规划中，以大为主，以阔为荣，大修道路、广场、公园、运动场等与地方经济社会发展不相匹配的设施，而这些设施使用率低、建设成本高，造成农业用地的大量浪费，也徒然为地方增加了财政负担和经济压力。过去一味以铺摊子为形式的城镇化，既无法真正实现城镇化的社会效益，也是对土地等社会公共资源的损毁和浪费。

（三）工业化水平不断提高，自然环境和资源不堪重负

工业化始于西方发达资本主义国家，其实质是以机器化大生产方式代替封建小农经济的生产模式，大大提高了生产水平和能力，同时科技的加速发展也为人们提供了征服和改造自然的有效手段。工业化带动了城市化迅猛发展，取得了西方发达国家建设的非凡成就，但他们也为此粗放式的发展付出了沉重的代价。按照西方城市化发展规律，当一个国家或者地区城市化率达到30%的时候，是城市化快速发展时期。中国在1998年时城镇化率达到了30.9%，进入了城镇化快速发展时期，到2012年中国的城镇化率已然达到52.6%。这一时期我国的城镇化发展迅猛，城镇化数量不断增加，规模不断扩大；但也据此引发了诸多的生态问题。首先，水环境险恶。随着城市人口和工业化发展，城市用水数量激增，许多城市用水根本无法保证，据水利部数据表明，中国600多座城市有400多座属于缺水城市，为了维持城市正常运行，出现了众多的"引水工程"。同时因为工业排污以及城市污水集中处理设施滞后，大量未经处理的工业废水、生活污水被直接排出，污染地表水和邻近水源，使得水资源短缺问题尤为突出。根据国家统计局对我国118个大中城市的地下水调查显示，有115个城市地下水受到污染，其中重度污染约占40%。其次，大气污染。工业排放物使得我国现在大气污染呈现出煤烟型污染，城市空气中总悬浮物颗粒浓度严重超标，雾霾天气影响全国；伴随汽车工业发展和家庭私人轿车保有量增加，汽车尾气排放量严重超标；城市建设持续推进，建筑垃圾、粉尘使得生活环境污浊不堪。最后，还有各种土壤环境、酸雨、氮氧化合物污染等。这种粗放式城镇化路子使得社会自然资源的供给已经接近最大值，耕地和水资源压力巨大，生态恶化、资源短缺的外部性问题日益严峻。

二 生态文明是新型城镇化的合理内核

(一) 生态文明的理性契合构建新型城镇化的理念

生态文明建设是城镇化建设能否可持续发展的关键,要建立城镇化发展模式转型的倒逼机制。人类在面对自然的征程中,由于欲望的驱使和利益的驱动,一直把自身凌驾于自然之上。工业文明是人类社会发展进程中的一次质的飞跃,机器化大生产和科学技术的飞速发展,使得人在面对自然的时候显得无所不能,人类开始了对自然资源的无限制地开采、利用,工业文明需要大量的自然资源,生产过程中产生了许多的工业污染。于是工业文明在给人类带来大量的社会物质产品和可支配资源的同时,自然生态却受到了无止境的破坏。这种占有式的发展方式,让人们承受了巨大的生态灾难。另外,市场经济的利益最大化法则,使得资本市场为了实现对利润的不懈追求,不顾人类需求不断增长和自然资源不断减少的现实,把人类自身的命运和自然资源一起推进了资本掠夺的池沼,越陷越深。将生态环境作为发展方式转型的倒逼机制,必须纠正为了城市发展而实行的对农村的生态掠夺和破坏,以牺牲农村的生态为城镇化发展提供条件。以城乡平等和社会公正的视角构建生态社会发展新模式,城市的发展绝不能牺牲农村,通过保护农村生态环境,改善农村生态设施,发展生态农业产业,实现农村经济社会,绿色健康和可持续发展。

(二) 城镇化与生态文明的价值关联

以西方工业化逻辑带动的城镇化建设,必然面临经济快速发展以及人口急剧膨胀带来的诸多环境问题。以经济利益为驱动和经济目标为导引的城镇化会无视自然环境的可持续发展,造成在城镇化面积扩展、人口增加的表面繁荣的同时,让城镇和乡村处于险恶的生态环境之中,看不见青山,望不见绿水。城镇化和生态文明建设具有共同价值目标。马克思主义社会发展理论认为,人类社会的最终发展是要实现人的全面自由发展。城镇化发展就是要消除横亘在城乡之间的各类差别,让城乡人口在收入水平、社会福利、政治权利、生活方式、消费方式等方面实现城乡一体,消除现有的城乡二元的社会空间结构,让所有人都能得到充分发展的机会,能够享有发展和改革成果。而生态文明的价值导向也是以人为本,强调人本身的健康、全面、可持续发展。人类通过科学技术的力量不断改造和利用自然,生产各种人类生产、生存必需的物质产品,让人类在面临许多问题和困境时有了更多选择和路径,让人变得强大和自由。然而杀鸡取卵、涸泽而渔的破坏型发展方式,最终会以自然对人类的"报复"而功亏一篑。所以,城镇化建设必须加强生态文明建设。"推进城镇化建设就是为了建设资源节约型、环境友好型社会,建设绿色环保的生态城镇,实现人与自然的和谐发展。"[①] 同时,生态文明建设也为城镇化提供动力支持。城镇化是一个历史过程,是一个国家工业化、现代化发展的必然结果,也是衡量一个国家发展水平的标志。只有建设好人与自然协调一致,和谐相处的生态文明,才能建设资源节约、环境友好的新型城镇,人们才有更好的生活环境和更高的幸福指数,以此激发人们更好地投入新型城镇化建设之中。

(三) 生态文明是新型城镇化建设的内涵和目标

城镇化是消除城乡二元格局,实现社会全面均衡发展的有效途径。然而城镇化发展有其正面效应和负面效应。必须对城镇化的负面效应加以制衡和规避,用生态文明的理性来构建新型城镇化是其举措之一,使城镇化发展速度规模和生态环境承载能力相适应。科学规划人口与资源环境,使得城镇化和生态文明两个系统达到功能最大和最优。生态文明建设要求绿色发展、循环发展和低碳发展,实现人与自然的和谐共处。新型城镇化建设必然要把生态文明的基本要义贯彻其中。新型城镇化的内涵在于,首先,改变传统发展模式,建设资源和环境友好型社会。传统的城镇化以工业化为主,偏重经济发展,过分依赖工业,以消耗自然资源为代价,环境和资源遭受过分破坏,大气、水源、土壤、噪声、垃圾等污染问题严重。要改变传统城镇化的弊端,必须以新型城镇化建设为突破,强调人与自然和谐的生态理性;以人为本,追求城乡协调发展;以新型工业化发展为依托,结合农业现代化、服务业现代化等多点支撑;以生态环境为基础,以资源节约高效利用、开发新型资源为特色,创建经济循环,宜居宜业的人居环境。其次,实现城乡统筹发展,构建生态

[①] 杨继学、杨磊:《论城镇化推进中的生态文明建设》,《河北师范大学学报》(哲学社会科学版)2011年第6期。

良好的新型城乡格局。传统的城镇化发展因为受经济聚集理论、工业主导理论等带有"城市偏向"性发展理论的影响，把发展重点集中在了城市和工业，过分地强调城镇数量增加、规模扩大和城市人口数量的增加，造成城镇化在满足工业发展的同时，破坏了生态环境，扩大了城乡之间的差距，城郊、农村和农民在传统城镇化发展中被置于次要地位，农村成为城市生态灾难转移的灾区，各种高能耗企业、城市污水、生活垃圾、废气废渣等城市污染被排放到农村，城乡对立进一步加深。新型城镇化以科学发展观、生态文明以及城乡统筹为指导，追求城乡社会、经济、环境协调发展，以提升城市文化公共服务为中心，以新型工业化和生态文明建设为支持，通过统筹城乡发展，推进城市文明向农村辐射，健全城乡居民一体化保障机制和待遇水平，把城镇建在乡野间，让人们看得见山、望得见水、记得住乡愁。

三　以生态文明构建城乡协调发展的新型城镇化道路

新型城镇化建设是中国现代化进程中的战略选择，以生态文明建设为内涵来建构新型城镇化发展模式，把以人为本，协调可持续的生态智慧贯彻到新型城镇化建设之中，才能保证新型城镇化向着生态城镇化、科学城镇化以及可持续城镇化方向发展。为此，必须建立生态文明融入城镇化的路径和机制。

（一）强化资源禀赋，科学规划城镇化发展格局

"一个国家、一个区域经济社会的发展存在于特定的土地空间。而土地空间必有一种主体功能。"① 依据土地和资源推进城镇化主体功能区建设战略。对人口密度大、开发强度高、资源环境超出承载能力的地区要放缓甚至停止开发，疏散人口，分散工业，恢复其生态环境；对资源环境承载能力强、人口聚集密度适合以及经济发展条件较好的地区，要作为新型城镇化建设的重点区域，合理规划生产、生活，分割功能区，既保护生态环境又发展经济建设；对事关全局的生态安全区域要限制其城镇化、工业化发展规模，保护好青山绿水；对历史文化遗产和自然保护

---

① 陈军：《生态文明融入新型城镇化过程的实现形式和长效机制》，《经济研究参考》2014年第8期。

区要坚决禁止开发，保持其原汁原貌。以此统筹人口、经济、土地和城市分布和发展，完善相应开发政策，规划开发秩序。从全局着眼，认清区域差异，发挥地域优势，科学规划和制订与资源环境承载能力相匹配的新型城镇化发展规划。

（二）提升生态质量，完善新型城镇化的产业布局

新型城镇化要以生态文明为载体，加快城市污染、生活垃圾治理，加大城市噪音污染治理；有效控制汽车尾气、工业废气和扬尘等污染；提高执法检查力度，健全重大环境事件和污染事故的责任追究机制。完善环境保护政策，大力发展环保企业。在发展城镇产业时强化环境资源的约束功能，产业发展必须环保达标。既要实现城镇化发展中产业转型升级，又要坚持生态环境治理，在对传统工业企业改造升级、大力发展第三产业的同时，必须培育和扶持同以生态文明为内涵的新型城镇化建设相适应的新兴产业。随着生态文明理性的深入人心，未来从事城市市政设施建设的投入和新型生态产品的供给，将是未来社会发展中新的经济增长点。

（三）完善制度建设，牢固树立建设生态城镇的公民意识

政府要依靠行政手段，实现严格的土地问责制度和生态保护责任制，按照经济社会和生态环境发展规律来推进城镇化建设，建立良性的经济运行机制；推行既有利于经济发展又能保护生态环境的经济发展战略。探索建立符合城镇化发展的环保法律法规，建立严格奖惩机制。提高生态环境管理水平；科学规划城镇化建设，搞好城镇化绿化，推行绿色、循环和低碳经济。深入开展对城市居民的生态文明教育，以社区、校园、单位和家庭为基本单元，采取多种形式展开生态文明建设教育的立体化网络，帮助人们牢固树立生态文明意识，发动群众让其成为城镇生态文明建设的主力军和生态环境的监督员，时刻以生态文明建设的标准要求自己，规范别人。完善生态文化基础设施建设和公共服务载体建设，为生态文化传播提供路径。发展生态文化产业，向公众提供生态文化产品，帮助人们牢固树立生态文化的理念，建立低碳、生态、环保、绿色、智慧的宜居的新型城镇。

（四）统筹城乡发展，以城乡公共服务一体化推进生态文明建设

城乡社会发展的单向度表现为城市化、工业化发展的一枝独秀，农

村乡土社会发展滞后,城乡差距明显。城市工业化在带来城市发展的诸多生态问题的同时,也开始把此问题向农村转移,造成新的生态不公。要大力发展新型城镇化建设,消除城乡二元壁垒,以医保、教育、户籍等公共政策和服务为突破,推进农村人口市民化转移和城乡公共服务均等化建设。提供农村社会基本福利,解决农民切身困难,提高农村公共服务水平,加快农村基础设施建设。构建适合农村人口以及农村转移人口的社会保障体系,创造公平的社会环境,以此来消除城乡差别,实现城乡均衡发展。城乡协调发展能为彻底贯彻和落实生态文明建设提供支持,打破现有城市生态污染向农村转移的社会不公现象,将生态文明的理念与智慧融入城乡社会科学发展的实践。

第四节　坚持开放发展　促进城乡合作共赢

党的十八大以来,以习近平同志为核心的党中央站在新的历史起点之上,把开放发展作为"五大发展理念"之一,向国内外表达了中国坚持走对外开放发展之路的坚强决心。开放发展的理念,准确把握了当今世情和国情,直面中国在对外开放中的突出问题和矛盾,是中国共产党人对经济社会发展规律认识的深化,亦是对邓小平同志开创的对外开放思想在新时期的丰富和发展。"十三五"期间是全面实现小康社会,实现"两个一百年"的第一个奋斗目标的关键时期。消除农村绝对贫困人口,积极推行新型城镇化建设,开创城乡一体化发展新局面,是缩小城乡差别的有效路径。以中国提出的"一带一路"倡议为统领,积极开拓国际、国内两个市场,形成海陆内外联动、东西双向开放的全方位发展格局。以开放型经济为动力,提高农民开放意识,提高新型城镇化建设水平,让改革开放的发展成果全民共享。

一　中国特色的城乡关系在开放发展中良性推进

中华人民共和国成立后,国家选择了城市优先的单项度发展战略,为了确保工业化、城市化建设,国家确定了农业支持工业、农村支援城市的制度安排。通过工农业产品的"剪刀差",为工业化建设和城市化建设提供必需的农产品和农业生产资料;而城乡人口在户籍管理制度、消费品供给制度、农业生产方式等影响下难以流动，农村人口除了极少数优秀青年可以通过参军、高考、招工等方式进入城市外，农村社会几乎处在一个完全封闭的社会空间之中，城乡二元对立结构明显，农村发展缓慢。改革开放以来，城乡之间的二元对立空间格局逐步被打破，随着以家庭联产承包责任制为标志的农村土地产权制度改革顺利推行，农民有了经营权和自主权，农村生产力大解放，农业人口劳动的热情和积极性空前高涨，粮食和农产品产量开始逐年增产。城乡市场开始逐步活跃起来，乡镇企业成为城乡经济连接的纽带，乡镇企业与农村经济发展密切相关，逐渐成为农村经济的增长点。

在此进程中，城市工业化、市场化步伐加快，对农村劳动人口、劳动产品等形成了吸纳效应，农民工积极参与城镇化建设，成为城镇化建设的重要力量。许多农村人口进入城镇，成为外企、私企以及民营企业的用工主体，从传统的农业劳动者转变为工业生产者。在我国加工制造业中，大约有80%的产业工人来自农村，这些进城务工人口在获取高于农业生产的劳动报酬的同时，关键是开阔了视野、增长了知识、拓展了能力，劳动能力和管理水平、生活方式、文明程度等都得以大幅度提升。这些人口逢年过节抑或是辞工回乡，都能把城镇的资源、收益同农村发展结合起来，大大带动农村经济发展和人口素质，成为新农村建设的重要因素。进入21世纪后，中国经济整体运行良好，社会主义市场经济体制日臻完善，工业化发展进入中期，具备了城市反哺农村的现实条件，因此，党的十六大报告提出了统筹城乡发展的战略目标，以城促乡、以工补农、城乡协调发展成为当代中国城乡发展的主题。从2004年起，中央每年出台针对"三农"问题的"一号文件"，为农村经济社会发展提供政策倾斜、资金支持、项目帮扶、税费减免等，农村发展同城镇化建设齐头并进，社会主义新农村建设成效显著，精准扶贫稳步推进，2020年全面建成小康社会目标指日可待。

二 坚持开放发展，充分利用好国内、国际两个市场，加快农村现代化建设

首先，加快推进农业现代化。中国是农业大国，截至2016年中国农业人口约5.8亿，占现有人口约43%。无论是城镇化的承载能力，还是现有农业生产的国情以及农业人口素质、结构，加快农业现代化都是缩小城乡差别，实现均衡发展的有效途径。中国是世界上最大的农产品进口国以及第二大农产品贸易国，中国的农业已经融入世界。在确保国家粮食安全的前提下，挖掘农业产品特色优势，扩大农产品出口，提高农业生产效益，改善农业产业结构，增加农业人口收入。适度进口紧缺农产品，既能丰富国内农产品供给，满足群众多层次消费需求，又有利于国内农业生产专业化，保护国内生产和农民利益统一。积极吸收国外先进农业技术，加大农业科技人才培养力度，运用世界农业科技新成果，开拓农业国际合作领域和方式，提高利用国际资源推进农业现代化建设。

其次，加快农业信息化建设。农村信息化要同农业现代化高度融合，"十三五"期间，大力发展农村农业信息化，是全面建成小康社会的有效路径。一是加强农业生产同信息技术的高度融合。农村农业要开放发展必须补齐生产信息化程度的短板，加快发展农村农业的物联网、智能装备、大数据等现代信息技术同农、林、牧、副、渔等产品的生产加工过程深度融合。二是加快发展农村农业电子商务。电子商务是信息化时代商业发展的主要模式，农村农业要积极适应电子商务新常态，创新流通方式，建立农产品、农村工业制品的上行和消费品、农业生产资料下行的双向流通格局，鼓励和推进农产品、生产资料以及休闲农业的互联网营销模式；打破阻碍农业农村电子商务推广运行的制度、观念和设施瓶颈，加快建立农业农村电子商务标准体系，提高信息化管理能力和水平；积极培育新型农业经营主体，鼓励有条件的地区建立各种培训机构，提升新型农业经营主体的电子商务应用能力。三是完善基础设施推进农村农业信息服务普及。把农村农业信息化建设，完善农村信息网络设施建设作为农业现代化建设的基础工程，建构信息进村入户体系，完善管理协调，加大涉农信息的整合力度，以"互联网+"为手段，推进农村社会治理、文化教育、医疗保险以及金融服务等信息化建设，扶持和鼓励农村各种社会组织信息化建设，支持农业合作社、行业协会等市场主体，积极开展信息化农业生产、水土保持、病虫害防治等。

最后，推进美丽乡村建设。党的十六届五中全会提出要把农村建设成为"生产发展、生活宽裕、乡风文明、村容整洁、管理民主"的美丽乡村。因此，要把美丽乡村建设当作新时期加快推进城乡一体化发展的重要抓手,实现城乡社会公共服务均等化、城乡居民收入均衡化、城乡产业发展融合化以及城乡要素配置合理化目标。美丽乡村建设要搞好规划,在保持好古建筑、古遗迹和古文化的基础上,对村容村貌进行高水平规划设计,按照"乡村风情、城市品位、各美其美、城乡一体"的要求,编制总体规划;要建立农村生活污水、垃圾集中处理长效机制,改造好农村地下管网,建设环村林带,增加街道绿化美化;实现清洁能源开发,推广新型炉具;建立开放发展理念,充分利用外出参观学习等方式,提高农民素质。

三 坚持对外开放,以"一带一路"为契机,以开放性思维促进城乡社会协同发展

首先,对接国际市场,开展劳务、服务出口,鼓励农业富余人口走出去。随着城镇化进程以及农村生产力水平提高,大量劳动人口从第一产业生产中被解放出来,劳务输出成为农村经济发展的主导产业,亦成为农村人口提高经济收入水平的主要来源。但长期以来,中国劳务输出主要是国内劳务输出,国际劳务输出所占比例不大。据国家统计局统计数据显示,2015年中国对世界劳务合作派出人数27.68万人,而同期中国农民工数量约为2.77亿人。与世界许多劳务输出大国相比较,我国对外劳务输出规模小、人数少,这同我国现有的人口规模不相称。据国际劳工组织2010年统计数据,全球每年流动劳务输出约3000万—3500万人,中国只占其中的1.5%左右。且农村劳动人口对外输出层次不高,外出组织化程度较低,权益保障难以有效保障。坚持贯彻开放发展的理念,以中国政府倡议的"一带一路"为契机,加快农业富余人口劳务输出正规化、专业化建设,有利于帮助农民脱贫增收,建设社会主义新农村。一是要完善对外务工人口培训体系,切实提高劳动力素质。整合各种教育资源特别是职业教育,对外出务工人口进行专业技能培训,规范务工流程和行业标准,打造服务品牌。我国农村人口文化程度相对较低,因此应该以餐饮、保安、家政、建筑等领域为重点,积极组织劳务输出,在"一带一路"沿线国家及世界范围内推广中国服务。二是要培育多元化中介服务组织。大力培育各类职业介绍机构,建构开放有序,管理规范的外出务工社会服务体系,以多渠道、多样式、灵活快捷的服务方式,提高对外劳务输出的成功率。三是构建城乡一体化劳动力市场，维护外出务工人员合法权益。打破传统的城乡不同的对立思维，用城乡一体化的新发展观统筹城乡，打破制度壁垒和政策鸿沟，形成城乡统一的劳动力市场。在劳动力市场中，没有城乡人口之分，只用知识、技能、效率等来选人用人，形成全体人口公平的就业机会。建立完善的农村务工人员养老、医保、失业等社会保障体系，劳动部门加强用工监督，切实保护务工人员合法权益。

其次，以特色农产品和工艺品出口为突破，延长产业链，带动农业工业化水平。中国农村有丰富的农业资源和产业资源，各种各类农产品繁多，中国地大物博，成就了不同地区都有各自独特的农产品、工艺品和非物质文化遗产，这些都是农村宝贵的资源。但长期以来中国传统的农业发展模式落后，市场化程度低，交通条件不便，农民市场化经营能力薄弱，甚至许多地区有得天独厚的资源优势，却难以转化市场优势，捧着金碗讨生活的现象比较普遍，许多地区农业生产经营收益率低，农民并不富裕。贯彻开放发展的理念，就是要推进农村产业融合，着力完善农业产业链，以现代开放的经营发展理念，大力支持农业产业化，鼓励农民通过土地流转的方式，推行农业合作化经营，培育农业龙头企业，积极推行"互联网＋"现代农业，完善农村电子物流贸易体系，打造农产品品牌，提高农产品附加值。用开放发展的理念，把优质的农业产品、手工艺品等推向海外市场，让中国农业发展积极融入世界经济一体化的大势之中，在同世界农业产品和农业技术的对接中，发挥优势，寻找短板，不断优化农业产业结构，培育农业经济新的增长点，以此来带动中国农业从传统农业向现代农业转型升级，提高农民收入水平，加快农村经济发展步伐，搞好新农村建设。

最后，以"一带一路"为契机，壮大农业规模经营，扶持农业产业积极参与国际经营。中国农业发展正处在小农农业向现代农业的过渡阶段。所谓"小农"是指小规模农业，主要以农户家庭生产和少量适度规模农业经营为主。根据农业部的统计数据表明，截至2016年年底，中国农业经营规模在50亩以下的农户约为2.6亿户，占农户总数的97%左右；经营规模达到50亩以上的适度规模经营农业主体大约350万个。由此不难看出，我国目前农业生产经验仍然以小农为主，生产经营规模总体不大,规模农业发展相对滞后。着眼于中国农业生产的现实,中国目前仍然应坚持小农生产的基本国情,着力提高小农现代化水平,提升小农自我发展能力为切入,依据每个地区气候、文化、产业基础等特征,突出特色产业。以农业合作社和农业企业为依托,倡导农业联合经营,建立农业生产的现代化标准,突出农业产品的地方特色,着力打造品牌农业,让小农积极融入"一区一品""一县一品""一村一品"的发展模式之中,支持农业产品积极参与国际、国内市场竞争,让农业和农民真正实现在开放中分享发展红利。

第五节 坚持共享发展 实现城乡共同富裕

共享发展是中国特色社会主义的本质要求,是社会主义制度优越性和中国共产党根本宗旨的重要体现。中华人民共和国成立以来,在国家制度安排下,国家推行城市优先发展,农村支援城市建设的单向度发展模式,城乡差别明显。改革开放以来,随着农村经济体制改革和城镇建设加快,许多束缚农业、农村和农民的制度性因素开始逐渐打破,城乡之间的信息、资源、劳动力等开始相互流动,城乡社会总体上都得到了较快发展,但乡村发展明显滞后,城市和乡村发展不均衡的矛盾更加突出。"五大发展理念"中的共享发展,就是针对中国社会经济总体发展趋向良好,但城乡发展不均衡,注重解决社会发展的公平正义问题。要落实习近平总书记提出的"让发展和改革成果全面共享",就要牢固树立以人民为中心的思想,把增强人民福祉,提高人民生活水平,促进人的全面发展作为基本目标,把共享发展贯穿于城乡一体化发展全过程,让全体人民在中国现代化进程中拥有平等的发展机会和权利,实现城乡社会在教育、文化、经济、社会保障、充分就业等方面平等同权,最终实现社会主义共同富裕的发展目标。

一 城乡发展不均衡的矛盾和挑战

中华人民共和国成立以来,中国政府基于基本国情选择了优先发展工业化和城镇化,国家通过户籍制度、农产品"剪刀差"等制度设计和政策安排,实现农业支持工业、乡村支持城市的发展策略,拉大并固化了城乡之间的发展差距。改革开发以来，邓小平同志关于社会主义本质的理论，强调社会主义制度首先要解放并且发展生产力，贫穷不是社会主义。社会主义市场经济逐步建立并发展起来，彻底激发了广大城乡劳动者的生产积极性，城乡社会取得了瞩目的发展成就。但市场经济强调以市场作为资源配置的有效方式和手段，鼓励有条件、有能力的人和地区先发展起来。相比农村社会经济社会发展现状，城市具备了充分开展市场经济的物质基础和社会条件。随着改革开放的持续深化，城乡市场经济发展不均衡，尤其是农村市场经济的不完善，积累了许多社会问题和矛盾，集中体现在分配不公、利益不均、发展不平衡等方面。国家总体经济水平和实力不断迈向世界发展前列，但群众尤其是农村人口则感觉发展带来的获得感不足，甚至有人说有种"被剥夺"感[1]。这不仅仅关系到城乡协调发展，亦事关国家长治久安以及社会主义发展方向。习近平同志据此提出了"发展和改革成果全面共享"的发展理念，既是对发展不均衡的客观认识，也是对构建城乡一体化的目标要求。

首先，资本和劳动收益的不均衡。改革开放以来，从社会主义市场经济的逐步确立，到党的十四大提出"建立社会主义市场经济体制，让市场经济在资源配置中起基础性作用"，再到党的十八届三中全会提出"让市场经济在资源配置中起决定性作用"，中国的市场体制、环境不断完善。以公有制为主体、多种所有制共同发展的经济体制格局日益形成。然而，在此发展进程中不难看出资本处于强势地位，而劳动则明显处于弱势。广大农村具有大量劳动力资源，但资本匮乏，明显地发展缓慢。改革开放之初，资本不足，国家鼓励投资，农村因为家庭联产承包责任制的实行，大量富余劳动力从农业生产中被解放出来，为城镇化和工业化提供了充分的劳动力资源，劳动报酬低是客观的。然而，随着改革的不断深入和持续推进，中国改革开放将进入第 40 个年头，资本积累已经十分可观，农民工也从当初的第一代进入了第三代，但他们依然处于城市社会的底层，劳动报酬偏低。与此形成鲜明对比的是资本的强势地位，以及对资源环境过度利用，对政治生态的腐蚀。这种不平衡自然影响了城乡人口的和谐，也影响了劳动关系的和谐。因此，必须直面问题，深

---

[1] 李占才：《共享发展的思想内涵和实践导向》，《湖湘论坛》2016 年第 3 期。

化改革,坚持社会主义市场经济体制的改革方向不动摇,同时从制度和政策层面上,更加注重社会公平正义,把全体人民的共同发展作为党和国家的中心任务,让一切劳动、资本、知识等竞相迸发,实现发展成果惠及全体人民的发展格局,从而让农村人口真正和城市人口同命同权。

其次,城乡发展不均衡。中国城乡社会发展的不均衡是基本国情,无论是中华人民共和国成立初的巨大差距,还是改革开放以来城乡发展绝对差距在一点点减小,但横亘在城乡之间的差距鸿沟依旧存在。城乡人口无论是在收入水平、消费能力、政治权利、文化设施等各方面,差别明显。从人类发展历史和世界发达国家缩小城乡差别的一般规律来看,合理的城乡差距在国家整体发展过程中是正常和必然的,但这种差距不能过于悬殊,更不能固化,否则就是社会动荡的不稳定因素。中国特色的社会主义建设起点低,为了能实现跨越式发展,党在坚持社会主义初级阶段一百年不动摇的基本路线指引下,制定了分类发展、分步骤发展的"先富带后富"的战略。城市和乡村相比,无论是人口素质、基础设施、市场基础、资源禀赋、科学技术、教育资源等优势明显,因而在国家政策扶持和制度安排下,发展速度和成就优于乡村。但是,城乡居民收入差距过大,城乡社会贫富差距悬殊,社会阶层严重分化的发展现实,不符合中国共产党"以人民为中心"的执政理念,也有悖于社会主义本质。习近平同志向全党和全国各族人民发出在建党一百年时要"全面建成小康社会"的伟大号召。然而"小康不小康,关键在老乡",今天的中国,城镇人口基本上都已经越过了党的十六大提出的人均居民可支配收入1.8万元的小康标准,而一些农村特别是一些偏远农村,仍然有许多人口达不到居民家庭人均纯收入8000元的小康标准。社会主义的本质是共同富裕,城镇具备了反哺农村的能力,也必须执行"先富"带动"后富"的政策设计,以发展的实际成就,消除城乡差别。真正实现城乡一体化既是国家发展的目标,也是社会长治久安的需要,更是中国特色社会主义的本质要求。

二 城乡共享发展是社会主义的本质要求

共享发展是从根本上调整和解决城乡社会快速发展中的不均衡问题,实现社会公平正义。公平和正义堪比阳光和雨露,对于实现全体人民健康发展,提升发展带来的获得感和满足感尤为重要。党的十八届五中全会指出,共享发展是中国特色社会主义的本质要求,必须坚持发展为了人民、发展依靠人民、发展成果由人民共享,做好制度安排,让全体人民在共建共享发展中有获得感,增强发展动力,激发创造活力,增强民族团结,稳步实现共同富裕。

第一,共享发展体现了党全心全意为人民服务的根本宗旨。中国共产党是马克思主义政党,坚持"历史活动是群众的活动"①,认为决定历史前进的方向是人民群众。因此中国共产党始终坚持人民群众是历史的创造主体,是社会发展的决定力量,人民群众的根本利益、意志、愿望体现了社会发展的基本要求和方向。中国共产党的一切努力都应致力于实现全体人民群众的根本利益。从毛泽东同志提出的"人民万岁",到邓小平同志提出的判断我们工作标准的"是否有利于人民生活水平提高",到江泽民同志提出"中国共产党代表最广大人民群众的根本利益",再到胡锦涛同志提出的"坚持以人为本,就是要实现人的全面发展为目标",以及党的十八大以来以习近平同志为核心的党中央提出的"人民群众对美好生活的向往就是我们的奋斗目标",勾勒出中国共产党始终把人民利益放在第一位的基本宗旨,坚持带领全体人民走向共同富裕的坚强决心。改革开放以来,国家以经济建设为中心的发展战略,增强了国家综合实力,中国经济总量持续增长,"蛋糕"越来越大,但分配不公、不合理现象增加了社会矛盾,成为当今中国人民群众反映强烈的问题。坚持共享发展,在不断把"蛋糕"继续做大的同时,坚持共享理念,实现社会公平正义。

第二,共享发展是缩小城乡差别,全面建成小康社会的基本要求。坚持共享发展,就是要让城乡人口共享改革成果,但不是搞平均主义。受客观环境和发展水平制约,城市和乡村无论资源禀赋、自然环境、经济结构等方面都存在差别,农村特别是边疆地区、贫困地区、革命老区基本公共服务水平缺乏,群众收入低,没有很好地共享发展成果。共享发展承认城乡之间差距,但强调一定要把差距控制在合理范围之内,坚决杜绝和消除悬殊的贫富差别,消灭贫困。到 2020 年,中国要全面建成

---

① 《马克思恩格斯文集》第 1 卷,人民出版社 2009 年版,第 287 页。

小康社会,党的十八届五中全会提出了"人民生活水平和质量普遍提高"的小康社会新目标。为全面实现小康社会,消除农村贫困人口,让他们共享改革和发展成果,习近平同志提出了"实事求是、因地制宜、分类指导、精准扶贫"的战略,要求各级党委政府必须增强紧迫感和主动性,在扶贫攻坚上进一步厘清思路,强化责任;在精准扶贫、精准脱贫上下大功夫,真抓实干,绝不能让困难地区和苦难群众掉队。促进共享发展,就是要抓住乡村社会产业调整,特别是精准扶贫工程,从人民群众最关心的问题入手,实现他们的切实利益,把政府政策和财政向乡村和贫困地区转移,加大支持力度,完善基础设施,让城乡人口共享改革成就。

第三,共享发展有助于实现共同富裕的发展目标。共同富裕是社会主义的本质规定和奋斗目标,在这个概念中"富裕"体现了社会财富,是生产力水平的体现;而"共同"则表明了全体社会成员对财富的占有方式,是社会关系性质的体现。同时这个概念清楚地表明,贫穷不是社会主义,发展不均衡也不是社会主义。中国共产党是为广大人民群众谋利益的政党,代表的是全体人民的根本利益,而并非少数人、一部分人的利益。中国特色社会主义制度要让全体人口不分城乡,不分阶层,共享发展成果,最终实现共同富裕。习近平同志强调"坚定不移地走共同富裕道路,努力使全体人民学有所教、劳有所得、病有所医、老有所养,做到发展为了人民、发展依靠人民、发展成果由人民共享"。① 当然,从树立共享发展理念到最终实现共同富裕是一个长期的历史过程,不能一蹴而就,要脚踏实地,埋头苦干,在不断实现发展的阶段性目标过程中,一步一步迈向最终共同富裕。

三 以共享发展理念构建城乡发展一体化

(一)以共享发展理念推进城乡基本公共服务均等化

城乡基本公共服务均等化既是对共享发展理念的践行,也是实现城乡一体化发展的内容。城乡社会长期以来的二元差别,主要体现在社会公共服务的不均等,要实现广大农村人口同城市人口一样共享公平的发

---

① 习近平:《中国走共同富裕道路 发展成果由人民共享》,2011年9月4日,中国新闻网(http://www.chinanews.com/gn/2011/09—04/3305277.shtml)。

展机会,关键在于保障农村人口的发展权益,而这与城乡基本公共服务直接相关。首先,城乡共享基础设施建设。农村基础设施建设是实现其发展的根本保障,要以现代化和系统化的视角,对农村基础设施进行整体规划,改变其以往的随意性、盲目性建设的状况,完善道路、水电、气、互联网等进村人户工程,实现农村在基础设施建设方面改造升级。其次,城乡共享发展机会。随着农业生产力水平提高和城镇化进程加快,许多地区农民面临离开土地后再就业以及实现社会保障等问题。要对农业转移人口进行培训和安置,把他们列入政府再就业工程和计划,构建失去土地农民的基本社会保障体系,让他们在医疗、养老、教育等方面享有同等的机会和权益。最后,城乡共享文化建设。美丽乡村建设除了农村村容村貌的改观,还要建设文明和谐的乡风文化。要积极推进全国文明城乡建设,充分利用城市优势资源,开展法律普及、实用技术、公共文化等教育,让先进文化从城市走入乡村,让农民成为明事理、善创业、爱学习的新型农民。

(二)以共享发展理念不断缩小城乡人口收入差距

城乡不均衡的主要指标就是城市人口收入水平远高于乡村人口,进而造成这种收入差距背后城乡人口社会地位的不平等。共享虽然不是搞平均主义,但它明显不认同差距过大的城乡收入状况。一是要深化收入分配制度改革,完善初次分配制度,规范收入分配秩序,加大收入分配向基层和农业生产过程的倾斜力度,提高劳动性收入的分配比重,逐渐缩小行业收入差距;二是提高农业工业化水平。农村人口提高收入的重要渠道在于改变传统农业生产结构,以市场需求为导向,用工业技术和生产过程对农产品进行再加工,延长农业生产链,提升农产品附加值,用现代化工业的经营理念和组织方式来管理农业,为农业生产提质增效的同时增加农业生产者的收入水平;三是保障农业人口充分就业。现代农业发展的趋势是大量农业生产者要从农业生产领域转移出来,寻找在第二、三产业的就业机会。只有实现充分就业,农村人口才能有稳定的收入来源,也才能充分体会改革带来的福祉和红利国家要积极鼓励创业,支持中小企业发展,开展灵活多样的就业方式,创造更多就业岗位和机会,实现农业富余人口充分就业。

（三）以共享发展理念助推精准扶贫

消除贫困，特别是消除农村绝对贫困人口是共享发展的基本要求，也是缩小城乡差别的有效举措。习近平同志特别重视共享发展，时刻不忘生活困难群众，他指出"没有农村的小康，特别是没有贫困地区的小康，就没有全面建成小康社会"。只有真正消除绝对贫困人口，才能实现小康社会。中国现有7000万农村人口处于现有贫困人口标准线以下，要大力推行精准扶贫策略，从贫困地区的水、电、路、网等基础设施改造做起，从教育、生态、健康、产业等多方位进行帮扶，切实提高贫困地区人口的发展能力。扶贫要因地制宜，分类实施，以发展生产脱贫为主要方式，在国家和地方政策支持和各级各类扶贫工作队进村入户开展工作下，通过产业扶贫的方式让一部分贫困人口迈入小康；同时针对许多地区贫困人口居住地区自然环境恶劣的现实，以易地扶贫搬迁的方式，改善他们的生产生活环境，彻底摆脱穷根。在国家精准扶贫政策的指导下，各级政府要安排专项资金、整合各类资源、创新扶贫方式，确保2020年全面建成小康社会。

第 六 章

当代中国完善缩小城乡差别模式的对策与前景

缩小直至消除城乡差别是马克思主义社会发展终极目标，体现了中国特色社会主义的根本性质。从国内外缩小城乡差别的经验和实践来看，加快城镇化建设、发展现代化农业、提高农村人口素质、培育农村市场体系、科学规划城市规模和布局、加快基础设施和通信、技术、资源等的城乡自由流通机制等是破题之策。结合当代中国城乡发展历程和实践探索，总结经验，不断提升，必须从制度层面打破城乡二元藩篱，打通城乡资源自由流动通道，消除城乡空间异质性，把城市和农村摆放到平等的层面，系统设计城乡发展规划，构建城乡发展新模式，才能形成城乡共荣，和谐发展的美好局面。

第一节 当代中国完善缩小城乡差别模式的对策

一 以"一带一路"倡议为契机，带动中西部地区新型城镇化建设

（一）"一带一路"倡议有利于中西部新型城镇化建设，加快缩小中西部地区城乡差别

"一带一路"是"丝绸之路经济带"和"21世纪海上丝绸之路"的简称，是国家针对中国区域经济发展的不平衡而提出的有针对性的发展战略。中国的改革开放经历了从经济特区、到沿海开放城市再到沿江沿边开放几个阶段。改革为上述区域带来无尽发展机会，东部地区发展明显快于西部，东部城乡差别相对较小，而西部城乡依然差别明显。要实

现中国社会均衡发展，整体上缩小城乡差别，中西部地区是发展重点和难点，"新型城镇化成为影响西部发展的社会过程"①。"一带一路"倡议的提出，在国内部分涉及中西部14个省份中的9个，改变了以往的对外开放格局。中西部地区从"改革后方"变成"开放前沿"，面临千载难逢的发展契机。"一带一路"倡议的实施，国家将从基础投资、财政政策、人才培养、对外开放等多方面予以中西部倾斜。通过产业转移、交通物流设施建设、设立内陆港和海关等多种措施，为中西部带来实实在在的发展机遇。"一带一路"倡议也为中西部地区加快新型城镇化建设，缩小城乡差别带来良好机遇。西部地区城镇化率低于全国平均水平，农业人口占中西部人口的绝大多数，由于自然条件和地理环境的制约，农业生产能力低下，工业基础薄弱，产业结构不合理，城乡发展差距大。要缩小中西部地区城乡差别，必须以"一带一路"倡议为依托，探索适合中西部的新型城镇化发展道路。

（二）中西部地区新型城镇化建设的战略选择

中国社会区域发展的不平衡，主要在于中西部、民族地区的落后和发展缓慢。因此，缩小中西部和民族地区城乡发展差距，成为当代中国整体缩小城乡差别的关键。第一，以中西部县城为依托，大力发展新型城镇化，实现人口城镇化转移。中国城市化主要通过城镇化来实现，重点是发展县域经济②。通过做大县城来实施农村城镇化。据估算，到2020年中国人口将达到15亿左右，城镇化率也将提高到70%左右，城市人口将达到10.5亿左右。这表明未来5年中国还将有几亿人口的城市化转移问题，而且中西部人口将占绝大多数。县城将作为新型城镇化主体，能有效实现这些人口就地城市化。西部省份地域面积都比较大，人口居住比较分散，通过以县城为主的城镇化建设，能实现人口聚集，产业聚集，改变因为山大沟深，交通不便等带来的发展困境，有效改善城乡对立的社会格局。第二，发挥西部和民族地区资源优势，优化产业结构。中西部地区有着各自得天独厚的资源优势，许多少数民族都聚集在西部地区，有着独特的民族文化；另外，西部和民族地区有着优美的人文自然风光、

---

① 李晓曼：《中国西部新型城镇化动力若干问题研究》，《改革与战略》2014年第3期。
② 温铁军：《城市化是资本和风险同步集中的过程》，《农村经营管理》2013年第1期。

丰富的矿产资源等,要以旅游、休闲、人文特色为重,以资源产业为支撑,形成特色鲜明的产业格局,带动经济发展。第三,要引导和支持非公有制企业作为新型城镇化推动力量。中西部城镇化建设要充分发挥政府和市场的合力,以基础设施建设和市场化发展为重点,丰富城镇化投资主体,利用好非公有制经济和民间资本,完善城镇化设施,优化公共服务。第四,通过生态移民等搬迁改造工程,实现中西部特别是山区、牧区人口的城镇化转移。中西部许多地区人口分散,难以形成有效的社会公共服务,交通不便,信息不畅,且生态机制异常脆弱,难以提高人口生活水平。陕西省政府实施的陕南地区移民搬迁和陕北白于山区移民搬迁工程,通过统一居住、城镇化建设、产业发展,让山区人口很快脱贫致富,实现了城镇化生活,而且有利于恢复生态,减少灾难。这种模式符合西部地区实际,是值得推广的新型城镇化建设经验。

二 以农业现代化、市场化、土地产权改革等创新农业生产经营体制

(一) 推动农业现代化建设

农业是经济社会发展的基础,农业现代化为工业化、城镇化发展提供必要支持[①]。第一,用新的发展理念统领农业。要树立资源农业理念,充分整合资源,合理利用各种资源,提高农业资源的利用效果,拓宽农业功能;要树立生态农业理念。发展循环农业和绿色农业,以保护生态资源为前提,实现农业可持续发展;要牢固树立科技农业理念,用现代科学技术发展农业,提高农业生产的科技含量,改善农业机械、种植、管理的科技力量;要树立市场农业理念。改变自给自足的传统农业理念,强化农业的市场意识,发展农业品牌,搞好农业营销,以工业化和市场化为导向,延长产业链,提高附加值。第二,要用科学技术改造传统农业。传统农村社会发展缓慢、农业产业效率低,一个重要原因在于农业科学技术发展水平低。政府要加大对农业科技的投资力度,培训农业科技人员、建设农业科技设施;推广农业技术体系,建立农业科技转化机制;提高农业信息化水平,以信息化带动农业现代化。第三,要用农业

---

① 杨爱君:《工业化、城镇化与农业现代化的互动发展研究》,《学术论坛》2012年第6期。

产业体系带动农业现代化。现代化的农业不仅仅是农作物的种植与养护，应该是粮食供给、原料供应、生态保护、文化传承、经济发展等多层次、多方位的产业体系。要保证国家粮食安全，提高农业产量；以市场为指导，建立符合市场需求，靠市场调节的农业产业链；农业发展既要转型升级，又要保护青山绿水，打造符合现代农业科技、加工流通、社会服务等相关产业，提升农业产业竞争力。

（二）积极完善农村市场体系建设

改革开放以来，中国经济腾飞得益于市场经济的试行和最终建立。城市作为市场改革的场域，因市场而发展，因市场而繁荣；农村社会发展滞后，缺乏市场基因，市场经济发展非常缓慢。自20世纪80年代中后期以来，中国农村土地、技术、劳动力、资本等生产要素市场几乎停滞不前，甚至倒退。农村市场发展缓慢，农民市场意识缺乏，农产品销售以政府指导为主，科技、文化、教育、社会保障等发展不完善。农村金融服务不发达、农产品市场化落后以及农业科技投入不足等现实问题制约着农村市场体系的建立。没有发达的农村市场体系既不利于社会主义新农村建设，也不利于新型城镇化建设。一是必须大力推进农村市场经济体系建设；二是构建符合农村市场经济发展的金融服务体系。深化农村金融体系改革，培育分工科学、功能互补的农村正规金融体系，满足农业产业化、现代化对资金的需求；加大扶持，促进农村合作金融组织健康发展；全力帮扶农业小额信贷组织发展，继续发挥小额信贷在农村经济发展中的扶贫帮困功能；三是要积极探索农产品期货交易市场。增加农民的期货意识，培养农产品期货机构投资者，大力发展农产品服务中介组织，推行农户加公司的联姻式经营方式，培育农业龙头企业，实施订单农业的农产品期货交易模式；四是用现代科学技术打造新型农业。充分发挥市场和政府的功能，相互结合，满足农业发展需要；打造农业科技产业，让科技型农业成为农业的主导；提高农业科技对人员的指导，以差异性服务为宗旨，对不同农业人员和企业提供对应科技服务，而非一概而论，提高针对性和实效性；同时要加大农业科技人才培养，采取多种方式让农业技术人员愿意到农村去，还要加大农村本土科技人员培训，双向驱动，为现代农业提供足够人才储备。

三 提高农村人口素质,培养新型职业农民

加快培养具有现代意识,适应市场化、城镇化和工业化发展趋向的新型农民,是缩小城乡差别的关键。建设现代农业,必须培养新型农民,全面提高农村人口素质,让农民成长为懂技术、善经营、高素质的新型农业生产者,为缩小城乡差别,建设新农村提供人才与智力支持。

(一) 提高农民科学文化素质

"科学技术是第一生产力",只有用先进的科学技术武装人,才能提高劳动者创造社会财富的能力。中国农村长期以来因为城乡分治的社会传统,农村社会发展滞后,农民生计艰难。种田种地,填饱肚子是农民的生活重心。而农民种田种地靠祖辈相传,代代相授,几乎没有创新。加之农民整体文化素养低,即便是有个别农村人口学有所成也最终"跳出农门"。中华人民共和国成立初期,中国文盲、半文盲率几乎占据农村人口的全部。随着国家教育制度改革,农村人口入学率、升学率开始逐年上升,越来越多的农民摆脱文盲,具备基本的读书看报,接受科学新知的能力。改革开放以来,中国农村社会发展一方面同国家农业政策有关;另一方面也同新时期农民文化水平不断提高有关。当代中国要缩小城乡差别,适应市场化、工业化和城镇化发展的趋势,就必须整体提高农民科学文化素质,加快农村基础教育建设,在普及九年制义务教育的基础上,加快农村职业教育,培养具有较高文化素养的新型农民。提高农民科学种田、良种繁殖、科学饲养、农机使用等方面能力;加大农业人口培训力度,探索"走出去、回得来"农业科技人才培养模式。

(二) 培育农民的市场意识

中国农民几千年来习惯于日出而作,日入而息,农业领域同市场几乎绝缘。现代农业发展要适应国家经济发展的方向,就必须加快培育农民市场意识。社会主义市场经济体制的建立激发了经济发展活力,创造了大量社会财富,增加了许多就业机会,改变了若干地区面貌。农村社会几千年的沉寂也在市场经济的滚滚浪潮中被打破。只有让市场在农业发展中起决定性作用,才能深挖农业潜能,增加农民收入,实现农业资源科学配置,达到城乡均衡发展。因而,要加快农村市场体系建设,培育农民市场意识。加大农产品批发市场建设,重点扶持农产品与市场对

接,例如农产品基地与超市、学校、部队以及大型工厂直接衔接;加快农产品流通设施建设;以投资入股等方式大力发展农业合作社;以市场需求为导向树立农业产品品牌意识,延长农业产品产业链等。

(三)培育农民现代化生活方式

生活方式的城乡差异同城乡社会发展水平和生产方式直接相关,相比较城市生活方式的现代、时尚、文明,农村生活方式明显落后。因而农村生活方式城市化是农村现代化的一个重要向度。生活方式是指在一定社会条件和价值观念影响下人们所形成的生活活动形式和行为特征体系,包括消费方式、交往方式、休闲方式等。生活方式与特定社会、自然条件相关联,并随条件而变迁。人们创造财富能力越强,用于消费的物质和精神产品越丰富,则生活方式文明程度越高。法国社会学家迪尔凯姆指出,农村生活方式的特征是"机械团结"。人们在村镇、家庭共同体中用相同手段谋生,遵守约定俗成的习俗,有着共同的信仰。农村人因其经济收入有限,不求生活质量,只顾温饱。另外,中国社会几千年农耕文化中"小富即安""安于现状"等思想固化了农村人口的交往和价值观念,加之中华人民共和国成立以来城市偏向的制度安排,农民收入难以提升,农民生活以乡村集市为中心,以自我满足为内容,以伦理乡情为纽带,生活方式简单,甚至单调。必须实现农村生活方式城市转型,提高农民素质,培育具有现代文化理念和市场意识的新型农民;加强顶层设计,通过新型城镇化建设和产业转型升级,带动农村城市化发展;完善农村基础设施,增加农民收入,完善农村社会福利事业,赋予农村城市一样的社会资源条件;科学合理规划农村布局,村庄建设要统一规划,既要满足现代居民小区的基础要求,又要体现田园风光和自然景色;发挥农村妇联、农协、老年协会等的组织监督引导作用,通过科普讲座、模范评选、技术咨询、弘扬新风等活动,倡导社会主义核心价值观,传递生活正能量,帮助农村人口树立文明、健康的现代生活方式。

四 转变政策方针,实现城乡权利义务均等化

缩小城乡差别进程中农村人口城市化转移是客观的过程,但农民进入城市后只是实现了生活空间的城市化,在社会服务方面却依然难以平等。因此,缩小城乡差别必须以人为本,实现城乡社会公共服务的均等,从根本上构建城乡一体的社会公共服务体系,让发展和改革成果全面共享。

第一,加快农村基础设施建设。政府应增加对农村基础设施建设投入力度,加快农村饮水安全、垃圾处理、道路建设、管网通信等建设,彻底改变农村基础面貌和设施设备,为农民城市化生活提供基础保障。第二,以城乡户籍制度改革为重点,放开消除城乡户籍登记制度带来的社会身份和福利差别,解决长期外来人口举家迁徙的困境①。当代中国的户籍登记制度带有明显的城乡差异化特征。非农业户口的城市人口享有各种国家提供的社会福利及政策待遇,成为国家政策和发展成果的受惠者;而持有农业户口的农村人口,以户口为界限被排斥在体制之外,不享有城市人口的各种社会服务和福利,还要以自己的劳动供给工业,供养城市人口,自然生活困顿。改革开放以来,随着工业化、城市化引起人口流动的客观趋势,国家取消了粮油供应制度,户籍不再是人口流动的羁绊。但在住房、医疗、教育等方面,户籍差异依然成为农村人口城市化融入的羁绊。农村人口进城只是实现了生活空间城市化,在身份待遇上城乡仍然难以平等。同现代社会农民工对城市发展的贡献相比,户籍制度把农村人口排挤在城市体制之外,难以体现社会公平正义,改革迫在眉睫。第三,取消各种因农村人口和城市人口而划定的政治权力差别。以选举权城乡"同票同权"为契机,加快各种不合理的身份待遇差异改革,例如交通事故中的城乡不同赔偿标准、人大代表中农民代表的人数等。完善村民自治制度。村民自治是社会主义民主政治的有效形式,通过村民直接行使民主权利,自我管理、自我服务,增强他们政治参与感、神圣感、责任感,真正体会当家做主的主人翁感。第四,加快农村教育发展步伐。社会发展的关键在于人才培养,人口的科学文化水平决定他们创造社会财富的能力大小。只有形成完善的人口教育体制,让适龄学生都能接受教育,才能为发展蓄力。加快农村九年制义务教育基础设施建设,完善办学条件;建立科学师资培养制度,提高农村学校高学历、高职称、高水平教师队伍建设,且要保持稳定;大力发展职业教育,培养农业科技实用型人才,以科学武装农民,以科技指导农业;探索大

---

① 李铁:《城镇化改革需破解三大制度障碍》,《农村经营管理》2013 年第 1 期。

学毕业生农村就业模式，完善大学生村官制度，让大学生真正愿意去农村，真心扎根农村，把农村当成自己的广阔天地，而非只是过渡。第五，完善农村医疗卫生改革。完善农村合作医疗制度，从根本上改善农民看病贵，看病难；因病致贫，因病返贫等困境。继续提高农村合作医疗政府补贴力度，根据农民进城打工流动的实际，积极探索异地结算；改善农村卫生院医疗卫生条件，加强人员培养，健全农村三级医疗卫生服务网络。第六，加快农村最低生活保障管理，完善农村优抚制度，切实加快农村社会养老服务和体系建设。

五 按照城市发展思路，做好农村建设规划

（一）科学规划农村建设的必要性

村庄是农村的具体所指，是农民世代居住、生活和劳动的场所。与城市相比，村庄基础设施落后，房屋建设缺乏整体设计，公用基础设施没有统一规划。村庄的村容村貌同农民生活息息相关，也决定了农村人口的生活品质和质量。加强村庄规划是提升农村社会品质，改善农村落后面貌的基础工作，对于加强农村生产和生活服务设施、社会事业等建设意义重大。同时也是立足缩小城乡差别，促进农村全面发展，实现城乡一体的必由之路。各级政府要加强农村规划设计，安排专门资金保障村庄规划的编制和论证，积极展开试点；以基础设施配套和功能区分为基础，强化村民宅基地规划，向农民提供设计合理、经济安全、节能节材的住宅设计图，实现村庄建设的科学合理规划。做好农村污水排放、垃圾处理、农家肥随意堆放等现象，科学规划好农民住宅与畜禽圈舍分离，改善农村环境；做好村庄规划有利于节约土地资源，提高农村土地利用和使用效率，增加土地生产效率；有利于实现村容整洁，集中居住，保障良好的生态环境。

（二）做好农村建设规划的路径与措施

第一，因地制宜，突出特色。中国农村发展是一个庞大的社会工程，散落在广袤土地上的村庄（寨），有着各自独特的自然条件和地理环境，经历了不同的文明时期和历史积淀，体现了农耕文化和乡土社会的特征。村庄规划必须充分倾听农民的意见和建议，保护自然景色、乡土风貌。对古老村寨、古老建筑等要保持原貌，完善修葺。农村规划一定不能是

城市规划的复制，不能消灭农村社会的自然特征，避免城市化发展中的"千城一面"现象在农村建设规划中再次上演。一些地区在城镇化加快发展的进程中，村寨自然特色弱化，乡土气息全无，以城市代替农村的发展规划，必须及时制止。现代化村庄规划一定要保持农村社会传统特色，体现农村和城市的异质性特点，在此基础上巧妙地把现代元素融入其中，既要保持传统，又能体现现代，促进农村人居环境科学发展。第二，以农村经济社会现代化为中心，遵循生态先行的规划理念。中国传统村庄小而分散，适应了小农经济社会特征。随着工业化、市场化和城镇化发展，农村生产从分散走向集中、土地规模经营、居民统一居住、产业多元化等现代城市生活特征必定影响和改变传统农村。农村产业结构调整推动的农村现代化，必须严格遵循生态环保的文明理念。在农村规划建设中要生态优先，保护好自然资源和环境；在农业产业发展中要重视绿色、低碳与环保，发展绿色农业；控制农村建设用地，提高土地效率，避免农村规划带来的大规模拆建。农村发展规划要让产业调整和现代技术对农业生态破坏减少到最低限度，既有青山绿水，也有现代气息。第三，强化基础设施建设。农村社会落后于城市的一个重要原因在于基础设施建设空白。必须从基础设施入手，完善农村道路硬化，修通出村公路；生活用水、用电以及网络通信等，要按照城市基础设施设计标准统一规划，发挥其规模效应；解决好农村排污排水等地下管网建设；加快农村沼气建设，提供清洁能源。总之，要一改农村以往污水横流、垃圾遍地、交通不便和信息不畅等现象，做到设施完备，规划科学，村容整洁。第四，集约利用农村土地，规范管理。中国土地资源极度紧张，人均耕地面积不到世界平均水平的40%。要严格耕地保护和节约使用制度，完善农村宅基地使用规划，合理设计产业布局、农田保护、村落分布、生态涵养等规划布局。

六 实现大、中、小城市建设并举，以大带小

中国缩小城乡差别必须遵循城市化和工业化发展的一般规律，通过城市化带动农村现代化。城市化发展要符合中国实际，必须走有计划地限制大城市、发展中等城市，积极推行小城镇建设的发展思路，实现城市化均衡发展，从而达到城镇带动农村生产和农民生活现代化。

(一)加强城镇化发展顶层设计,科学布局城镇化发展战略

城镇化是实现农村现代化必由之路。西方发达国家缩小城乡差别就是通过城市带动农村,工业反哺农业来推进。随着产业和人口的分散布局,城市压力减小,农村经济繁荣,城乡呼应,相得益彰。当代中国要缩小城乡差别,实现城乡统筹发展,首先必须加强政策设计,避免一味发展大城市带来的"城市病"。大城市是每一个地区政治、经济、科技以及文化中心。生产社会化程度高,市场经济发达,社会资源充足,基础设施完善,就业岗位充裕。这种优势的引力效应吸纳了农村人力和物质资源向城市集中。大量人口进入大城市,必然要争夺城市空间,分享城市资源,占有城市设施,造成了住房紧张、交通拥挤、空气污染、各种公共服务资源短缺等社会问题。城乡社会发展严重失衡,一方面是城市的拥堵不畅;另一方面是农村的空巢独居。必须科学规划,限制大城市的人口进入和产业聚集,以产业分散和岗位分散实现生活和居住城郊化,以此来保障大城市健康有序发展。中等城市介于大城市和农村之间,是连接二者的纽带。规模合理的中等城市,是发展地方经济,带动农村发展的引擎。中等城市既能承载大城市的制造业转移,又能接纳农村富余劳动力城市化转移。小城镇作为中国特色城市化的发展产物,其发展过程就是各种城市文化、文明向农村辐射和扩散的过程,是城乡各种差别不断缩小的过程。中国城市化必须是大城市、中等城市和小城镇协调推进的过程,是三维结构并存的城市化。通过小城镇建设,使得农民不离开乡土,实现生活和生产方式的城市化。既避免了城市化过程的"空心村""留守儿童""空巢老人"等社会问题,又能盘活农村土地等社会资源。

(二)合理安排城市产业和人才布局,实现大中小城市(镇)协调发展

自中华人民共和国成立以来的城市偏向发展战略,一方面造就了许多城市;另一方面也使得大城市一枝独秀。大城市拥有其他中小城市(镇)无可比拟的优势,汇聚了各方资源。资源优势必然形成人员优势,大量高科技从业人员以及产业在大城市聚集。而中小城市(镇)资源相对缺乏,难以对人才、技术、资本和资源形成如大城市一般的吸引力,产业结构单一,高水平人才短缺,城市定位和分工模糊。没有支柱产业,

基础设施相对落后（其中小城镇更为明显），社会公共服务资源短缺，就业岗位缺乏，市民的物质和精神需求难以很好地满足，造成城市发展的严重不均衡。必须合理规划各类城市之间的产业布局，给予中小城市（镇）产业支撑，以产业带动城市化；加快中小城市基础设施建设和社会公共品供给，提高中小城市（镇）对资本和人才的吸纳能力；在政策设计和政策支持方面，向中小城市（镇）倾斜，分散大城市压力，更好地对接农村。

总之，中国的城市化发展必须走大城市、中等城市以及小城镇协调发展的路子，打破现有大城市优势明显，人口和资源过度集中，而中小城市发展滞后，城市带动和引力不足的局面。通过协调发展既能保证大城市繁荣有序，又能实现中小城市（镇）欣欣向荣，分散人口和产业，打破城市独自繁华的片面性，实现城镇化带动下的城乡一体，共生共荣。

七　沿海带内地、东部带中西部辐射式发展

当代中国城乡差别表现为沿海同内地、东部和中西部发展不均衡的特征。东南沿海地区，作为改革开放的前沿，工业化、市场化发展程度高，农业产业结构合理，农民收入水平高，农村人口就地城市化率明显；而中西部地区，由于地理环境、发展观念、技术水平以及工业化、市场化水平低等原因，城乡差别明显，发展水平滞后。坚持"先富带动后富"以实现"共同富裕"的社会主义发展理念，发挥发达地区的优势和辐射效应，形成沿海带内地，东部带中西部的城乡社会发展新局面。

（一）东部沿海地区缩小城乡差别的进程为中西部提供了经验

所谓东部沿海地区一般是指北京、上海、天津、河北、山东、江苏、浙江、广东、福建以及海南等10个省（市），从区域上来看即"长三角""珠三角"和"京津冀"地区。改革开放30多年来东部沿海地区城市化、工业化发展势头强劲，成果显著。城市化率、城乡居民人均纯收入等明显高于全国平均水平。改革开放以来，东部地区城乡一体化发展具有产业聚集、人口集中以及都市群发展等特征。这种城乡发展方式在促进区域经济增长的同时深刻改变着农村。东部地区农村工业化发达，城镇化率高，产业结构多样和土地使用效率高。大多数农民离开了传统的农业生产，近乎一半的土地不是用来种田种粮，工业化和市场化程度高。即便是传统的农业部门也呈现出以市场为导向的多元化经营方式,都市农业、休闲农业等新的农业形态不断出现,提高了土地和劳动力的价值,增加了农民收入。以产业化带动城市化,以城市化带动农村现代化的方式是东部发达地区城乡协调发展的成功经验,为中西部地区缩小城乡差别提供了经验。

(二)积极探索东部沿海地区带动中西部地区缩小城乡差别的新路径

东部沿海地区的城乡发展模式不能复制、不能照搬。但其发展理念和缩小城乡差别的思路、方式,对中西部地区意义重大。在邓小平同志"先富带动后富"最终实现"共同富裕"思想指引下,适应新时期党中央"城市反哺农村""工业带动农业"的协调发展战略,东部沿海地区要加大对中西部地区的帮扶。第一,探索建立"一对一"对口支援模式。西部地区落后于东南沿海地区除了地理环境、区位优势的差异外,更重要的是发展的意识和发展的实力。以结对子的方式实现中西部地区"村对村"的帮扶模式,以东部地区的资金、人才、市场等优势为依托,帮助西部村庄调整产业结构,发展非农产业;加强基础设施建设,改善生产生活环境;培养产业人才,提供可持续发展的能力。第二,帮助中西部地区培养人才储备,牢固树立品牌和市场意识。农业现代化必须牢固树立市场意识,让市场在发展中起决定性作用。中西部地区,特别是西部农村地区人口素质低,市场意识淡漠,创新发展能力欠缺。通过在西部村庄选派人员到东部地区学习、就业,直接参与东部地区村庄发展各项事务,切实改变观念,提高认识,为西部农村培养发展和致富带头人。第三,以产业向中西部转移为契机带动中西部发展。西部的落后固然有其自然条件的特殊原因,但产业单一,经济基础薄弱是其关键。要顺应国家城乡统筹发展战略目标和经济发展规律,积极鼓励和引导东部部分适合中西部实际和承载能力的产业,向中西部平稳有序转移,带动中西部城镇化发展,拓展中西部产业类别,增加就业机会。加快改进西部交通、能源、通信等基础设施建设。在确保西部生态环境不恶化的前提下,实现产业转移,提高西部城镇和农村城镇化水平。

第二节　当代中国完善缩小城乡差别模式的前景

缩小城乡差别，实现城乡一体化是中国社会在新时期的发展战略。城乡差别是社会分工和生产力发展的结果，城乡差别的最终消除必然要通过生产力发展来实现。当代中国城乡问题在改革开放之后，随着中国经济社会发展逐渐突显，与西方发达资本主义国家城乡问题的渐次出现相比，中国因为改革的"时空压缩"效应，许多问题集中出现，城乡问题亦是如此。加快缩小城乡差别，既能体现社会主义的制度优势，又能实现社会公平正义。长期以来，特别是改革开放以来，在缩小城乡差别，推动社会全面进步的伟大实践中，中国共产党领导全体人民集思广益，群策群力，不断进行改革和探索。20世纪80年代从农村开始的家庭联产承包责任制拉开了农村经济体制改革的序幕，之后出台的中央"一号文件"，对"三农"问题进行专门研究和部署，为农村发展带来新的契机；工业化发展带动了城市化，大量农村富余劳动力被城市新型的工业企业和服务业所接纳。与此同时国家在人口流动、粮油管理等政策方面作出了有力的制度安排；随着1992年党的十四大明确提出建立社会主义市场经济体制，市场在资源配置中基础性作用明显。城乡之间，特别是农村各种生产要素伴随着市场经济开始流入城市，助推中国城市化发展进程，城乡隔离的局面被打破，农村发展同城市相比，明显滞后，城乡差别问题成为中国社会公平发展的羁绊。进入21世纪后，中国进入工业化发展中期，按照世界城乡发展一般规律，具备了城市反哺农村的条件。从2004年开始连续15年中央"一号文件"针对"三农"问题详细部署，扎实推进，特别是2006年提出"社会主义新农村建设"以来，国家在政策、财力、社会服务、人才培养等方面加大了农村投入力度，农村基础设施得到一定程度改善；农业政策方面减免农业税，加大农资补贴力度，保障农民权益。农业生产能力、农民收入水平、农村社会建设都有了明显进步与提升，城乡之间的差别在一步步缩小。

随着党的十八大提出"两个一百年"的奋斗目标，全党和全国人民都在为实现中华民族伟大复兴的"中国梦"而努力奋斗。加快中国工业化、城镇化建设步伐，实现以工促农，城乡互动发展，尽快缩小城乡差别，形成城乡一体化发展格局。缩小城乡差别就是要加快"新型城镇化"建设，提高城镇化率，告别传统粗放式发展模式，实现"以人为本"的城镇化。2016年中国城镇化率达到57.35%，照此速度，在建党一百周年即2020年时，中国城镇化率有望达到70%左右，也就预示着中国到2020年农业人口将再减少4亿左右；到中华人民共和国成立一百周年即2050年时，中国城镇化率将达到90%以上，那时农业人口只占人口总数的10%左右。三次产业比例合理，第二、三产业成为经济发展引擎，农业现代化、科技化发展成为现实。农业生产力水平提高，农业产业格局合理，新型职业农民越来越多，土地集中连片经营程度高，农村人口生产和生活方式实现了城市化转型，城乡之间除了地理空间格局的城乡自然差别外，经济、政治、文化等制度化差异全部消失，城乡互动，共同繁荣的发展格局将逐步形成。

参考文献

[1]《马克思恩格斯选集》第1卷，人民出版社2012年版。
[2]《马克思恩格斯选集》第2卷，人民出版社2012年版。
[3]《马克思恩格斯选集》第3卷，人民出版社2012年版。
[4]《马克思恩格斯选集》第4卷，人民出版社2012年版。
[5]《马克思恩格斯全集》第23卷，人民出版社2001年版。
[6]《列宁全集》第2卷，人民出版社2014年版。
[7]《列宁全集》第10卷，人民出版社2014年版。
[8]《列宁选集》第1卷，人民出版社2012年版。
[9]《列宁选集》第2卷，人民出版社2012年版。
[10]《列宁选集》第3卷，人民出版社2012年版。
[11]《列宁选集》第4卷，人民出版社2012年版。
[12]《斯大林选集》上卷，人民出版社1979年版。
[13]《斯大林选集》下卷，人民出版社1979年版。
[14]《斯大林全集》上卷，人民出版社1979年版。
[15]《毛泽东选集》第1卷，人民出版社1991年版。
[16]《毛泽东选集》第2卷，人民出版社1991年版。
[17]《毛泽东选集》第3卷，人民出版社1991年版。
[18]《毛泽东选集》第4卷，人民出版社1991年版。
[19]《毛泽东文集》第7卷，人民出版社1999年版。
[20]《毛泽东文选》第7卷，人民出版社1991年版。
[21]《建国以来毛泽东文稿》第6册，中央文献出版社1992年版。
[22]《邓小平文选》第1卷，人民出版社1994年版。
[23]《邓小平文选》第2卷，人民出版社1994年版。

[24]《邓小平文选》第 3 卷，人民出版社 1994 年版。
[25]《邓小平年谱》上，人民出版社 1993 年版。
[26]《邓小平年谱》下，人民出版社 1993 年版。
[27]《江泽民文选》第 1 卷，人民出版社 2006 年版。
[28]《江泽民文选》第 2 卷，人民出版社 2006 年版。
[29]《江泽民文选》第 3 卷，人民出版社 2006 年版。
[30]《十六大以来重要文献选编》上，中央文献出版社 2005 年版。
[31]《十六大以来重要文献选编》下，中央文献出版社 2005 年版。
[32]《十八大以来重要文献选编》上，中央文献出版社 2014 年版。
[33]《十八大以来重要文献选编》中，中央文献出版社 2014 年版。
[34]《习近平总书记重要讲话文章选编》，中央文献出版社 2016 年版。
[35][美]霍利斯·钱纳里：《工业化和经济增长的比较研究》，吴奇、王松宝等译，生活·读书·新知三联书店 1995 年版。
[36][英]埃比尼泽·霍华德：《明日的田园城市》，金经元译，商务印书馆 2010 年版。
[37][美]伊利尔·沙里宁：《城市：它的发展、衰败和未来》，顾启源译，中国建筑工业出版社 1986 年版。
[38][英]威廉·阿瑟·刘易斯：《二元经济论》，施炜、谢兵、苏玉宏译，北京经济学院出版社 1989 年版。
[39]]李铁、乔润令：《城镇化进程中的城乡关系》，中国发展出版社 2013 年版。
[40]温铁军：《"三农"问题与制度变迁》，中国经济出版社 2009 年版。
[41]温铁军：《"三农"问题与世纪反思》，生活·读书·新知三联书店 2005 年版。
[42]郑永年：《重建中国社会》，东方出版社 2016 年版。
[43]辜胜阻：《新型城镇化与经济转型》，科学出版社 2014 年版。
[44]辜胜阻、简新华：《当代中国人口流动与城镇化》，武汉大学出版社 1994 年版。
[45]林毅夫：《制度、技术与中国农业发展》，格致出版社 2014 年版。
[46]张维迎：《市场与政府：中国改革的核心博弈》，西北大学出版社 2014 年版。

［47］陈钊、陆铭：《迈向和谐社会的城乡发展：户籍制度的影响及改革》，北京大学出版社 2015 年版。

［48］和立道：《中国城乡基本公共服务均等化问题研究》，社会科学文献出版社 2014 年版。

［49］仇保兴：《城镇化与城乡统筹发展》，中国城市出版社 2012 年版。

［50］沈崇麟：《中国城乡社会变迁研究》，中国社会科学出版社 2013 年版。

［51］吴业苗：《城乡公共服务一体化的理论与实践》，社会科学文献出版社 2013 年版。

［52］吴学凡：《新时期中国城乡差别问题》，社会科学文献出版社 2009 年版。

［53］白永秀：《城乡发展一体化水平评价报告》，中国经济出版社 2015 年版。

［54］白永秀：《中国城乡发展一体化：历史考察、理论演进与战略推进》，人民出版社 2015 年版。

［55］胡鞍钢、鄢一龙：《中国新理念：五大发展》，浙江人民出版社 2016 年版。

［56］黄坤明：《城乡一体化路径演进研究：民本自发与政府自觉》，科学出版社 2017 年版。

［57］韩俊：《城镇化与农民工市民化：顶层制度设计与地方实践创新》，工人出版社 2014 年版。

［58］何立峰：《国家新型城镇化报告 2016》，中国计划出版社 2017 年版。

［59］樊明：《工业化、城镇化和农业现代化：行为与政策》，社会科学文献出版社 2014 年版。

［60］杨仁法、陈洪波：《新型城镇化与美丽乡村协调发展研究》，经济管理出版社 2016 年版。

［61］南方都市报：《变迁三十年：珠三角城镇化 30 年编年史》，广东南方日报出版社 2014 年版。

［62］田光进：《中国城镇化过程时空模式》，科学出版社 2009 年版。

［63］樊雅丽：《新型城镇化与生态文明建设研究》，河北人民出版社 2014 年版。

［64］郑杭生：《当代中国农村社会转型的实证研究》，中国人民大学出版社 1996 年版。

［65］费孝通：《江村农民生活及其变迁》，敦煌出版社 1997 年版。

［66］费孝通：《乡土中国》，人民出版社 2015 年版。

［67］王沪宁：《当代中国村落家族文化》，上海人民出版社 1991 年版。

［68］陆学艺：《中国社会结构与社会建设》，中国社会科学出版社 2013 年版。

［69］陆学艺：《苏南模式与太仓实践》，社会科学文献出版社 2009 年版。

［70］陆学艺：《当代中国农业、农村、农民问题研究》，重庆出版集团 2013 年版。

［71］李萍、陈志舟、李秋红：《统筹城乡发展与效率公平的权衡》，西南财经大学出版社 2006 年版。

［72］李萍：《统筹城乡发展中的政府与市场关系研究》，经济科学出版社 2011 年版。

［73］王艳萍：《城乡一体化建设中的城乡信息共享机制研究》，经济管理出版社 2013 年版。

［74］黄贤金、彭补拙：《高等教育资源环境与城乡规划管理专业建设与发展探索》，科学出版社 2009 年版。

［75］张志勇、司春霞：《制度创新与西部统筹城乡发展研究》，人民日报出版社 2017 年版。

［76］冯振东：《西部地区城乡市场一体化研究》，中国经济出版社 2012 年版。

［77］聂华林、李泉：《中国西部城乡关系概论》，中国社会科学出版社 2006 年版。

［78］熊理然：《中国西部城市群落空间重构及其核心支撑》，人民出版社 2010 年版。

［79］夏晓华：《城乡统筹与一体化发展：多层次视角分析》，经济科学出版社 2014 年版。

［80］程志强、潘晨光：《城乡统筹蓝皮书：中国城乡统筹发展报告（2012）》，社会科学文献出版社 2012 年版。

［81］范恒山：《中部地区城乡统筹发展的思路与对策》，武汉大学出版社

2015年版。

［82］ 范恒山、陶良虎：《中国城市化进程》，人民出版社2009年版。

［83］ 左学金、朱宇、王桂新：《中国人口城市化和城乡统筹发展》，学林出版社2007年版。

［84］ 周文兴：《城乡区域统筹发展道路选择》，科学出版社2015年版。

［85］ 缪小林、王婷：《城乡公共服务均等化研究：县域经济发展统筹与地方财政体制激励》，经济科学出版社2014年版。

［86］ 白永秀：《聚焦后改革时代西部城乡经济社会一体化》，科学出版社2012年版。

后　记

　　本书是在我博士论文的基础上，结合党的十八大以来习近平总书记治国理政新理念新思想新战略，特别是城乡一体化思想新论断，经过反复修改而成。城乡差别是人类社会发展过程中存在的普遍现象，随着近现代人类社会生产力大发展，在工业现代化、农业现代化、城市（镇）化、市场化的进程中，工农差别逐渐缩小，城乡差别也将逐渐缩小乃至消除。西方发达资本主义国家和发展中国家缩小城乡差别的过程，既具有共性或普遍性特征，又因社会制度、发展水平、历史差异等因素而有所区别或存在特殊性。当代中国是马克思主义理论指导下的社会主义国家，社会发展最终目标是消除城乡差别，实现社会统筹发展、人民共同富裕。中华人民共和国成立以来，历届中央领导集体对城乡差别问题都高度重视，为了促进生产力发展，审时度势，采取了不同的政策设计和制度安排，不断推进缩小城乡差别的实践。尤其是改革开放以来，逐渐形成了以政府调控和市场体系为机制、以各种有效方式为路径的缩小城乡差别模式。本书认为，为了到 21 世纪中叶基本消灭城乡差别，当前务必以新型城镇化和农业现代化为突破口，早日形成城乡一体化发展格局。

　　至此书稿落笔之时，首先，要感谢我就读的西安交通大学，这所百年名校以它独有的厚度和包容，给予学子们不断探索的勇气和决心，学校浓郁的学术气息，教授们倾其所有的言传身教，让我在马克思主义理论学科研究中不断前行。其次，我要感谢我的家人、妻子和孩子，而立之年重返校园，自然把家庭的重任留给了他们，感谢他们给予我的包容和理解，让我心无旁骛，潜心学习，这部著作的出版也算是对他们的回报。

　　本书得到了西安财经学院学术著作出版基金的资助，感谢领导和同事们给予的帮助和支持。同时，本书的出版也得到了中国社会科学出版社赵丽老师的大力支持和帮助，她为书稿的编辑出版付出了大量辛勤工作，在此一并表示感谢。

缩小城乡差别，全面建成小康社会，最终实现共同富裕是中国特色社会主义的发展目标，由于作者水平有限，掌握资料不全，书中难免有错误和不足之处，恳请各位读者批评指正。